JN436919

중국의 법원개혁

조영남

2002년부터 서울대학교 국제대학원 교수로 재직 중이다. 서울대학교 동양사학과를 졸업하고 정치학과에서 석사·박사 학위를 받았다. 베이징대학(北京大學) 현대중국연구센터, 난카이대학(南開大學) 정치학과, 하버드-옌칭연구소의 방문학자를 역임했다. 연구 성과로는 『용(龍)과 춤을 추자』, 『중국의 법치와 정치개혁』, 『중국의 법치와 법률 보급 운동』, 『중국의 민주주의』(공저), 『21세기 중국이 가는 길』*(Local People's Congresses in China)* 등 10권의 저서와 40여 편의 논문이 있다. 현재는 거시적 관점에서 중국의 정치변화를 분석하기 위해 중국 정치의 전개와 발전, 중국의 권력구조와 운영, 중국과 동아시아 국가의 정치발전을 연구하고 있다.

중국의 법원개혁

펴낸곳 서울대학교출판문화원
펴낸이 오연천
지은이 조영남

초판 1쇄 인쇄 2012년 10월 15일
초판 1쇄 발행 2012년 10월 20일

출판등록 제15-3호
주소 서울 관악구 관악로 1 우편번호 151-742
대표전화 02-880-5252 **팩스** 02-888-4148
마케팅팀(주문상담) 02-889-4424, 02-880-7995
이메일 snubook@snu.ac.kr
홈페이지 www.snupress.com
영문홈페이지 eng.snupress.com

ISBN 978-89-521-1388-7 93340

중국의 법원개혁

조영남 지음

서울대학교출판문화원

Court Reform in China

Young Nam Cho

Seoul National University Press

머리말

중국의 법원개혁에 관심을 갖고 연구하기 시작한 것은 2001년 중국의 지방의회(즉, 지방인민대표대회)와 지방법원 간의 관계를 분석하면서 재미있는 사실을 발견했기 때문이다. 당시 필자는 톈진시(天津市) 난카이대학(南開大學)에 방문학자로 1년 동안 머물면서 톈진시와 허베이성(河北省) 일부 지역의 지방의회를 집중적으로 조사했다. 지방의 각급 인민법원이 1999년부터 최고인민법원의 주도하에 법원개혁을 본격적으로 시작하면서 전에 없었던 새로운 현상이 출현한 것이다. 이번의 법원개혁은 1997년 중국공산당 제15차 당대회에서 의법치국(依法治國), 즉 '법률에 의거한 국가 통치'가 새로운 당 방침으로 채택되면서 추진된 것이었다. 당시 세계 학계는 이와 같은 새로운 법치정책이나 법원개혁에 대해 주목하지 않았고 또한 잘 알지도 못했다. 단적으로 필자의 논문을 심사했던 『차이나 쿼털리』(*China Quarterly*)의 한 심사위원은 법원개혁에 대한 자료를 어떻게 구할 수 있는가를 편집자를 통해 필자에게 문의해 왔었다.

이후 필자는 법원개혁을 1997년부터 중국이 추진한 법치정책의 중요한 분석 대상에 포함시켜 연구하기 시작했다. 그래서 법원개혁의 진행 상황을 예의 주시하면서 여러 가지 관련 내용을 조사했다. 중국의 국가도서관과 상하이시(上海市) 도서관 등 여러 도서관에서 문헌자료를 수집했고, 상하시와 광둥성(廣東省) 지역에서 법치정책에 대한 면접조사(interview)를 실시할 때에도 법원개혁에 대한 항목을 포함시켰다. 이런 중에 최고인민법원은 2005년에 제2차 5개년 〈법원개혁 요강(綱要)〉, 2009년에 제3차 5개년 〈법원개혁 요강〉을 연이어

발표하면서 법원개혁을 지속했다. 이렇게 되면서 세계 학계도 법원개혁에 관심을 기울이기 시작했고, 이에 대한 연구서도 조금씩 출간되었다.

그런데 법원개혁에 대한 연구는 생각했던 것보다 쉽지 않았다. 무엇보다 최근의 법원개혁은 현재까지 지속되고 있는 진행형의 주제이다. 그래서 법원개혁의 추진 방식과 정책이 시기에 따라 또한 지역에 따라 계속 변해 왔다. 이 때문에 법원개혁의 어떤 결과에 대해 특정 시점에서 단정적으로 평가하기가 어려운 경우가 자주 있었다. 예를 들어, 지방법원들이 수년 동안 특정한 개혁 정책을 적극적으로 추진하다가 갑자기 그것을 취소하거나 변경하는 일이 종종 발생했다. 이는 공산당 중앙과 최고인민법원의 법원개혁 방침이 미세하게 변화하면서 나타난 현상이다. 혹은 지방법원에서 개혁을 추진하던 지도부가 다른 지역으로 전출을 가고 새로운 지도부가 등장하면서 나타나는 현상이기도 하다. 이처럼 '움직이는 목표물'(moving target)을 분석하는 연구는 특정한 결과를 판단할 때 매우 신중해야 할 뿐만 아니라, 경우에 따라서는 판단을 유보한 채 시간을 갖고 결과를 기다려야 하는 어려움이 있다.

또한 최근의 법원개혁에 대한 연구는 기존 연구가 매우 부족하다는 어려움이 있다. 예를 들어, 중국의 법원개혁 '일반에' 대한 세계 학계의 연구는 비교적 많지만, 1999년 이후 추진되고 있는 '최근의' 법원개혁에 대한 연구는 거의 없다. 그래서 참고할 선행 연구가 거의 없었다. 국내 학계의 연구 상황은 이보다 더욱 심각하다. 즉, 최근의 법원개혁에 대한 연구는 물론이고 중국의 사법제도 전반에 대한 체계적이고 깊이 있는 연구가 국내 학계에는 거의 없다는 것이다. 이 때문에 이 연구를 진행하면서 중국의 법원이나 재판과 관련된 용어를 어떻게 우리말로 번역해야 하는가를 놓고도 한참을 고민해야 했다. 믿을 만한 번역도 찾기 쉽지 않았던 것이다.

이런 어려움으로 이 연구는 예상했던 것보다 더 많은 시간이 소요되었다. 연구를 시작한 지 10년이 지난 2011년 말에야 비로소 이 책의 초고를 완성할 수 있었던 것은 이 때문이다. 물론 오래 연구했다고 해서 결과가 좋은 것은 아니다. 다만 이 연구가 그래도 몇 가지 측면에서 의의가 있지 않을까라는 생각에 위안을 얻을 뿐이다. 무엇보다 이 연구는 최근의 법원개혁을 체계적으로 분석한 최초의 연구라는 데에 의의가 있다. 이 점에서 국내외 학계에 새로운 연구 내용을 제공했다고 말할 수 있다. 이는 동시에 기존 연구의 공백을 일부 해결했다는 의의도 있다.

또한, 중국의 법원제도에 대한 기존 연구가 주로 법학자들에 의해 법학적인 관점에서 이루어진 것에 비해, 이 연구는 정치학적인 관점에서 법원개혁을 분석했다는 데에 의의가 있다. 단적으로 기존 연구는 최근의 법원개혁이 1997년에 공식 결정된 의법치국의 방침을 사법영역에 적용한 것이라는 사실을 잘 모르거나 크게 주목하지 않았다. 그러다 보니 최근의 법원개혁이 이전의 법원개혁과 어떻게 다르고, 어떤 측면에서 특징이 있는가를 제대로 이해하지 못하는 경향이 있다. 이에 비해 이 연구는 이런 사실에 주목하여 분석함으로써 중국의 사법제도 연구에 대한 새로운 관점 혹은 시각을 제공했다고 말할 수 있다.

물론 이 연구가 앞으로 보완해야 할 점도 많이 있다. 예를 들어, 이 책이 분석한 법원개혁의 일부 정책은 아직도 유동적이기 때문에, 2013년에 제3차 5개년 법원개혁이 완료된 이후에 다시 확인하고 점검해야 할 것이다. 또한, 정치학자로서 중국의 법률제도와 사법제도에 대한 공부가 부족한 상황에서 법원개혁을 연구했기 때문에 의도하지 않은 무지나 실수가 있을 수 있다. 중국을 연구하는 선후배 학자들, 특히 법학자들의 많은 가르침을 기대한다. 다만 이 연구가 한국 학계에 조금이나마 자극제가 되었으면 하는 것이 필자의 작은 바람이다. 중국의 사법제도에 대한 세계 학계의 연구와 비교할 때, 한국 학계의 연구가 매우 미흡한 것이 사실이기 때문이다. 중국이 세계 강대국으로 급속하게 부상하고 있다는 현실을 고려할 때, 또한 중국은 한반도의 장래에 커다란 영향을 미치는 매우 중요한 이웃 국가라는 사실을 고려할 때, 이런 한국 학계의 연구 상황은 시급히 개선되어야 할 것이다.

마지막으로 필자는 지난 10여 년 동안 중국의 법치정책 전반에 대해 체계적으로 연구해 왔다. 이 책은 이런 연구를 집대성한 ‘세 권의 시리즈’ 중 두 번째에 해당한다. 첫 번째 연구는 의법치국이 새로운 국가 통치방침이자 정치개혁 방침으로 등장하게 되는 배경과 과정, 실제 법치정책의 추진 과정과 결과를 분석하는 것이다. 이 연구 결과는 『중국의 법치와 정치개혁』이라는 제목으로 2012년 5월에 창작과비평사(창비)에서 출판되었다. 반면 세 번째 연구는 1986년부터 현재까지 중국이 전국적으로 추진하고 있는 법률보급 운동(普法活動)을 분석하는 것이다. 법률보급 운동은 법치를 전 사회로 확산시키기 위한 중요한 정책이며, 동시에 의법치국이 공산당과 국가의 통치방침으로 공식 채택되는 데 중요한 역할을 한 활동이기도 하다. 이 연구 결과는 『중국의 법률보급 운동』이라는 제목으로 이 책과 함께 서울대학교출판문화원에서 출판된다. 중국의 법치정책과 정치개혁에 관심이 있는 독자라면 이 책과 함께 나머지 두 책도 함께 읽기를 권한다.

지난 10여 년 동안 이 연구를 진행하면서 여러 기관과 개인들로부터 많은 도움을 받았다. 광둥성 인민정부 외사판공실의 푸랑(傅朗) 주임과 정훙메이(鄭紅梅) 과원, 난카이대학의 주광레이(朱光磊) 교수와 양룽(楊龍) 교수, 상하이시 사회과학원의 선궈밍(沈國明) 교수와 리이하이(李軼海) 외사처장은 문헌자료 수집과 면접조사 등 현지 조사에 큰 도움을 주셨다. 경제인문사회연구회(경인사)와 한국연구재단(구-한국학술진흥재단)은 이 연구에 필요한 연구비를 일부 지원해 주셨다. 이런 재정적 지원이 없었다면 이 연구는 매우 어려웠을 것이다. 또한 필자는 2006년 여름부터 2007년 여름까지 하버드-옌칭연구소(Harvard-Yenching Institute)에 방문학자로 머물면서 중국의 법치 전반에 대해 깊이 있게 연구할 수 있었다. 하버드-옌칭연구소는 이 연구에 필요한 제반 시설뿐만 아니라 재정도 지원해 주셨다. 이런 여러 기관과 개인의 지원이 있었기 때문에 이 연구가 가능했다. 모두에게 진심으로 감사드린다.

이 책의 수정과 보완 과정에서도 여러분들의 도움을 받았다. 원고를 심사하고 수정 방안을 제시해 주신 서울대학교출판문화원이 지정한 두 분의 익명의 심사자께 감사드린다. 바쁜 중에도 원고를 세밀하게 읽고 주요 개념과 용어의 잘못을 바로잡아주신 서울대학교 법학전문대학원의 강광문 교수께도 깊이 감사드린다. 어렵고 복잡한 원고를 잘 편집해 주신 서울대학교출판문화원의 전수형 선생님께 감사드린다. 이 책의 초고를 꼼꼼히 읽고 좋은 의견을 말해 주었을 뿐만 아니라 편집에도 큰 도움을 준 이서영, 조아라, 이재영, 박후선 석사에게도 진심으로 감사한다. 특히 필자의 전직 조교였던 이서영, 조아라 석사는 부록인 〈법원개혁 요강〉의 초벌 번역도 맡아주었다. 다만 이 책의 내용과 번역에 대한 최종 책임은 필자에게 있음을 밝혀둔다. 마지막으로 책의 일부 내용은 「중국의 법원개혁과 사법독립」, 『국제정치논총』 제51집 제2호(2011년 여름)와 「중국의 법원개혁과 법관의 직업화」, 『중소연구』 제35권 제4호(2011/2012년 겨울)에 발표되었다.

2012년 9월
관악산 연구실에서
조영남

| 차례 |

표 차례

그림 차례

일러두기

1. 중국 인명이나 지명 등은 외래어 표기법에 따랐다. 그러나 한국에서 이미 친숙해진 경우는 한자 발음에 따라 표기하고, 필요할 경우에는 중국어를 병기했다. 예: 대만(臺灣), 『인민일보』(人民日報)
2. 본문에 있는 “〈 〉” 표시는 각종 법률과 공산당 규약(당규 / 黨規) 혹은 이에 준하는 결의나 결정 등을 의미한다. 예: 〈헌법〉, 〈공산당 선거업무 조례〉
3. 각주(脚註)에 있는 “〈 〉” 표시는 인터넷 웹사이트를 의미한다. 예: 〈신화왕〉(新華網)
4. 본문과 각주의 “『 』” 표시는 책, 신문, 잡지를 의미한다. 예: 『광명일보』
5. 본문과 각주의 “「 」” 표시는 논문, 신문 및 잡지의 기사를 의미한다.
6. 중요한 법률・당규, 정부 정책, 중요한 개념 등은 한글 옆에 중국어(한자)를 병기했다. 예: 민주집중제(民主集中制), 당내민주(黨內民主)

제1장

서론

1. 연구 주제 · 내용 · 주장

2. 기존 연구 검토와 연구 의의

3. 연구 방법과 자료

이 장에서는 연구 주제와 내용, 그리고 핵심 주장을 살펴보고 중국의 법치에 대한 기존 연구를 개괄적으로 검토할 것이다. 이후, 이 연구가 어떤 의의가 있는지를 제시할 것이다. 마지막으로 이 책의 방법과 자료, 주요 개념에 대해 간략하게 설명할 것이다.

1. 연구 주제 · 내용 · 주장

아시아, 아프리카, 라틴아메리카 개발도상국의 법원에 대한 기존 연구에 의하면, 법원의 역할 강화는 권위주의 정권에 위협이 되기보다는 오히려 정권 유지에 도움이 된다. 이는 법원이 정치적 반대파를 억압하고 사회를 통제하는 기능뿐만 아니라, 정권의 법적 정당성을 제고하는 기능도 수행하기 때문이다. 또한 법원은 권위주의 체제에 만연한 정부기관과 관료의 일탈행위를 통제하고, 통치 엘리트의 통합을 유지하는 데도 일정한 기여를 한다. 그 밖에도 해외직접투자 유치와 통상 확대에 필요한 법적 기반을 제공함으로써 경제발전에 기여하고, 국제적 이미지를 제고하는 데 도움을 준다.[1]

그런데 법원이 권위주의 체제에서 이런 기능을 수행하려면 군부, 정당, 행정부 등 외부세력으로부터 어느 정도 독립해야 한다. 즉, 사법독립이 필요하다. 만약 법원이 특정 정당이나 정부의 지시에 따라 재판한다면, 국제사회와 국민은 법원의 판결을 불신하고, 이런 상황에서는 법원이 정권 유지에 기여할 수 없기 때문이다. 이 때문에 권위주의 국가는 법원이 정권 유지에 위협이 되지 않는 한에서 자율권을 부여하며, 법원은 이에 힘입어 점차로 증가하는 정치적 역할을 담당한다. 이것이 '정치의 사법화'(judicialization of politics)이다.[2]

중국도 다른 권위주의 국가와 유사한 상황에 처해 있다. 개혁기, 즉 1978년부터 현재까지 법원의 역할은 지속적으로 강화되었고 이는 공산당 통치에 일정한 기여를 한다는 것이다. 무엇보다 중국이 개혁·개방 정책을 추진하면서 시장제도의 도입과 사적 소유제도의 허용, 해외직접투자 유치와 통상 확대를 위해 비교적 완전한 사법제도의 수립과 실행이 필요했다. 동시에 사회관계가 복잡해지고 사회이익이 다원화되면서 사회적 대립과 갈등이 심각해졌는데, 이를 완화하기 위해서도 사법제도의 역할이 더욱 강화되어야 했다. 1990년대에는 경제성장과 국민의 생활 수준 향상 등 업적 정당성(performance legitimacy)에 의문을 제기하는 노동자와 농민이 증가하면서 사회정의의 실현을 위해 법원이 좀 더 적극적인 역할을 수행해야 했다.

---

1 Jennifer Widner and Daniel Scher, "Building Judicial Independence in Semi-Democracies: Uganda and Zimbabwe," Tom Ginsburg and Tamir Moustafa (eds.), *Rule by Law: The Politics of Courts in Authoritarian Regimes* (New York: Cambridge University Press, 2008), pp. 235~260.

2 Tom Ginsburg and Tamir Moustafa, "Introduction: The Functions of Courts in Authoritarian Politics," Ginsburg and Moustafa, *Rule by Law*, pp. 1~22. '정치의 사법화'는 정치 관련 사안에 대한 법원의 판결이 증가하면서 법원이 점차 더 많은 정치적 역할을 담당하는 현상을 가리킨다. 이는 국회 등 정치권이 해결해야 할 사안을 정치적 이유 때문에 회피하고, 대신 이를 법원에 넘겨 판결하게 하고, 그 판결 결과에 따라 처리하는 모습에서 잘 나타난다. 노무현 전 대통령의 탄핵과 수도 이전 문제가 국회 등 정치권이 아니라 헌법재판소의 판결에 의해 결정된 것은 대표적인 사례이다.

게다가 1997년 공산당 제15차 전국대표대회(이하 당대회)에서 '의법치국'(依法治國: 법률에 의거한 국가 통치)이 새로운 통치방침으로 채택되면서, 법원의 역할은 전보다 더욱더 많은 주목을 받았다. 의법치국은 '국가 통치의 법제화'를 목표로 추진되는 정치개혁 방침으로, 이를 위해서는 법률의 제정(立法)·집행(執法)·준수(守法)와 관련된 체제, 즉 법제(法制)가 갖추어져야 한다. 다시 말해, 의회·정부·법원 등 국가기구 전체의 개혁이 필요하다는 것이다. 특히 중국에서도 '법치 실현의 보루'로 인식되는 법원은 의법치국의 실현에서 필수불가결하다.[3] 이 때문에 1999년 10월에 최고인민법원(最高人民法院/최고법원)은 〈인민법원 5개년 개혁 요강〉(人民法院五年改革綱要/제1차 〈법원개혁 요강〉으로 약칭)을 발표하고 법원개혁을 본격적으로 시작했다.[4] 이후 2005년에 〈인민법원 제2차 5개년 개혁 요강(2004~2008년)〉(이하 제2차 〈법원개혁 요강〉으로 약칭), 2009년에 〈인민법원 제3차 5개년 개혁 요강(2009~2013년)〉(이하 제3차 〈법원개혁 요강〉으로 약칭)이 발표되면서, 지금까지 법원개혁이 지속되고 있다.

이 책은 이처럼 중국이 1999년 이후 현재까지 추진하고 있는 제1, 2, 3차의 〈법원개혁 요강〉에 초점을 맞추어 법원개혁을 분석하려고 한다. 이 책이 해결하려는 과제는 크게 세 가지이다. 첫째, 중국의 법원제도, 즉 법원의 재판 활동과 관련된 각종 조직과 절차는 어떤 문제를 안고 있는가? 혹은 지난 10여 년의 개혁을 통해 해결하려고 하는 주된 문제는 무

---

3 蔣惠嶺, 「司法改革與司法公正」, 蔡定劍·王晨光 主編, 『中國走向法制30年: 1978~2008』(北京: 中國社會科學文獻出版社, 2008), p. 153; 陳衛東, 「司法改革十年檢討」, 張明傑 主編, 『司法改革』(北京: 中國科學文獻出版社, 2005), pp. 24~25; 邵文虹·蔣惠嶺, 「中國法院體制改革論綱」, 孫謙·鄭成良 主編, 『司法改革報告』(北京: 法律出版社, 2004), p. 196.

4 祝銘山, 「關於〈人民法院五年改革綱要〉的說明」, 最高人民法院研究室 編, 『人民法院五年改革綱要』(北京: 人民法院出版社, 2000), p. 72; 江蘇省南京市中級人民法院, 「關於我國司法改革的宏觀思考」, 公丕祥 主編, 『回顧與展望: 人民法院司法改革研究』(北京: 人民法院出版社, 2009), p. 74.

엇인가? 둘째, 최근에 추진되고 있는 법원개혁의 세부 내용은 무엇이고, 그것은 이전의 법원개혁과 비교하여 어떤 특징을 갖고 있는가? 또한 이런 법원개혁은 실제로 어떻게 집행되고 있는가? 셋째, 이번 법원개혁을 어떻게 평가할 것인가? 성과는 무엇이고 문제점은 무엇인가? 종합하면, 이런 질문은 하나의 질문으로 이어질 수 있다. 즉, 이번 법원개혁을 통해 법원의 지위와 역할이 전보다 더욱 강화되어 다른 권위주의 국가처럼 중국에서도 '정치의 사법화' 현상이 나타날 수 있을까?

이런 질문에 답하기 위해 이 책은 몇 가지 사항을 분석할 것이다. 먼저, 중국 법원의 역사와 현황을 검토할 것이다(제2장). 이는 본격적인 분석에 앞서 중국 법원제도에 대한 기본적인 내용을 검토하는 것으로, 이 연구의 기초에 해당한다. 다음으로, 중국 법원이 안고 있는 여러 가지 문제를 분석할 것이다(제3장). 법원개혁은 기본적으로 이 문제를 해결하기 위해 시도되는 것이다. 여기에는 법원-공산당 관계, 법원-정부 관계, 법원 구조와 운영, 법관제도의 문제가 포함된다. 셋째, 제1, 2, 3차 〈법원개혁 요강〉에 대한 분석을 중심으로 법원개혁을 위해 제시된 정책을 자세히 살펴볼 것이다(제4장). 넷째, 이번 법원개혁의 주요 특징과 실제 추진 상황을 몇 가지 사례 분석을 통해 살펴볼 것이다(제5장). 제4장과 제5장은 이 책의 중심이며, 이를 통해 지난 10여 년 동안 중국이 추진한 법원개혁을 잘 이해할 수 있을 것이다. 본론의 마지막은 법원개혁에 대한 종합적인 평가이다(제6장). 여기서는 법원개혁의 성과와 문제점을 분석할 것이다. 결론에서는 이 책의 연구 결과를 요약하고 앞으로의 법원개혁에 대해 전망할 것이다(제7장). 마지막으로 부록은 제1, 2, 3차 〈법원개혁 요강〉의 전문(全文)을 우리말로 번역하여 실었다.

이와 같은 분석을 통해 우리는 다음 사항을 알 수 있을 것이다. 먼저, 중국 법원은 사법권의 지방화(地方化), 법원 운영의 행정화(行政化), 법관의 대중화(大衆化)라는 근본적인 문제를 안고 있다. 이 중에서 첫째 문제는 주로 법원과 외부기관(공산당 · 정부) 간의 관계에서, 둘째와 셋째 문제는 주로 법원 내부 관계에서 발생하는 것이다. 그런데 지난 10여 년의 법원개혁은 법원 내부의 문제를 해결하는 데 중점이 두어졌다. 그 결과 법원 운영의 행정화와 법관의 대중화 문제 해결이 개혁의 중점이었다. 반면 법원-공산당, 법원-정부 관계 등 체제 문제와 관련된 사법권의 지방화 문제는 법원개혁에서 제외되었다. 이런 현상은 시간이 가면서 더욱 심화되었다. 이는 법원개혁이 공산당이 추진하는 의법치국 방침의 실현을 위한 정치개혁의 일환으로 추진되면서 나타난 현상이다.

또한 지난 10여 년의 법원개혁은 재판제도와 법관제도 영역에서는 어느 정도 성과를 거두었지만 동시에 많은 문제점도 보여주었다. 사법독립(즉, 법원독립과 법관 독립) 목표의 배제, 국민의 법원 불신 만연, 법원 내부의 갈등, 지역적으로 불균등한 개혁 추진 등의 문제가 바로 그것이다. 앞으로도 법원개혁은 재판제도와 법관제도 등 내부 영역을 중심으로 추진될 것이다. 그러나 현재 법원이 당면한 많은 문제를 해결하기 위해서는 사법독립이 법원개혁의 중요한 목표가 되어야 한다. 그러나 이는 법원-공산당, 법원-정부 관계 등 기존 정치체제에 대한 개혁, 즉 정치개혁을 필요로 한다. 이런 체제 변동을 수반하는 비교적 급격한 정치개혁은 쉽게 추진될 수 없기 때문에 향후 단기간 내에 사법독립이 달성되지는 않을 것이다.

2. 기존 연구 검토와 연구 의의

1990년대에 들어 중국의 법원 역할이 전보다 강화되고 각종 법률 개혁이 본격적으로 추진되면서, 세계 학계는 중국의 법원개혁에 주목하고 많은 연구를 진행했다. 여기에는 중국의 사법제도 일반과 법원제도 개혁에 대한 연구,[5] 소송 제도(특히 민사소송) 개혁에 대한 연구,[6] 사법독립에 대한 연구,[7] 사법부패에 대한 연구,[8] 법원 판결의 집행 문제에 대한 연

---

5 정철, 『중국의 사법제도』(서울: 경인문화사, 2009); Randall Peerenboom, *China's Long March toward Rule of Law* (Cambridge: Cambridge University Press, 2002), pp. 280~342; Stanley B. Lubman, *Bird in a Cage: Legal Reform in China after Mao* (Stanford: Stanford University Press, 1999), pp. 250~297; Bin Lian, *The Changing Chinese Legal System, 1978-Present: Centralization of Power and Rationalization of the Legal System* (London: Routledge, 2008), pp. 145~172; Benjamin L. Liebman, "China's Courts: Restricted Reform," *China Quarterly*, No. 191 (September 2007), pp. 620~643; Donald C. Clarke, "Empirical Research into the Chinese Judicial System," Erik G. Jensen and Thomas C. Heller (eds.), *Beyond Common Knowledge: Empirical Approaches to the Rule of Law* (Stanford: Stanford University Press, 2003), pp. 164~192; Mei Ying Gechlik, "Judicial Reform in China: Lessons from Shanghai," *Columbia Journal of Asian Law*, Vol. 19, No. 1 (2005), pp. 100~137; Qianfan Zhang, "The People's Court in Transition: The Prospects for Chinese Judicial Reform," Suisheng Zhao (ed.), *Debating Political Reform in China: Rule of Law vs. Democratization* (Armonk: M. E. Sharpe, 2006), pp. 138~163.

6 Margaret Y. K, Woo and Marry E. Gallagher (eds.), *Chinese Justice: Civil Dispute Resolution in Contemporary China* (New York: Cambridge University Press, 2011); Randall Peerenboom (ed), *Dispute Resolution in China* (Oxford: Foundation for Law, Justice, and Society, 2008); Mike P. H. Chu, "Criminal Procedure Reform in the People's Republic of China: The Dilemma of Crime Control and Regime Legitimacy," *UCLA Pacific Basin Law Journal*, Vol. 18, No. 2 (Spring 2000), pp. 157~210.

7 Randall Peerenboom (ed), *Judicial Independence in China: Lessons for Global Rule of Law Promotion* (Cambridge: Cambridge University Press, 2010); Hualing Fu, "Putting China's Judiciary into Perspective: Is It Independent, Competent, and Fair?" Jensen and Heller, *Beyond Common Knowledge*, pp. 193~219.

8 Ting Gong, "Dependent Judiciary and Unaccountable Judges: Judicial Corruption in Contemporary China," *China Review*, Vol. 4, No. 2 (Fall 2004), pp. 33~54; Ling Li, "Corruption in China's Courts," Peerenboom, *Judicial Independence in*

구,[9] 즉 '집행난'(執行難)에 대한 연구 등 다양한 분야의 연구가 포함된다.

그런데 중국 법원제도에 대한 기존 연구에는 두 가지 부족한 점이 있다. 첫째, 최근의 법원개혁이 의법치국 방침의 추진을 위한 하나의 세부 개혁으로 추진된다는 사실을 보지 못하고 단순히 사법개혁(judicial reform) 차원에서만 분석하는 문제가 있다. 다시 말해, 법원개혁을 의법치국 방침의 실시라는 정치개혁 속에서 연구하지 않는다는 것이다. 이렇게 되면서 왜 최근의 법원개혁이 특정한 내용과 방식으로 추진되고 있고, 그것은 공산당개혁, 정부개혁, 의회개혁 등 정치개혁 전체와 관련하여 어떤 연관이 있는지를 제대로 이해할 수 없는 문제가 발생한다.

앞에서 간단히 언급했듯이, 1997년 공산당 제15차 당대회에서 의법치국 방침이 확정된 이후 공산당과 개별 국가기관은 이를 실천하기 위한 세부 방침의 작성과 집행에 들어갔다. 예를 들어, 국무원은 1999년 11월에 〈의법행정의 전면추진 결정〉(關於全面推進依法行政的決定)의 발표를 통해 '의법행정'(依法行政: 법률에 의거한 행정) 방침을 천명하고 전국적으로 행정개혁을 추진하기 시작했다. 공산당도 의법치국 방침을 당개혁에 적용하기

China, pp. 196~220; Keyuan Zou, "Judicial Reform Versus Judicial Corruption: Recent Development in China," *Criminal Law Forum*, No. 11 (2000), pp. 323~351; Keith Henderson, "The Rule of Law and Judicial Corruption in China: Half-way over the Great Wall," Transparency International (ed.), *Global Corruption Report 2007: Corruption in Judicial System* (Cambridge: Cambridge University Press, 2007), pp. 151~159.

9 Donald C. Clarke, "The Execution of Civil Judgement in China," Stanley B. Lubman (ed.), *China's Legal Reforms* (Oxford: Oxford University Press, 1996), pp. 65~81; Minxin Pei, Zhang Guoyan, Pei Fei, and Chen Lixin, "A Survey of Commercial Litigation in Shanghai Courts," Peerenboom, *Judicial Independence in China*, pp. 221~233; Randall Peerenboom, "Seek Truth From Facts: An Empirical Study of Enforcement of Arbitrial Awards in the PRC," *American Journal of Comparative Law*, Vol. 49, No. 2 (Spring 2001), pp. 249~327; Xin He, "Debt Collection in the Less Developed Regions of China: An Empirical Study from a Basic-Level Court in Shaanxi Province," *China Quarterly*, No. 206 (June 2011), pp. 253~275.

위해 2002년 제16차 당대회에서 '의법집정'(依法執政: 법률에 의거한 집정) 방침을 결정하고 본격적으로 당개혁을 추진하기 시작했다.[10]

이와 비슷하게 최고법원도 의법치국 방침을 법원개혁에 적용하기 위해 1999년 10월에 제1차 〈법원개혁 요강〉을 발표하고 법원개혁을 본격적으로 추진하기 시작했다.[11] 그런데 처음 예상했던 것과는 달리 법원개혁이 5년 동안의 추진을 통해 처음에 기대했던 목표를 달성하지 못하자 공산당 중앙과 최고법원은 법원개혁을 지속적으로 추진하기로 결정했던 것이다. 그 결과 2005년에 제2차, 2009년에 제3차 〈법원개혁 요강〉이 발표되었고, 현재까지 법원개혁이 추진되고 있다.

이처럼 법원개혁은 1997년 제15차 당대회에서 결정된 의법치국이라는 새로운 국가 통치방침 아래에서 공산당개혁, 정부개혁, 의회개혁과 함께 종합적이고 체계적이며 장기적인 계획에 입각하여 추진되고 있다. 이 점에서 1999년에 시작된 최근의 법원개혁은 이전에 실시되었던 산발적이고 일회적인 법원개혁과는 분명히 다른 것이다. 이런 특징은 이번 법원개혁의 방침과 내용을 규정한다. 이 때문에 최근의 법원개혁을 제대로 이해하기 위해서는 의법치국 방침과의 연관성 속에서 이를 분석해야 한다. 이것이 기존 연구의 부족한 부분을 보완하는 이 연구의 첫 번째 의의이다.

둘째, 첫째 문제와 관련된 것으로 기존 연구는 지난 10여 년 동안 추진되고 있는 3차에 걸친 법원개혁에 주목하지 않는 문제가 있다. 일부 연구는 연구 시점 때문에 그럴 수 있다. 즉, 1999년 제1차 〈법원개혁 요강〉이 발표되기 전에 연구가 진행됐기 때문에 3차에 걸친 법원개혁을 분

---

10 '의법집정'에서 '집정'은 중국에서 공산당이 정치권력을 장악하고 운영하는 모든 활동을 가리킨다. 그래서 '집정'은 우리말로 '권력의 장악과 운영'이라고 번역할 수 있다.

11 祝銘山, 「關於〈人民法院五年改革綱要〉的說明」, 最高人民法院研究室, 『人民法院五年改革綱要』, p. 72; 江蘇省南京市中級人民法院, 「關於我國司法改革的宏觀思考」, 公丕祥, 『回顧與展望』, p. 74.

석할 수 없다는 것이다. 그러나 제1차 〈법원개혁 요강〉이 발표된 이후에 나온 연구에서도 이런 문제는 지속된다.[12] 이는 〈법원개혁 요강〉이 실제로 의미가 없다고 판단해서 의도적으로 무시한 것일 수도 있다. 아니면 기존의 법원개혁과 최근의 법원개혁이 큰 차이가 없으므로 연속적인 관점에서 개혁을 분석하는 것일 수도 있다. 그러나 공산당과 법원이 10여 년에 걸쳐 국가정책으로 실시하고 있는 계획을 그렇게 무시할 수는 없다. 다시 말해 개혁기에 변화된 중국의 법원제도를 정확히 이해하고 평가하기 위해서는 최근 3차에 걸친 법원개혁을 집중적으로 분석해야 한다.

이와 같은 기존 연구의 문제점을 극복하기 위해 이 책은 국가 통치방침이며 정치개혁 방침인 의법치국의 관점에서 제1, 2, 3차의 〈법원개혁 요강〉을 중심으로 법원개혁을 분석하려고 한다. 이 중에서 제3차 법원개혁은 2009년에 막 시작되었기 때문에 주로 제1차와 제2차 개혁에 초점을 맞출 것이다. 이를 통해 기존 연구의 부족한 점을 보완하여 중국이 최근까지 추진하고 있는 법원개혁을 좀 더 종합적이고 체계적으로 이해하는 데 도움을 줄 수 있기를 기대한다. 이것이 이 연구의 두 번째 의의이다.

3. 연구 방법과 자료

이 책은 다음 두 가지 관점(perspectives)에 입각하여 최근의 법원개혁을 분석한다. 먼저, 의법치국의 관점에서 법원개혁을 분석한다. 앞에서 살펴보았듯이, 1999년에 시작된 제1, 2, 3차 법원개혁은 1997년 제15차 당

---

12 예를 들어, 정철, 『중국의 사법제도』; Peerenboom, *China's Long March toward Rule of Law*; Bin Lian, *The Changing Chinese Legal System*; Liebman, "China's Courts: Restricted Reform," pp. 620~643; Gechlik, "Judicial Reform in China," pp. 100~137 등이 이에 해당한다.

대회에서 의법치국이 새로운 국가 통치방침이자 정치개혁 방침으로 채택된 이후 이를 사법영역에서 실현하기 위해 추진된다. 따라서 최근의 법원개혁은 단순히 사법개혁 차원에서 보면 제대로 이해할 수 없다. 대신 의법치국 방침의 실시라는 정치개혁의 관점에서 보아야 법원개혁의 방침, 세부 정책, 특징 등을 제대로 이해할 수 있다.

의법치국은 국가 통치방식의 법제화(法制化, legalization)를 실현하기 위해 추진되는 종합적인 정치개혁 방침이다. 이 방침의 목적은 공산당이 법률제도의 수립과 집행을 통해 통치구조와 통치과정을 합리화(合理化, rationalization) 및 규범화(規範化, standardization)하고, 이를 통해 궁극적으로는 공산당의 일당통치를 안정적으로 유지하는 것이다. 1987년 제13차 당대회의 정치개혁 방침이 '당정분리'(黨政分開)에 입각하여 공산당의 역할을 축소하고 국가기관의 자율성을 증대시키려고 했던 것과는 다르게, 의법치국 방침은 '당정결합'(黨政不分)을 전제로 공산당의 국가기관에 대한 통제를 강화하려고 시도한다는 점에서 큰 특징이 있다. 이는 중국이 정치 민주화(political democratization)가 아니라 정치 제도화(political institutionalization)를 목적으로 정치개혁을 추진한다는 사실을 보여준다.[13]

이것은 구체적으로 이전의 법원개혁과는 달리 이번 법원개혁에서는 공산당 중앙이 개혁의 계획과 추진 과정에 직접 개입하고 있다는 사실로 나타난다. 1978년 중국이 개혁·개방 정책을 추진하면서 법제 정비와 발전도 함께 추진되었다. 시장제도의 도입과 경제적 대외개방은 비교적 완전한 법제의 수립과 운영이 필요했기 때문이다. 여기에는 법원제도의 복구와 개선도 포함된다. 그래서 1980년대부터 각급 지방법원은 당면한 문제를 해결하기 위해 자발적이고 즉흥적으로 다양한 법원개혁을 추진했다.

13 의법치국 방침의 등장과 발전, 공산당과 각 국가기관의 의법치국 방침의 실현에 대해서는 조영남, 『중국의 법치와 정치개혁』(파주: 창비, 2012) 참조.

이는 1999년 제1차 법원개혁이 시작되기 전까지 이어진다.

그런데 1999년 제1차 법원개혁이 본격적으로 시작되면서 이전의 상황은 변화되기 시작했다. 즉, 최고법원이 공산당 중앙의 비준하에 체계적이고 종합적인 법원개혁을 추진하기 시작한 것이다. 여기에 더해 제2차 법원개혁부터는 공산당 중앙의 지도기구가 구성되어 법원개혁을 직접 '영도'(領導)하기 시작했다. 2003년 5월에 공산당 중앙정법위원회(政法委員會) 주도로 정법위원회 서기를 조장(組長)으로, 최고법원 원장과 최고인민검찰원(最高人民檢察院/이하 최고검찰원) 원장을 조원(組員)으로 하는 '중앙 사법체제개혁 영도소조'(中央司法體制改革領導小組)가 만들어진 것이다. 이 영도소조는 법원개혁의 계획과 집행을 지도하는 것을 주요 임무로 한다. 이는 법원개혁이 공산당개혁(즉, 의법집정)이나 정부개혁(즉, 의법행정)처럼 의법치국 방침의 실천을 위한 하나의 세부 개혁으로 추진되기 시작했음을 의미하는 것이다.

이는 우선 법원개혁에 대한 공산당의 지도와 감독이 더욱 강화되는 결과를 초래했다. 구체적으로, 법원 내부에서 논의되고 실제로 일부 지방에서 시험 실시(試點)되던 보다 급진적인 법원개혁이 중단되었다. 대신 법원개혁에서 공산당의 지도를 강화하고 국민의 요구와 의지를 충실히 반영해야 한다는 논의 — 소위 '사법위민'(司法爲民: 국민을 위한 사법)의 군중노선 — 가 주류를 점했다. 이런 방침은 제2차 〈법원개혁 요강〉과 제3차 〈법원개혁 요강〉의 세부 정책으로 나타났다. 다시 말해, 사법독립의 관점에서 보면 법원개혁은 전보다 후퇴했다.

반면, 법원개혁이 공산당 중앙의 지도하에 추진되면서 전보다 더욱 힘을 받을 수 있게 되었다. 공산당 지방위원회나 지방정부도 이전처럼 법원개혁을 법원만의 문제로 치부하고 무시할 수 없게 된 것이다. 또한 사실상 법원보다 정치적으로나 조직적으로 더욱 강력한 세력인 검찰(檢察院)이나 경찰(公安)도 법원개혁에 전보다 더욱더 협조할 수밖에 없는 조건이 만들어졌다. 이런 점에서 보면, 법원은 전보다 더욱 유리한 조건에서 개혁을 추진할 수 있게 된 것이다. 그리고 실제로 이런 변화된 유리한 외부환경 속에서 법원개혁이 좀 더 체계적이고 종합적으로 추진될 수 있었다.

이처럼 법원개혁이 의법치국 방침의 실현을 위한 세부 정책으로 추진되면서, 개혁의 지도 주체, 계획 수립과 집행의 방식, 개혁의 외부환경 등 여러 가지 면에서 변화가 발생했다. 그 결과 법원개혁은 한 측면에서는 이전 개혁보다 후퇴 — 예를 들어, 사법독립의 사실상 포기 — 한 반면, 다른 측면에서는 이전 개혁보다 발전한 모습 — 예를 들어, 공산당의 적극적인 지도 및 지지와 정부 · 검찰의 협조 — 이 나타났다. 따라서 이와 같은 현상이 나타나고 있는 최근의 법원개혁을 올바르게 이해하기 위해서는 무엇보다 의법치국 방침의 추진이라는 전체적인 정치개혁의 관점에서 이를 분석하려는 노력이 필요하다.

또한 이 책은 법원개혁 분석에서 정치적 관점(political perspective)과 기술적 관점(technical perspective)을 균형 있게 유지하려고 노력할 것이다. 먼저, 중국의 법원개혁을 분석할 때에는 〈헌법〉이나 〈법원조직법〉에 나와 있는 법원의 위상과 역할에 대한 '법률적' 규정이 아니라, 법원-공산당, 법원-정부 간의 '정치적'이고 '실제적'인 관계에 주목해야 한다. 이렇게 해야만 법원이 중국 정치체제에서 차지하는 실제 위상과 역할을 제대로 파악할 수 있고, 그 속에서 진행되는 법원개혁의 내용과 방식을 제대로 이해할 수 있다.[14]

세계 각국의 법원제도에 대한 기존 연구에 의하면, 법원독립을 침해하

---

14 이런 관점에서 법원의 구체적인 재판 활동의 사례를 분석한 연구로 Xin He, "The Judiciary Pushes Back: Law, Power, and Politics in Chinese Courts," Peerenboom, *Judicial Independence in China*, pp. 180~195가 있다.

는 주요 방식은 구조, 인사, 법원행정, 직접 접촉 등 네 가지이다. 여기서 구조는 법원과 행정부·의회 간의 관계, 인사는 법관의 임용·승진·해임과 관련된 제도를 가리킨다.[15] 이는 중국에도 해당된다. 그리고 여기서 말하는 네 가지 방식은 법원과 공산당·정부 간의 관계와 밀접히 관련되어 있다. 다만, 민주주의 국가와는 달리 중국에서는 법원-의회 관계가 법원-공산당, 법원-정부 관계에 비해 상대적으로 덜 중요하다.

단적으로, 공산당은 중국에서 '사회주의 사업'의 '영도핵심'(領導核心)이며 '유일한 집정당'(執政黨)으로 법원의 조직·인사·재판에 직접 개입한다. 뿐만 아니라 정부도 법원의 재정을 관리하면서 직간접으로 법원의 판결에 개입한다. 그런데 법원개혁을 통해 법원의 자율성이 확대되고 역할이 강화되면 기존의 법원-공산당, 법원-정부 간의 역학관계가 변화할 수 있다. 특정한 법원개혁 정책에 대해 공산당과 정부가 찬성 혹은 반대하는 것은 이 때문이다. 이런 이유로 법원개혁의 세부 정책은 법원과 공산당·정부 간의 권력관계에 따라 좌우되고, 특정 정책의 실제 집행 여부도 이에 크게 영향을 받는다. 따라서 법원개혁을 연구할 때에는 무엇보다 법원이 당면하고 있는 정치적 관계에 주목하여 개혁의 내용·과정·결과를 분석하려는 '정치적 관점'을 견지해야 한다.[16]

그러나 법원개혁 분석에서 정치적 관점만을 강조할 때 문제가 생길

15 Peter H. Russell, "Toward a General Theory of Judicial Independence," Peter H. Russel and David M. O'Brien (eds.), *Judicial Independence in the Age of Democracy: Critical Perspectives from around the World* (Charlottesville and London: University Press of Virginia, 2001), pp. 1~24.

16 이는 중국에서 공산당이나 정부에 비해 상대적으로 약한 국가기구인 의회를 연구할 때에도 마찬가지이다. 즉, 의회의 역할 강화와 자율성의 증대는 공산당 및 정부와의 관계에 대한 개혁을 의미하고, 따라서 의회연구는 이들 간의 실제 정치관계에 주목해야 한다. 이에 대해서는 조영남, 『중국 정치개혁과 전국인대: 개혁기 구조와 역할의 변화』(서울: 나남, 2000), pp. 30~37; 조영남, 『중국 의회정치의 발전: 지방인민대표대회의 등장·역할·선거』(파주: 나남, 2006), pp. 19~27 참조.

수 있다. 예를 들어, 중국 법관의 낮은 자질 문제는 법원-공산당 관계나 법원-정부 관계에만 주목해서는 제대로 이해될 수 없다. 이 문제는 중국 법학 교육의 문제 등 다른 요소도 큰 영향을 미치기 때문이다. 따라서 법관 문제를 해결하기 위해서는 법관독립의 강화 등 정치개혁도 필요하지만 동시에 법학 교육제도의 개선 등 교육개혁도 필요하다. 또한 이 문제는 세대교체를 통해 기존의 법관이 퇴임하고 새로운 법관이 이를 대체하는 과정이 필요하다. 다시 말해, 법관 문제의 해결에는 1세대(30년)의 시간이 필요하다는 것이다. 이처럼 법원개혁을 분석할 때에는 정치적 관점과 함께 법원이 당면하고 있는 내부적이고 기술적인 측면에서 문제를 분석하려는 '기술적 관점'도 견지해야 한다.

마지막으로 필자는 중국에서 출간된 다양한 문헌자료를 이용하여 분석을 진행할 것이다. 여기에는 다음과 같은 자료가 속한다. 먼저, 중국의 법률제도 및 사법제도 전반에 대한 각종 통계자료와 분석자료이다. 이 중에서 가장 중요한 것은 중국인민대학(中國人民大學)에서 편찬한 법률 관련 자료 및 통계의 분석이다.[17] 이는 중국에서 출간되는 각종 법률제도 및 사법제도와 관련된 통계자료를 수집하여 정리한 매우 종합적이고 체계적인 자료집이다. 여기에는 중국 법률 발전의 종합적인 추세, 의회와 정부의 입법 활동, 법원·검찰·경찰의 활동, 변호사의 규모와 활동, 정부의 법집행 상황, 각종 분규 해결기제, 법학 교육과 법학 연구에 대한 자료와 분석이 포함되어 있다.

다음으로 법원제도에 대한 다양한 조사 및 분석자료이다. 여기에는 먼저, 법원제도, 검찰제도, 변호사제도 등 중국의 사법제도 전반에 대한 개혁 주장과 실제 사례를 종합한 자료가 있다.[18] 여기에는 법원개혁에 대한

---

17 朱景文 主編, 『中國法律發展報告: 數據庫和指標體系』(北京: 中國人民大學出版社, 2007).

18 孫謙·鄭成良, 『司法改革報告』; 張明傑, 『司法改革』; 周道鸞, 『司法改革三十年1978~2008:

최고법원의 방침과 실제 개혁의 사례,[19] 법원개혁에 대한 다양한 개혁 주장과 실제 개혁의 사례가 포함된다.[20] 셋째는 지난 30년 동안 추진된 법치(法治)개혁의 일환으로 법원개혁을 정리한 연구이다.[21] 넷째는 사법개혁의 여러 쟁점을 정리한 자료이다.[22] 마지막은 법원개혁의 세부 주제별 분석이다. 여기에는 법원개혁과 사법공정,[23] 사법공정과 법원 감독,[24] 법원의 집행난,[25] 법관의 직업화,[26] 법원독립에 대한 연구가 포함된다.[27]

我所經歷的人民法院改革』(北京: 人民法院出版社, 2009); 王利明, 『司法改革研究』(北京: 法律出版社, 2001); 胡夏冰・馮仁強 編, 『司法公正與司法改革研究綜述』(北京: 清華大學出版社, 2001); 譚世貴, 『中國司法改革研究』(北京: 法律出版社, 2000); 李林 主編, 『依法治國與深化司法體制改革』(北京: 中國科學文獻出版社, 2008).

19 最高人民法院研究室 編, 『人民法院五年改革綱要』(北京: 人民法院出版社, 2000).

20 公丕祥, 『回顧與展望』; 康均心, 『法院改革研究: 以一個基層法院的探索為視點』(北京: 中國政法大學出版社, 2004); 韓波, 『法院體制改革研究』(北京: 人民法院出版社, 2003); 張文顯, 「人民法院司法改革的基本理論與實踐進程」, 『法治與社會發展』 2009年 3期, pp. 3~14; 夏錦文, 「當代中國的司法改革成就問題與出路: 以人民法院為中心的分析」, 『中國法學』 2010年 1期, pp. 17~25; 公丕祥, 「當代中國司法改革的時代進程」, 『法治資訊』 2009年 2期, pp. 86~89; 公丕祥, 「當代中國的自主型司法改革道路」, 『法律科學』 2010年 3期, pp. 40~55; 楊子雲, 「法官制度改革的黃陵類型」, 『中國改革』 2007年 11期, pp. 23~27; 楊子雲, 「我就是想在法制史上留下名字」, 『中國改革』 2007年 11期, pp. 28~30; 劉治斌, 「基層法院改革對司法體制變革的可能貢獻: 以兩個基層法院的司法改革為例」, 『法律方法與法律思維』 2010年 6期, pp. 32~45.

21 蔡定劍・王晨光, 『中國走向法制30年』; 中國社會科學院法學研究所 編, 『中國法治30年: 1978~2008』(北京: 社會科學文獻出版社, 2008).

22 劉立法 主編, 『司法改革熱點問題』(北京: 中國人民公安大學出版社, 2000); 人民司法編輯部 編, 『中國司法改革十個熱點問題』(北京: 人民法院出版社, 2003); 喬新生, 「中國司法改革的基本假定: 不能營造中國司法的烏托邦」, 『法治論壇』 2009年 2期, pp. 228~232.

23 陳衛東 主編, 『司法公正與司法改革』(北京: 中國檢察出版社, 2002); 王瀟, 『走向司法公正的制度選擇』(北京: 中國法制出版社, 2005); 謝佑平 主編, 『司法公正的建構』 (北京: 中國檢察出版社, 2005).

24 蔡定劍 主編, 『監督與司法公正: 研究與案例報告』(北京: 法律出版社, 2005).

25 唐應茂, 『法院執行爲什麼難』(北京: 北京大學出版社, 2009); 胡志超, 「1999年以來解決執行難得新實踐」, 『法律適用』 2010年 6期, pp. 90~92; 黃澎, 「淺析民事執行難問題及解決對策」, 『法制與社會』 2011年 11期, pp. 129~130; 唐大瑜, 「民事執行難的成因及對策分析」, 『法制與社會』 2011年 19期, pp. 133~134.

26 柳富華・柏敏 主編, 『法官職業化的運作與展望』(北京: 人民法院出版社, 2005); 胡濱, 「論改革和完善我國的法官制度」, 『行政與法』 2009年 11期, pp. 39~43; 林東雲, 「論我國法官

마지막으로 법치와 관련된 몇 가지 용어는 중국어(한자어) 그대로 사용할 것이다. 의법치리(依法治理), 의법치국, 의법행정, 의법집정이 바로 그것이다. 이를 우리말로 번역하면 각각 '법률에 의거한 국가 및 사회관리', '법률에 의거한 국가 통치', '법률에 의거한 행정', '법률에 의거한 정치권력의 장악과 운영'이 될 것이다. 그런데 이런 용어는 중국어를 그대로 사용해도 의미가 통하고, 또한 압축적 표현의 유용성 때문에 우리말 번역어가 아닌 중국어를 그대로 사용할 것이다.

改革外部的障礙」,『閩江學院學報』 28卷 4期 (2007年 8月), pp. 42~47; 秦志凱, 「試論我國法官制度的現狀及改革」,『陝西行政學院學報』 21卷 1期 (2007年 2月), pp. 26~29.

27 譚世貴,『司法獨立問題硏究』(北京: 法律出版社, 2004).

제2장

중국 법원의 역사와 현황

1. 법원의 역사

2. 법원의 현황

3. 소결

중국에 근대적인 법원제도, 즉 법원의 재판 활동과 관련된 서구식의 각종 조직과 절차가 도입된 것은 길게 잡아도 100여 년을 넘지 않는다. 양무운동(洋務運動, 1861~1894년)과 무술변법(戊戌變法, 1898년)에 실패한 청조(淸朝)가 1906년 근대식 사법제도를 도입하기 위해 〈대리원 재판 편제법〉(大理院審判編制法)을 제정한 것이 그 시작이었다.[1] 그러나 1911년 신해혁명(辛亥革命)으로 청조가 무너지면서 이 개혁안은 제대로 시행되지 못했다. 이후 중국은 군벌할거, 국민당의 북벌, 일본 침략과 항일전쟁, 국공내전(國共內戰)을 거치면서 통일되고 안정된 근대적 사법제도를 수립할 수 없었다.

1949년에는 중화인민공화국이 수립되면서 소련의 사법제도를 모방한 사회주의 법원제도가 수립될 수 있었다. 그러나 이것도 1957년 반우파투쟁(反右派鬪爭)을 시작으로 대약진운동(大躍進運動, 1958~1960년)을 거쳐 문화대혁명(文化大革命/문혁, 1966~1976년)에 이르러서는 사실상 붕괴되어 제대로 작동하지 않았다. 법원제도가 다시 복원된 것은 공산당이 1978년 12월 제11기 중앙위원회 제3차 전체회의(11기 3중전회)에서 개혁·개방

1 신우철, 「근대 사법제도 성립사 비교연구: 중국에 있어서 '법원조직' 법제의 초기 형성」, 『법사학연구』 제34호(2006년), pp. 259~284; 蔡定劍 主編, 『法制現代化與憲政』(北京: 知識産權出版社, 2010), pp. 57~69; 殷嘯虎, 『近代中國憲政史』(上海: 上海人民出版社, 1998); 汪永祥, 『中國現代憲政運動史』(北京: 人民出版社, 1996).

정책을 공식 채택하면서였다. 이후 법원제도는 1980년대의 '복원기'를 지나고 1990년대의 '개혁 탐색기'를 거쳐 2000년대에 '본격 개혁기'에 접어들었다.

이 장에서는 먼저 이와 같은 법원제도의 변화를 사회주의 혁명기(1921~1976년) 및 마오쩌둥(毛澤東) 시기(1949~1976년)와 개혁기(1978년~현재)로 나누어 간략하게 검토할 것이다. 이후 현행 법원제도의 상황을 법원체계, 법원 구조, 법원과 외부기관 간의 관계로 나누어 검토할 것이다. 이와 같은 검토는 이후 법원제도의 문제점과 최근의 법원개혁을 이해하는 데 필요한 기초 지식을 제공할 것이다.

1. 법원의 역사

1) 혁명기와 마오쩌둥 시기의 법원제도: 1921～1976년

중국 법원제도의 맹아는 사회주의 혁명기(1921~1945년)와 국공내전 시기(1945~1949년)를 통해 형성되었다. 마오쩌둥 시기(1949~1976년)의 초기 단계에서는 법원제도가 수립되고 발전하기 시작했다. 그런데 1957년 반우파투쟁을 정점으로 법원제도는 쇠퇴의 길로 접어들었고, 문혁 시기에는 사실상 활동이 정지되었다.

(1) 혁명기의 법원제도: 1921～1949년

사회주의 혁명기와 국공내전 시기에는 다양한 종류의 법원제도가 산발적으로 실시되었다. 그 당시 법원제도는 크게 두 가지 요소의 영향을 받았다. 하나는 소련의 영향이다. 한마디로, 공산당은 사회주의 종주국인

소련의 '선진적인 사회주의' 법원제도를 도입하여 중국 현실에 맞추어 실현하려고 노력했다. 이는 1931년 11월 장시성(江西省) 뤼진(瑞金)에서 개최된 '중화소비에트'(中華蘇維埃) 제1차 전국대표대회에서 소비에트공화국의 설립을 정식 선포하면서 본격적으로 추진된 일련의 사법개혁에 잘 나타났다.[2]

다른 하나는 혁명과 전쟁의 영향이다. 공산당은 국민당과 맞서 사회주의 혁명을 추진했고, 다른 한편으로 일본의 침략에 맞서 민족독립을 위한 전쟁을 수행했다. 한마디로, 법제(法制)는 혁명과 전쟁을 위한 '도구'였던 것이다. 〈징강산(井岡山) 토지법〉(1928년), 〈중화소비에트공화국 토지법〉(1931년), 〈중국 토지법 대강(大綱)〉(1947년) 등 농민을 혁명에 동원하기 위한 토지개혁 관련 법률의 제정과 집행이 이를 보여주는 대표적인 사례이다. 〈중화소비에트공화국 노동법〉(1931년), 〈산간닝해방구(陝甘寧邊) 노동보호조례〉(1942년),[3] 〈중화전국총공회 장정(章程)〉(1948년) 등 노동자를 위한 법률도 이에 속한다. 그 밖에도 〈중화소비에트공화국 반혁명조례〉(1934년), 〈산간닝해방구 항일시기 반역자처벌(懲治漢奸) 조례〉(1939년), 〈중국인민해방군 선언〉(1947년) 등 반혁명 세력의 처벌을 위한 법률, 〈중화소비에트공화국 혼인법〉(1934년), 〈산간닝해방구 혼인조례〉(1939년) 등 여성해방 법률의 제정과 집행도 이런 사례에 속한다.

동시에 이 기간에는 공산당의 지배가 유동적이었기 때문에 시기와 지역에 따라 다양한 방식의 법원제도가 시행되었다. 예를 들어, 1920년대와 1930년대에는 중앙에 최고법원(最高法院)을 두고 각 지방에 3급(級)의 재판부(裁判部)를 두는 '4급 2심제'(四級兩審制)가 실행되었다. 이것이 1930년

2 卓帆, 『中華蘇維埃法制史』(南昌: 江西高校出版社, 1992).

3 여기서 '산간닝해방구'는 산시성(陝西省), 간수성(甘肅省), 닝샤자치구(寧夏自治區) 일대에 설립된 공산당의 점령지를 가리킨다. 산시성 옌안(延安)은 신간닝해방구의 중심지였다.

대 후반부터 1940년대 중반까지는 해방구(解放區)의 고등법원(高等法院)과 현(縣)의 사법처(司法處) 혹은 사법과(司法科)로 구성되는 '2급 2심제'(二級二審制)로 바뀌었다. 1945년부터는 다시 해방구・성(省)・현으로 이어지는 '3급 3심제'가 실시되었다.[4] 이처럼 이 시기 법원제도는 계속 변화했다.

그런데 이 시기에 형성된 법원제도는 이후에도 많은 영향을 미쳤다. 이 중에서 특히 중요한 것은 다음 몇 가지이다. 가장 중요한 것은 군중노선(群衆路綫, mass line)에 기초한 재판제도이다. 여기에는 먼저, '군중공개재판'(群衆公審)제도가 있다. 이는 군중대회를 열어 재판관(審判人)과 군중 대표로 법정(法庭)을 조직하고, 사건에 대한 군중의 고발, 고소, 진술을 청취한 이후에 판결하는 방식이다. 이 방식은 중대한 혁명사건과 형사사건에 사용되었다. 즉, 주로 '반혁명 세력'을 처단하는 데 사용되었다는 것이다.

또한 군중노선에 입각한 제도로서 '현지재판'(就地審判)제도가 있다. 이는 초심(初審)을 맡은 재판관이 법정을 벗어나 사건이 벌어진 현지에 직접 가서 군중에 의지하여 조사하고, 이에 기초하여 즉석에서 당사자 간의 화해를 조정(調解)하거나 혹은 공개재판을 개최하는 방식이다. 이것은 "군중에 의지하고(依靠群衆), 군중을 편리하게 하며(方便群衆), 현지에서 재판하여(就地審判), 신속하게 사건을 종결하는(結案迅速) 제도"이다. 이와 비슷한 것으로 '순회재판'(巡迴審判)제도가 있다. 이는 법원이 순회법정을 조직하여 현지에 가서 군중의 소송을 접수한 후 현장에서 즉시 판결하거나, 아니면 사건이 발생한 지점에서 판결하는 제도이다.

그 밖에도 이 시기에는 다양한 법원제도가 실시되었다. 설득・교육과 협상・권고를 통해 분규 당사자 간에 자발적인 분규 해결을 유도하는 조정(調解)제도, 인민배심원(人民陪審)제도, 공개재판제도, 친인척이나 친구

4 韓延龍 主編, 『中國人民共和國法制通史』(上) (北京: 中共中央黨校出版社, 1998), p. 13.

등 사건과 관계있는 법관을 심리와 판결에서 배제하는 회피(迴避)제도, 변호제도, 상소(上訴)제도, 하급법원의 징역형과 사형을 상급법원이 적법성 등을 검토하여 확정하는 재심리(復核)제도가 대표적인 사례이다.[5]

이와 같은 당시의 법원제도를 집대성한 것이 이른바 '마시우 재판방식'(馬錫五審判方式)이다. 마시우(1898~1962년)는 산간닝해방구(陝甘寧邊區) 고등법원의 룽동(隴東) 동부법정(分庭) 정장(庭長)이었는데, 1930년대와 1940년대에 군중노선에 입각한 재판방식 — 예를 들어, 현지 방문과 조사 연구, 군중 의존과 현장 판결 — 을 잘 운영해서 유명해졌다. 이 재판방식은 네 가지 특징이 있다. 첫째, 재판 업무는 실제에서 출발하여 다방면의 의견을 청취하고 증거를 수집하여 실사구시(實事求是)적으로 사건의 진상을 파악하고 시비 곡절을 판단한다. 둘째, 소송절차는 간략하게 하여 민중에게 편리하게 하고, 형식에 구애받지 않으며, 수시로 사건을 접수한다. 셋째, 재판은 법정 방식이 아닌 좌담회 방식을 채용하며, 당과 정부의 정책, 국가 법령을 군중에게 설명한 이후 군중에 의지하여 해명 및 설득하는 작업을 전개한다. 넷째, 재판 업무와 조정 업무를 결합한다. 즉, 재판을 통해 해결할 수 있는 사건은 그렇게 하지만 조정을 통해 해결할 수 있는 사건은 재판하지 않는다.[6]

(2) 마오쩌둥 시기의 법원제도: 1949~1976년

이 시기의 법원제도는 크게 세 시기로 나누어 검토할 수 있다.[7] '초보

---

5 韓延龍, 『中國人民共和國法制通史』(上), pp. 14~15; 楊一凡・陳寒楓 主編, 『中華人民共和國法制史』(哈爾濱: 黑龍江人民出版社, 1997), pp. 746~752.

6 楊一凡・陳寒楓, 『中華人民共和國法制史』, p. 756.

7 다른 방식으로 법원제도를 분류한 것으로는 다음을 참고할 수 있다. 張柏峰 主編, 『中國的司法制度』(北京: 法律出版社, 2000), pp. 15~17; 章武生・左衛民 主編, 『中國司法制度導論』(北京: 法律出版社, 1994), pp. 6~7.

적 발전기'(1949~1956년), '점진적 쇠퇴기'(1957~1965년), '파괴기'(1966~1976년)가 그것이다. 각 시기에는 법원제도의 운영과 관련하여 분명한 특징이 나타난다.

① 초보적 발전기(1949~1956년)

사회주의 중국의 건국에서 1956년 공산당 제8차 당대회까지의 시기는 법원제도의 초보적 발전기라고 할 수 있다. 이 시기에는 무엇보다 법제의 필요성에 대한 공감대가 어느 정도 형성되었다. 예를 들어, 중국의 법제 수립에 지대한 공헌을 했던 둥비우(董必武, 1886~1975년)는 혁명질서의 유지, 인민민주독재의 공고화, 인민의 민주권리 및 합법권리의 보호, 국가 경제건설의 보장을 위해 '혁명법제'가 필요하다고 역설했다. 동시에 그는 공산당과 국가조직은 헌법과 법률을 준수하는 데 모범을 보여야 하고, 만인은 법 앞에서 평등하다는 등의 법제와 관련된 몇 가지 기본원칙을 제시했다.[8]

이러한 분위기 속에서 '초보적 발전기'에는 소련의 사법제도를 중국이 추구해야 하는 법원제도의 모델로 삼고, 또한 중국 사회주의 혁명 시기의 다양한 경험을 실천적 근거로 해서, 법원제도를 수립하여 운영하기 시작했다. 이 과정에서는 주로 두 가지 과제를 수행했다. 길게는 청조(淸朝), 짧게는 국민당 정부 시기부터 물려받은 구시대의 법원제도를 청산하는 것이다. 다른 하나는 사회주의 정치체제에 맞는 새로운 법원제도를 수립하는 것이다.

과거 법원제도의 청산은 두 가지 측면에서 진행되었다. 첫째, 국민당 정부가 제정한 모든 법률을 폐지했다. 공산당 중앙은 1949년 2월 〈국민당 '육법전서' 폐지와 해방구 사법원칙 확립의 지시〉(關於廢除國民黨的六法

8 程燎原, 『從法制到法治』(北京: 法律出版社, 1999), pp. 5~6.

全書與確定解放區司法原則的指示)(소위 '2월 지시')를 하달했다. 〈2월 지시〉에 따르면, "법률은 통치계급이 공개적으로 강제로 집행하는 소위 국가 이데올로기의 형태이다. 법률은 국가와 마찬가지로 단지 일정한 통치계급의 이익을 보호하는 도구이다. 국민당의 '육법전서'(六法全書)는 자산계급 일반의 법률과 마찬가지로 계급 본질을 가리는 형식이지만, 실제로는 계급을 초월하는 국가는 없으며 당연히 계급을 초월하는 법률도 없다." 따라서 "육법전서는 장제스(蔣介石) 통치구역과 해방구 모두에 적용되는 법률이 절대 될 수 없다."[9]

여기서 '육법전서'는 국민당 정부의 여섯 가지 법률, 즉 헌법, 민법, 민사소송법, 형법, 형사소송법, 행정법과 관련된 모든 법률 및 법규를 지칭한다. 헌법은 〈중화민국 헌법〉(1947년), 민법 종류는 〈중화민국 민법〉(1930년), 〈수표법〉, 〈회사법〉(公司法), 〈해상법〉(海商法), 〈보험법〉, 〈선박법〉, 민사소송법은 〈민사소송법〉(1930년), 형법 종류는 〈중화민국 형법〉(1935년), 〈임시 반혁명치죄법(治罪法)〉, 〈도적징치(盜匪懲治) 임시조례〉, 〈국민위해(危害) 긴급 치죄법〉, 〈반란징치 조례〉, 행정법 종류는 〈법원 조직법〉(1932년), 〈특별 형사법정(法庭) 조직조례〉, 〈최고법원 조직법〉 등이 포함된다.[10] 〈2월 지시〉는 이와 같은 국민당 정부의 모든 법률의 폐지를 명령했던 것이다.

동시에 〈2월 지시〉는 이를 대체하기 위한 새로운 방침을 하달했다. 즉 "사법 활동에서, 중국인민해방군과 인민정부가 반포한 강령, 법률, 명령, 조례, 결의(決議)의 규정이 있으면 강령, 법률, 명령, 조례, 결의의 규정에 의거한다. 만약 강령, 법률, 명령, 조례, 결의의 규정이 없다면 신민주주의(新民主主義) 정책을 따른다"는 방침이 바로 그것이다.[11] 그런데 혁명시

9 韓延龍, 『中國人民共和國法制通史』(上), p. 18.

10 韓延龍, 『中國人民共和國法制通史』(上), pp. 16~18.

기에 만들어진 강령, 법률, 명령, 조례, 결의는 추상적인 방침을 천명한 것이 많을 뿐만 아니라 포괄적이지 못해서, 게다가 '신민주주의 정책'이라는 것이 매우 가변적이고 애매모호하기 때문에, 〈2월 지시〉의 하달로 중국은 사실상 '무법(無法) 상태'에 접어들었다. 따라서 새로운 법률체제를 수립하는 것이 급선무였는데, 이후 전개된 정치 상황 때문에 이것이 제대로 이루어지지 않았다.

둘째, 이전 제도와 인원을 정리하는 사법개혁 운동이 1952년 6월부터 1953년 2월까지 전개되었다. 중국이 1950년 한국전쟁에 참전하면서 이에 필요한 물자와 인력을 공급하기 위해 소위 '항미원조운동'(抗美援朝運動), 즉 미국에 맞서 조선을 지원하는 운동을 대대적으로 전개했다. 그 과정에서 관료주의적 낭비 풍조와 자본주의 '잔재세력'의 각종 일탈행위를 근절하기 위해 1951년에 '3반'(三反: 독직・낭비・관료주의의 반대) 운동, 1952년에 '5반'(五反: 뇌물・탈세・국가재산 절취・생산재료 절취・경제정보 절도의 반대) 운동을 전개했다. 이런 운동의 전개 과정에서 사법계의 과거 청산을 목적으로 사법개혁 운동이 "정치투쟁"이자 "사상투쟁"으로 시작되었던 것이다.[12]

먼저, '반(反)인민적인 법률관(法律觀)'으로 통칭되는 '구시대의 법률관'을 청산하는 운동이 전국에 걸쳐 이루어졌다. 여기서 말하는 구시대의 법률관은 구체적으로 국민당 시대의 '육법전서'에 입각한 법률관을 가리킨다. 또한 구시대의 법관에 대한 청산이 이루어졌다. 즉, 국민당 시대의 '사법인원'(司法人員)은 철저한 사상개조와 엄격한 검토(考驗)를 거치지 않은 자들은 모두 '재판 업무'(審判工作)를 맡을 수 없다는 원칙이 수립되었

11 韓延龍, 『中國人民共和國法制通史』(上), pp. 18~19; 公丕祥, 「當代中國司法改革的時代進程」, 公丕祥 主編, 『回顧與展望: 人民法院司法改革硏究』(北京: 人民法院出版社, 2009), pp. 21~22.

12 韓延龍, 『中國人民共和國法制通史』(上), pp. 221~222.

다.[13] 이에 따라 많은 법관이 비판을 받고 법원을 떠났다. 이들을 대신해서 노동자・농민 출신의 군인, 당정 간부, 사회단체 간부가 대규모로 충원되었다. 이는 법률지식도 없고 법률훈련도 받은 적이 없는 일반인이 고도의 전문성과 엄격성을 요구하는 법원의 재판 업무를 맡게 되는 현상을 초래했다. 이런 현상은 1990년대 중반까지 이어졌다.

한편, 1954년 〈헌법〉과 함께 〈인민법원 조직법〉이 제정되면서 법원제도는 신속하게 수립되었다. 그리고 이때 형성된 법원제도가 1978년에 다시 부활하여 현재에 이르고 있다. 〈법원 조직법〉은 몇 가지 법원제도의 원칙을 규정했다. 첫째, 국가 재판권은 법원이 통일적으로 행사한다. 둘째, 법원은 독립적으로 재판하며 단지 법률에만 복종한다. 셋째, 모든 국민(公民)은 법 앞에 평등하다. 넷째, 민족은 평등하다. 이런 원칙에 입각하여 몇 가지 재판제도가 명시되었다. 여기에는 공개재판제도, 변호제도, 인민배심원제도, 합의제, 재판위원회(審判委員會)제도, 회피제도, 재판감독 혹은 재심(再審)제도가 포함된다. 마지막으로 '공산당의 사법제도 관리원칙'(黨管司法制度)과 '4급 2심'의 심급(審級)제도도 법원제도의 기본원칙으로 확정되었다.[14] 이와 함께 검찰제도와 변호사제도도 관련 법률이 제정되면서 수립되었다.

마지막으로 이 시기에는 소송제도와 관련된 각종 법률과 법규가 제정 및 정비되었다. 먼저, 민법과 민사소송법, 형법과 형사소송법에 대한 기초(起草) 작업이 추진되었다. 앞에서 말했듯이, 국민당 정부의 '육법전서'를 폐지한 이후 이를 대체할 수 있는 법률 제정이 시급했기 때문에, 당시 법원은 이에 많은 노력을 기울였다. 그러나 반우파투쟁, 대약진운동, 문혁

---

13 公丕祥, 「當代中國司法改革的時代進程」, 公丕祥, 『回顧與展望』, pp. 22~23.

14 韓延龍, 『中國人民共和國法制通史』(上), pp. 114~117, pp. 224~227; 楊一凡・陳寒楓, 『中華人民共和國法制史』, pp. 766~773.

등 정치운동이 연이어 전개되면서 이런 법률은 마오쩌둥 시기에는 끝내 제정되지 못했다. 다만 이런 노력이 있었기 때문에 1978년 이후부터 1980년대 중반까지 관련 법률을 신속하게 제정할 수 있었다. 대신 최고법원은 기존 경험을 집대성한 몇 가지 규정집을 하달했고, 법원은 이를 토대로 재판을 진행했다. 1956년에 제정된 〈법원 형사·민사 사건 재판 절차의 종합정리〉(各級人民法院刑民事審判程序總結)가 대표적인 사례이다.[15]

② 점진적 쇠퇴기(1957~1965년)

초보적 발전기를 거친 후 법원제도는 점진적 쇠퇴기에 접어들었다. 법원제도의 쇠퇴는 1957년 반우파투쟁과 함께 공산당 내에 '좌경'(左傾) 노선이 등장하여 주도적 위치를 잡으면서 시작되었고, 이후 대약진운동을 거쳐 가속화되었다. 이 시기에는 법제에 대한 비판적인 인식이 확산되었다. 한마디로, 인치(人治)가 혁명법제를 대신하고, "인치가 필요하지 법치는 필요 없다"(要人治不要法治)는 분위기가 국가와 사회를 지배했다.[16] 그 결과 이 시기에는 법원제도가 여러 가지 방면에서 약화되는 현상이 나타났다.

먼저, 법원, 검찰, 경찰, 정부 사법행정 부서 등 사법기구가 통폐합되기 시작했다. 대약진운동의 시작과 함께 추진된 소위 '한 명의 수장이 세 명의 수장을 대체한다'(一長代三長)와 '한 명의 직원이 세 명의 직원을 감당한다'(一員頂三員)는 정책이 대표적이다. 이는 공안국(公安局: 경찰), 검찰원(檢察院: 검찰), 법원을 통폐합하여 한 기관이 세 기관의 업무를 총괄하여 담당한다는 것을 의미한다. 다시 말해, 이는 각 사법기관 간의 역할분

---

15 韓延龍, 『中國人民共和國法制通史』(上), pp. 118~119, pp. 428~431.

16 中國社會科學院法學研究所 編, 『中國法治30年: 1978~2008』(北京: 社會科學文獻出版社, 2008), p. 62.

담과 상호견제의 체제를 부정하고, 공산당의 지도를 충실히 집행하는 하나의 정법기구만이 필요하다는 주장이다. 실제로 이런 주장에 따라 많은 지방에서 공안, 검찰원, 법원을 통합한 '정법공안부'(政法公安部)가 설치되었다. 이후 1959년에 국무원 사법부(司法部)와 감찰부(監察部), 1960년에 검찰원이 공식 폐지되었다.[17]

또한 1954년에 수립된 각종 재판 및 소송절차가 무시되고, 군중노선이 이를 대신했다. 즉, 마시우 재판방식이 다시 전면적으로 실시되기 시작한 것이다. 먼저, 사법절차는 "복잡한 철학"(繁瑣哲學)으로, 절차에 따른 재판은 "낡은 법관점"(舊法觀點)으로 비판을 받았다. 동시에 "낡은 규율을 타파하고, 옛것을 개혁하여 혁신한다"(打破陳規 改舊革新)는 구호가 널리 제창되었다.

이후, 마오쩌둥이 제기한 '군중에 의거한 사건 처리'(依靠群衆辦案)의 지도사상에 따라, 1964년에 "군중 의존(依靠群衆), 조사 연구(調查研究), 현지 해결(就地解決), 조정 위주(調解爲主)"라는 민사재판의 '16자(字)' 방침이 결정되었다.[18] 여기서 "군중 의존"은 법관 주도의 재판에 대한 반대, "조사 연구"는 법률에 근거한 재판의 반대, "현지 해결"은 법정에서의 해결 반대, "조정 위주"는 재판에 의한 사건 처리의 반대를 의미한다. 이에 따라 앞에서 검토한 각종 법원제도는 무의미해졌고, 대신 정치운동 방식의 군중재판이 널리 실행되었다.

마지막으로 법관과 행정 직원의 감축이 이루어졌다. 우선 1957년에 시작된 반우파투쟁 과정에서 적지 않은 법원 관계자가 공산당 명령과 정부 정책이 아니라 법률에 의거한 업무처리(依法辦事)를 주장했다는 이유로

17 楊一凡·陳寒楓, 『中華人民共和國法制史』, pp. 780~782; 韓延龍, 『中國人民共和國法制通史』(上), pp. 431~433.

18 楊一凡·陳寒楓, 『中華人民共和國法制史』, pp. 782~784; 韓延龍, 『中國人民共和國法制通史』(上), pp. 428~431.

'자산계급 우파분자'로 몰려 노동교화(勞動敎化)에 처해 졌다. 또한 대약진 운동이 시작되면서 "전면적인 약진"(全面躍進), "약진 재(再)약진", "더욱 전면적인 약진"(更全面躍進)의 구호 아래 "일이 있으면 정법(政法)을 처리하고, 일이 없으면 생산한다"(有事辦政法 無事辦生産), "사건이 있으면 사건을 처리하고, 사건이 없으면 생산한다"(有案辦案 無案生産)는 구호가 유행했다.[19] 이에 따라 법원 관계자가 생산현장에 동원되면서 법원 내에는 재판 업무를 처리할 인원이 거의 없는 상황이 초래되었다.

③ 파괴기(1966~1976년)

이러한 법원제도의 파괴 현상은 문혁과 함께 극단적으로 심화되었다. 즉, 문혁의 시작과 함께 법원제도는 '파괴기'(1966~1976년)로 접어들었다는 것이다. 검찰원이나 정부 감찰부・사법부와 달리 법원은 문혁 기간에도 공식적으로 폐지되지는 않았다. 그러나 위에서 살펴본 경향이 강화되면서 법원 소송은 사실상 중단되었다.

먼저, 문혁 기간에는 법제를 무시하는 경향이 더욱 심화되면서 이를 정당화하는 사상이 뿌리내렸다. 첫째는 법은 있어도 좋고 없어도 좋으며, 당 정책이 법을 대신할 수 있다는 법 허무주의(法虛無主義, law nihilism)이다. 둘째는 마르크스-레닌주의(Marx-Leninism)와 마오쩌둥의 말을 진리로 여기고 이들의 어록을 편집 및 주해하는 것을 마르크스주의 법학으로 간주하는 법학 교조주의이다. 셋째는 법 이론의 가치를 부정하고 외국의 법 문화와 성과를 참고하는 것을 거부하는 법 경험주의이다. 넷째는 법의 윤리적 가치를 거부하고 법을 공산당 통치의 도구로만 간주하는 법 도구주의이다. 다섯째는 법이 프롤레타리아 계급독재에 기여해야 한다는 사실

19 楊一凡・陳寒楓, 『中華人民共和國法制史』, pp. 782~784; 韓延龍, 『中國人民共和國法制通史』(上), pp. 432~433.

을 강조하고 법의 존엄과 권위를 존중하지 않는 법 실용주의이다.[20]

이런 사상 경향에 따라 법원제도의 파괴가 여러 방면에서 나타났다. 먼저, "공안, 검찰원, 법원을 박살내라"(砸爛公檢法)라는 구호에 맞추어, 홍위병(紅衛兵) 등 문혁 추종자들이 사법 관계자를 '배반자'(叛徒), '스파이'(特務), '반혁명분자'(反革命), '자본주의 추종자'(走資派)로 몰아 대대적인 물리적 탄압을 가했다. 한 통계에 의하면, 1967년 전국적으로 박해를 받은 공안간부(公安幹警)가 34,400명이고, 그중에서 1,200명이 맞아 죽고 3,600명이 불구가 되었다. 광둥성(廣東省)에서는 22%의 법원 간부가 격리조치되어 조사를 받았다. 물리적 탄압을 받지 않은 법원 관계자도 대부분 '5 · 7 간부학교'나 농촌에 보내져 노동교화를 받아야만 했다.[21]

또한 1967년 초부터 공산당 중앙의 결정에 따라 법원, 검찰원, 공안국 등 사법기관이 인민해방군의 관리(軍管)를 받아야만 했다. 이는 크게 두 가지 목적을 달성하기 위한 것이었다. 첫째, '반혁명'을 진압하고 '혁명질서'를 수호하며, '프롤레타리아 문화대혁명'을 지지 및 보위하기 위해 사법기관이 더욱 적극적인 역할을 발휘하게 만들기 위한 것이다. 둘째, 사법기관 내부의 '프롤레타리아 혁명파'를 지지하여 철저하게 혁명을 수행하며, 정치 · 사상 · 조직에서 '반혁명 수정주의'의 독소를 철저히 씻어내고 과거의 사법기관을 개조하기 위한 것이다. 즉 이를 통해 "마오쩌둥 사상이 모든 것을 통솔하는 매우 혁명화된 프롤레타리아의 사법기관"을 건립한다는 것이다.[22]

마지막으로 비전문적이고 일회적인 각종 정치조직이 법원과 같은 사

---

20 李步云,「中國法治歷史進程的回顧與展望」, 李林 · 王家福 主編,『依法治國十年回顧與展望』(北京: 中國法制出版社, 2007), p. 76.

21 韓延龍,『中國人民共和國法制通史』(下), pp. 610~611, pp. 613~614.

22 韓延龍,『中國人民共和國法制通史』(下), pp. 611~613.

법기관을 대체했다. 문혁 기간에는 소위 '군중독재'(群衆專政)를 실행하기 위해, 각종 '전문사건 조사조'(專案組)가 급조되어 법정절차를 무시하고 자의적으로 체포, 구금, 고문, 판결하는 사례가 비일비재했다. 대표적인 것이 중앙에서 '자본주의 추종자'를 색출하여 재판하기 위해 구성된 '중앙조사조'(中央專案組)이다. 이 조직에 의해 조사를 받고 박해(사망 포함)를 받은 장관급(省部級) 인사만 213명이며, 이 중에는 10명의 중앙정치국 상무위원이 포함되었다. 전국 각지에서도 문혁 세력에 의해 각종 조사조가 구성되어 죄가 없는 사람들을 자의적으로 체포, 구금, 판결하는 일이 일상적으로 벌어졌다. 이들은 "몽둥이 아래에서 자료가 나온다"(棍棒底下出材料), "한밤중이면 전과가 나온다"(后半夜里出戰果) 등의 말이 보여주듯이, 주로 물리적 고문을 통해 피해자로부터 자백을 받고, 그것에 근거하여 가혹한 판결을 내렸다.[23]

2) 개혁기의 법원제도: 1978년~현재

개혁기 법원제도는 세 시기로 나누어 검토할 수 있다. 첫째는 1980년대로, 이 시기에는 문혁 시기에 파괴된 법원제도를 복원하는 것이 주된 임무였다. 둘째는 1990년대로, 이 시기에는 급속하게 변화하는 사회・경제적 상황에 맞추어 법원제도를 변화시키는 것이 주된 임무였다. 이 시기부터 법원개혁이 본격적으로 모색되었고, 따라서 이를 법원개혁의 탐색기라고 부를 수 있다. 이 시기에는 지방법원을 중심으로 재판방식의 개혁 등 부분적인 개혁이 자발적으로 추진되었다. 셋째, 1999년부터 현재까지

23 韓延龍, 『中國人民共和國法制通史』(下), pp. 617~622; 楊一凡・陳寒楓, 『中華人民共和國法制史』, pp. 784~787.

는 1990년대의 탐색기를 거쳐 준비된 제1차 〈법원개혁 요강〉을 토대로 체계적이고 종합적인 법원개혁을 추진하는 것이 주된 임무였다.

① 1980년대: 법원제도의 복원기

1980년대 법원제도의 복원과 발전을 살펴보자. 가장 중요한 것은 문혁의 참혹한 고통을 교훈 삼고, 개혁・개방 정책의 추진에 필요한 제도를 구축하기 위해, 중국이 본격적으로 법률제도(法制) 정비와 발전을 당 방침으로 결정했다는 사실이다. 예를 들어, 1978년 12월 11기 3중전회에서 공산당은 '사회주의 현대화 건설'(개혁・개방)과 함께 '사회주의 민주 건설' 및 '사회주의 법제 완비'(法制健全)를 새로운 당 노선으로 확정했다. 11기 3중전회의 「공보(公報)」는 이런 방침을 강조했다. 즉, 공산당은 "인민민주를 보장하기 위해 반드시 사회주의 법제를 강화해야 하며, 이를 통해 민주가 제도화되고 법제화되도록 해야 한다. 또 이를 통해 이 같은 제도와 법률이 안정성, 연속성 및 지대한 권위를 갖도록 해야 한다"는 것이다.[24] 이는 1982년에 제정된 〈헌법〉에 그대로 반영되었다. 즉 〈헌법〉 제1장 제5조는 "모든 국가기관과 무장역량, 각 정당 및 사회단체, 각 기업 및 사업조직은 반드시 헌법과 법률을 준수해야 한다. 헌법과 법률을 위반한 모든 행위는 반드시 추궁한다. 어떤 조직 혹은 개인도 헌법과 법률을 초월한 특권을 가질 수 없다"라고 규정했다.

이런 공산당의 법제 완비 방침에 입각하여 문혁 기간에 파괴되었던 법원제도가 회복되기 시작했다. 이와 관련하여 법원제도에 필요한 각종 기본법률이 제정 및 수정되었다. 1979년에는 1954년에 제정된 〈인민법원

---

24 「中國共産黨第十一屆中央委員會第三次全次會議公報」, 中共中央文獻研究室 編, 『三中全會以來 重要文獻選編』(上) (北京: 人民出版社, 1982), p. 10; Edward J. Epstein, "Law and Legitimation in Post-Mao China," Pitman B. Potter (ed.), *Domestic Law Reforms in Post-Mao China* (Armonk: M. E. Sharpe, 1994), pp. 19~55.

조직법>의 정신과 내용을 계승하여 〈인민법원 조직법〉을 제정했고, 1983년에는 일부 내용을 수정했다. 또한 형사·민사·행정 사건과 관련된 실체법(實體法)과 절차법(節次法)이 제정되었다. 1979년 〈형법〉과 〈형사소송법〉의 제정, 1982년 〈민사소송법〉의 제정, 1986년 〈민법통칙〉(民法通則)의 제정, 1989년 〈행정소송법〉의 제정이 바로 그것이다.[25]

이런 공산당의 법제 방침과 각종 기본법률이 제정되면서 1980년대 초부터 법원제도가 회복되었다. 먼저, 중앙에서 지방까지 문혁 기간에 전부 또는 일부 폐지되었던 법원이 복원되었다. 법원제도가 회복되면서 심리와 재판에 필요한 '법원 간부'(당시의 호칭)가 대거 충원되었다. 당시에는 주로 퇴직군인과 다른 당정기관 간부들이 법원 중간 간부로, 법원의 자체 모집을 통해 충원된 중·고등학교 졸업자가 일반 간부로 충원되었다. 마지막으로 이전의 각종 법원제도(소송제도 포함)가 부활되었다. 그 결과 법원제도는 현재와 같은 모습을 갖출 수 있었다(이에 대해서는 뒤에서 자세히 검토할 것이다).[26]

② 1990년대: 법원개혁의 탐색기

1980년대에 법원제도가 복원되고 1990년대에 들어서 법원 활동이 활발해지면서, 일부 지방에서 법원개혁이 산발적으로 추진되기 시작했다. 당시 법원개혁은 최고법원이나 고급법원이 지시한 것도, 공산당이나 정부가 요청한 것도 아니었다. 대신 각급 지방법원이 경비와 인원 부족 등 시급한 문제를 해결하기 위해 자발적으로 추진한 것이었다. 동시에 법원

---

25 참고로 국가의 권력행사를 통제하고 국민의 권익을 보호하기 위한 법률은 1990년대 이후 집중적으로 제정되었다. 1994년 〈국가배상법〉, 1996년 〈행정처벌법〉, 1999년 〈행정재심법〉(行政復議法), 2003년 〈행정허가법〉(行政許可法)의 제정이 대표적인 사례이다.

26 韓延龍, 『中國人民共和國法制通史』(下), pp. 764~775; 楊一凡·陳寒楓, 『中華人民共和國法制史』, pp. 787~796.

개혁이 어떤 특정한 계획에 따라 진행된 것도 아니었다. 따라서 이전 법원개혁의 가장 큰 특징은 각급 법원이 필요에 따라 추진한 자발적이고 즉흥적인 상향식(上向式, bottom-up) 개혁이었다는 점이다.[27]

이 때문에 이전의 법원개혁은 체계적이지 못했다. 다시 말해, 1990년대의 법원개혁은 법원이 당면한 현안 문제를 해결하는 과정에서 새로운 과제가 제기되고, 그 과제를 해결하는 과정에서 또 다른 과제가 제기되는 등 일련의 과제에 대해 즉자적으로 대응하는 방법으로 추진되었다. 단적으로 법원개혁은 처음에 법원 경비를 절감하기 위한 증거(證據)제도 변경에서 시작하여 재판방식과 재판조직의 개혁으로 이어졌고, 이것이 다시 소송제도의 개혁으로, 최종적으로는 법원제도 전체의 개혁으로 이어졌던 것이다.[28] 이것을 흐름도로 표시하면, '법원 개혁 정책 문제 발생 → 당사자 증거책임의 강조 → 법정 심리방식의 개혁 → 재판방식의 개혁 → 재판제도의 개혁 → 소송제도의 개혁 → 사법제도의 개혁'이라고 할 수 있다.[29]

구체적으로, 법원개혁은 법원의 소송경비 부족 문제를 해결하기 위해 부분적으로 시작되었다. 1982년에 제정된 〈민사소송법〉에서는 법원이 증거 수집과 조사를 책임져야 한다고 규정했다. 이에 따라 경비가 부족한 법원은 소송당사자에 의존해 먹고 자면서 사건을 조사하는 소위 현대판

---

27 謝海定, 「中國司法改革的回顧與前瞻」, 張明傑 主編, 『司法改革』(北京: 中國科學文獻出版社, 2005), pp. 3~21; 熊秋紅, 「中國司法改革30年」, 中國社會科學院法學研究所 編, 『中國法治30年: 1978~2008』(北京: 社會科學文獻出版社, 2008), pp. 198~199; 蔣惠嶺, 「司法改革與司法公正」, 蔡定劍・王晨光 主編, 『中國走向法制30年: 1978~2008』(北京: 中國社會科學文獻出版社, 2008), p. 135; 褚紅軍, 「改革開放以來司法改革的回望與反思」, 公丕祥, 『回顧與展望』, pp. 41~42.

28 李徽・欒振華, 「人民法院改革之回顧與前瞻」, 人民司法編輯部 編, 『中國司法改革十個熱點問題』(北京: 人民法院出版社, 2003), pp. 824~853; 公丕祥, 「當代中國司法改革的時代進程」, 公丕祥, 『回顧與展望』, pp. 20~38; 褚紅軍, 「改革開放以來司法改革的回望與反思」, 公丕祥, 『回顧與展望』, pp. 39~53; 夏錦文, 「司法改革三十年: 成就問題與出路」, 公丕祥, 『回顧與展望』, pp. 54~63.

29 江蘇省南京市中級法院, 「關於我國司法改革的宏觀思考」, 公丕祥, 『回顧與展望』, pp. 74~96.

'군중노선'이 관행이 되었다. 이런 관행은 사회적 비판과 법원 이미지의 손상으로 이어졌다. 또한 1980년대 후반 무렵부터 국민의 법률의식이 증가하면서 법원 소송이 급증하기 시작했다. 이에 따라 법원이 증거 조사를 직접 담당하고 재판도 주도하는 기존의 증거제도와 재판방식으로는 이런 소송 증가를 감당할 수 없게 되었다. 그래서 1991년 〈민사소송법〉을 개정하여 증거 수집과 제출 책임을 법원에서 소송당사자로 이관시켰다. 이것이 증거제출 제도의 개혁이다.

그런데 증거제출의 주체가 법원에서 소송당사자로 바뀌면서 법정 재판방식도 변화되어야만 했다. 즉 이전에 법관이 재판을 주도하는 대륙법 계통의 직권주의(職權主義, inquisitorial system) 방식에, 소송당사자가 각자 수집한 증거를 기초로 유무죄를 논증하는 영미법 계통의 당사자주의(當事者主義, adversarial system) 요소가 도입되었던 것이다. 동시에 이는 법원의 재판조직, 즉 단독법정(獨任庭: 법관 1명이 재판하는 단독재판부)과 합의법정(合議庭: 3명 이상의 법관으로 구성된 합의재판부)의 개혁을 요구했다. 마지막으로 이와 같은 재판방식과 재판조직의 개혁은 다시 민사·형사·행정 사건의 소송절차에 대한 개혁을 필요로 했다. 그래서 1990년대 중반부터는 소송제도의 개혁이 추진되기 시작했다.

이처럼 이전의 법원개혁은 특정 분야의 부분적 개혁이 또 다른 개혁을 부르고, 그것이 다른 연관된 개혁을 추동하는 방식으로 진행되었다.

③ 1999년 이후: 법원개혁의 본격 추진기

이런 일련의 개혁은 1999년 제1차 〈법원개혁 요강〉이 제정되면서 새로운 법원개혁의 세부 정책으로 통합되었다. 동시에 법원개혁은 산발적이고 즉흥적인 이전의 방식을 대신하여 체계적이고 종합적이며 계획적인 방식으로 변화되었다. 제1차 〈법원개혁 요강〉이 보여주듯이, 이번에는 먼저 법원제도의 문제를 종합적으로 분석한 기초 위에서 개혁의 기본원칙과 전체 목표 및 세부 목표가 제시되었다. 동시에 이를 달성하기 위한 분야별 개혁 정책과 실시 방안도 함께 제시되었다. 이런 점에서 법원개혁은 제1차 〈법원개혁 요강〉의 발표와 함께 본격적으로 시작되었다고 말할 수 있다(이에 대해서는 뒤에서 자세히 검토할 것이다).

2. 법원의 현황

현행 법원제도는 1982년에 제정된 〈헌법〉(소위 '82헌법')과 1979년에 제정된 〈인민법원 조직법〉에 기초한 것이다. 이를 토대로 먼저, 법원의 조직체계, 내부기구, 재판조직, 법관 충원과 법관 상호 간의 관계를 살펴볼 것이다. 또한 법원제도는 외부기관과의 관계에 의해서도 크게 영향을 받기 때문에, 법원과 공산당 · 정부 · 의회 · 검찰 간의 관계도 검토할 것이다.

1) 법원의 조직체계와 구조

(1) 법원의 조직체계

〈그림 2-1〉이 보여주듯이, 중국 법원은 크게 4급(級) 체계로 이루어졌다. 최상위에 있는 최고인민법원(最高人民法院 / 최고법원)은 '최고재판기구'(審判機關)이다. 일반적으로 최고법원은 전국적으로 중요한 사건에 대한 1심(一審) 재판을 맡거나, 아니면 하급법원에서 올라온 2심 재판을 맡는다. 또한 최고법원은 사법 해석권(解釋權)을 행사한다. 즉, 전국인민대표대회

(全國人民代表大會/전국인대)나 전국인대 상무위원회(常務委員會)가 제정한 법률을 판결에 적용할 때 관련 사항에 대한 유권해석을 내리는 권한을 갖고 있다(단, 해석 내용은 반드시 전국인대 상무위원회에 보고(備案)해야 한다). 그 밖에도 최고법원은 재판 방침이나 법원개혁과 관련된 제반 정책을 제정하고 집행하며, 중요한 판례를 정리하여 전국에 보급하는 등의 업무를 수행한다.

지방에는 모두 3급의 지방법원이 있다. 각 성급 행정 단위, 즉 성(省)·직할시(直轄市)·자치구(自治區)에는 고급인민법원(高級人民法院/고급법원)이 있다. 고급법원은 관할지역의 중요한 사건의 1심 재판을 맡거나 아니면 하급법원에서 올라온 2심 재판을 맡는다. 또한 관할지역의 법원행정과 각종 개혁 정책을 총괄 지도한다. 지급시(地級市), 즉 구(區)가 설치된 대도시, 직할시, 민족 자치주(自治州)에는 중급인민법원(中級人民法院/중급법원), 현급(縣級) 행정 단위, 즉 현·시(市)·구(區)·자치기(自治旗)에는 기층인민법원(基層人民法院/기층법원)이 있다. 중급법원은 비교적 중요한 사건의 1심 재판과 기층법원에서 올라온 2심 재판을 맡는다. 기층법원은 일반적인 사건의 1심 재판을 전담한다. 한편, 향급(鄕級) 행정 단위, 즉 향·진(鎭)·가도(街道)에는 기층법원의 파출기관인 인민법정(人民法庭)이 설치되어 있다. 인민법정은 사실관계가 분명하고 경미한 약식(簡易) 민사재판을 담당한다.

한편 중국의 법원은 일반법원과 전문법원(專門法院)으로 구분된다. 위에서 살펴본 것이 일반법원이고, 전문법원은 특정 분야의 재판을 위해 설치된 전문적인 법원을 말한다. 여기에는 군사재판을 담당하는 군사법원(軍事法院), 항해와 상선(商船) 계약 등 해양 관련 재판을 담당하는 해사법원(海事法院), 철도운송 관련 재판을 담당하는 철도법원(鐵路運輸法院)이 가장 오래되었고 보편적으로 설치되어 있다.[30] 그 밖에도 특정 분야의 재판

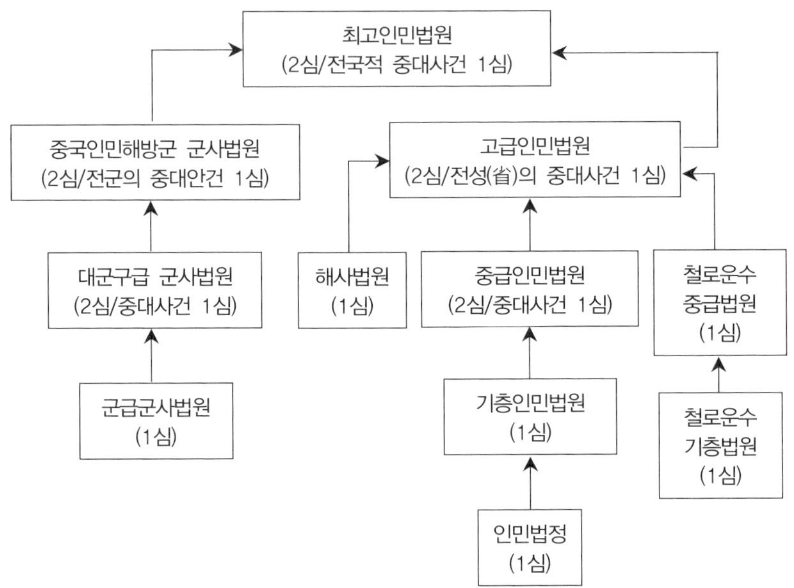

〈그림 2-1〉 중국 법원의 조직체계

〈출처〉 朱景文 主編, 『中國法律發展報告: 數據庫和指標體系』(北京: 中國人民大學出版社, 2007), p. 175의 〈표 4-1〉.

을 담당하는 산림법원(森林法院), 농지간척법원(農墾法院), 석유법원(石油法院) 등이 있다. 이상을 총괄하면, 2004년 중국에는 최고법원 1개, 고급법원 32개, 중급법원 404개, 기층법원 3,111개, 전문법원 170개 등 모두 3,546개의 법원이 있다. 전국적으로 10,345개의 인민법정이 있다.[31]

다음으로, 상하 법원 간의 관계를 간략하게 살펴보자.[32] 공식적 혹은

---

30 군사법원은 1978년 1월에 복원되었다. 해사법원은 전국인대 상무위원회의 결정에 따라 1985년에 광저우(廣州), 상하이(上海), 칭다오(青島), 톈진(天津), 다롄(大連), 1987년에 우한(武漢), 1990년 하이커우(海口), 샤먼(廈門), 1992년 닝보(寧波)에 설치되었다. 철도법원은 1980년 복원되어 몇 차례 변화를 겪었다. 韓延龍 主編, 『中國人民共和國法制通史』(下) (北京: 中共中央黨校出版社, 1998), pp. 766~767.

31 朱景文 主編, 『中國法律發展報告: 數據庫和指標體系』(北京: 中國人民大學出版社, 2007), pp. 174~175.

32 朱景文, 『中國法律發展報告』, pp. 180~183.

법적으로 이야기하면, 상하 법원 간의 관계는 '감독관계'이다. 우선 상하 법원은 사실과 법률에 입각하여 각 사건을 독립적으로 재판한다. 중국 법원의 심급(審級)제도인 '2심종심제'(兩審終審制: 다른 심급의 두 번의 재판 이후 종결)는 바로 이런 원칙에 입각하여 운영된다. 이처럼 재판과 관련해서 상하 법원은 동등하다. 또한 상소심[上訴審: 한국의 2심 혹은 항소심(抗訴審)에 해당] 재판과 재심(再審: 기존 판결에 문제가 있다고 판단되는 특별한 경우에만 실시하는 심리) 재판을 통해 상급법원은 하급법원의 재판을 감독한다. 이런 점에서 상하 법원 관계는 감독관계이다.

그러나 실제로 상하 법원 간에는 '영도(領導)-피영도'의 종속관계가 추가된다. 사법개혁의 지도, 원장・부원장 등 지도부의 구성, 법원 설비의 지원 등 법원행정과 관련된 각종 업무와 활동에서 상급법원은 하급법원을 지도하기 때문이다. 하급법원이 재판 중에 상급법원에 판결 지침을 요청하는 '지시요청보고제도'(請示彙報制度)도 이런 영도관계를 보여주는 대표적인 사례이다(이에 대해서는 뒤에서 검토할 것이다).[33] 또한 법관 인사제도의 개혁이 시험 실시되는 일부 지역에서는 상급법원이 하급법원의 법관을 추천한다. 이럴 경우 상하 법원 간에는 인사권을 둘러싼 영도관계가 형성된다.

(2) 법원의 내부기구와 재판조직

법원 내에 설치된 상설 내부기구는 크게 재판기구와 행정기구로 분류할 수 있다. 법원에는 일반적으로 상설 재판법정(審判庭)으로 민사법정[民事審判庭/약칭 민사정(民事庭): 민사재판부], 형사법정(刑事審判庭/형사정: 형사재판부), 경제법정(經濟審判庭/경제정: 경제재판부), 행정법정(行政審判庭/행정

32 朱景文,『中國法律發展報告』, pp. 180~183.

33 章武生・左衛民,『中國司法制度導論』, pp. 46~47.

정: 행정재판부), 사건수리법정(立案庭), 집행법정(執行庭), 탄원조사법정(申訴審查庭)이 설치되어 있다. 또한 지역특성이나 업무의 필요에 따라 지적재산권법정(知識産權庭: 지적재산권재판부), 청소년법정(少年庭: 청소년재판부), 부동산법정(房地産庭: 부동산재판부) 등 특별한 재판기구가 설치된다. 행정기구에는 정치부(政治部), 감찰실(監察室) 혹은 검사조(檢查組), 판공실(辦公室), 연구실, 법원경찰대(法警支隊) 등이 있다.

예를 들어, 상하이시(上海市) 제1(第一)중급법원에는 사건수리법정, 형사1법정, 형사2법정, 청소년법정, 민사1법정, 민사2법정, 민사3법정, 민사4법정, 민사5법정, 행정법정, 집행법정, 탄원조사법정 등 총 13개의 법정(審判庭)이 개설되어 있다. 행정기구로는 정치부, 감찰실, 판공실, 연구실, 법원경찰대 등 총 5개 부서가 설치되어 있다. 인원을 보면, 총 433명의 직원이 있는데, 이 중에서 법관(法官)은 245명, 서기(書記員)는 94명, 기타 행정 직원은 94명이다.[34]

한편 법원의 재판조직으로는 크게 세 가지가 있다. 첫째는 법관 1명으로 구성되어 단순하고 경미한 민사사건을 담당하는 단독법정(獨任庭: 단독재판부)이다. 둘째는 3명 이상의 법관으로 구성되어 각종 사건의 재판을 담당하는 합의법정(合議庭: 합의재판부)이다. 재판은 기본적으로 합의법정이 담당한다. 셋째는 법원의 최고 재판 의결기구인 재판위원회(審判委員會)이다. 이 중에서 재판위원회는 다른 국가의 법원에는 없는 중국만의 독특한 제도라고 할 수 있다. 따라서 이에 대해서는 상세한 검토가 필요하다.

1998년에 제정된 〈최고법원 재판위원회 업무 규칙〉(最高人民法院審判委員會工作規則)에 의하면, 재판위원회는 총 6개의 임무를 갖고 있다. 이 중에서 재판 경험의 종합과 연구, 중대한 혹은 난해한 사건의 토론과 결정이 가장 중요한 임무이다.[35] 이 2개의 임무 중에서 재판위원회 활동은 주

34 〈上海市第一中級人民法院-綜合信息網〉, http://www.a-court.gov.cn (검색일: 2011. 8. 14).

로 사건 토론과 결정에 집중된다. 예를 들어, 1999년 1월부터 2000년 8월까지 장쑤성(江蘇省) 롄윈강시(連雲港市) 중급법원과 기층법원의 재판위원회 운영 실태 조사결과를 보면, 재판위원회는 총 348회 소집되어 302건의 소송사건을 결정했다. 이는 재판위원회가 처리한 전체 안건의 86.8%를 차지한다. 이에 비해 재판 경험의 종합과 판례 연구는 단지 21건으로 6%에 불과했다(기타는 40건으로 안건의 11.4%였다).[36]

재판위원회는 대개 20명 정도로 구성되며, 여기에는 원장・부원장, 형사법정・민사법정・행정법정의 정장(庭長), 연구실 주임 등 법원 지도부가 참여한다. 해당 지역의 인민검찰원(人民檢察院) 원장 또는 부원장은 배석(列席)하여 발언권을 행사할 수 있다. 예를 들어, 2000년 초 쓰촨성(四川省) 청두시(成都市)의 1개 중급법원과 21개 기층법원의 총 21개 재판위원회 위원 191명에 대한 조사에 의하면, 재판위원회 위원의 규모는 전체 법관의 8.6%이다. 이 중 원장・부원장은 92명으로 전체의 48.17%, 법정 정장은 78명으로 전체의 40.84%, 법원 기율감사실, 정치부, 판공실, 감사실 등 행정 부서 책임자(주임)는 21명으로 전체의 11%를 차지했다. 이처럼 재판위원회는 법원 지도부로 구성되고, 구성원의 상당수는 재판 경험이 없는 사람들이다. 게다가 이들은 모두 겸직 위원으로 사건을 심리할 시간이 매우 부족하다.[37]

마지막으로 재판위원회의 회의 절차는 보고・토론・결정의 3단계로 구성된다. 담당 법관이 사건의 쟁점이나 난점(難點) 등을 구두 혹은 서면으로 보고하면, 재판위원회는 이를 토론한다. 필요하면 위원들이 담당 법

35 「最高人民法院審判委員會工作規則」, 最高人民法院研究室, 『人民法院五年改革綱要』, pp. 129~131.

36 張文定, 「關於審委會改革和建設的調查與思考」, 人民司法編輯部, 『中國司法改革十個熱點問題』, pp. 333~343.

37 韓波, 『法院體制改革研究』(北京: 人民法院出版社, 2003), pp. 126~149.

관에게 질문하기도 한다. 사건의 사실 확인을 거쳐 법률 적용에 대한 위원들의 의견 개진이 있는 후에 다수결 원칙에 입각하여 판결 내용을 최종적으로 결정한다.[38] 재판위원회의 결정과 담당 사건 법관의 판결이 다를 경우, 재판위원회의 결정이 우선한다. 다시 말해, 재판위원회의 결정이 최종 권위를 가진다.

(3) 법관 충원과 법관 간의 관계

개혁기 중국의 법관 임용제도는 몇 차례 변화를 겪었다. 먼저, 1980년대 중반까지 공산당 조직부가 법원 인력을 일괄 할당하는 '간부배치제'(調配置)가 실시되었다. 이 제도의 문제점은 법원이 아니라 공산당 조직부가 법원 인사를 배치하면서 법관을 일반 당정 간부와 동일한 조건에서 취급했다는 점이다. 이에 따라 법률 지식이 전혀 없는 사람이 법관으로 충원되었다. 특히 퇴역군인이 대규모로 법원 간부에 충원되었다.

이런 문제점을 해소하기 위해 1985년에 '고시채용제'(招考制)가 도입되었다. 공산당 조직부가 대졸자와 법원이 요청한 간부를 할당하는 것 이외에, 나머지 법원 직원은 법원이 자체적으로 실시하는 시험을 통해 선발했다. 주로 고졸자, 당정기관과 대중조직 간부, 퇴역군인이 응시하여 법원 간부(幹警)로 선발되었다. 법관 임용 조건이 전보다 엄격해진 점은 발전했지만, 시험 수준이 너무 낮아 여전히 낮은 자질의 법관이 충원되었다.[39]

1995년에 〈법관법〉(法官法)이 제정되면서 신임 법관의 임용 조건으로 학력 기준이 처음으로 도입되었다. 즉, 2년제 대학(大專) 이상의 학력과 일정한 법률 업무의 경험, 즉 법학 전공자는 1년, 비전공자는 2년이 있는

---

38 何金泰・茹樂峰, 「淺談審判委員會制度」, 人民司法編輯部, 『中國司法改革十個熱點問題』, pp. 344~347.

39 朱景文, 『中國法律發展報告』, pp. 192~193.

사람만이 법원이 주관하는 법관 임용시험에 응시할 수 있게 된 것이다. 이런 법관 자격조건은 기존 법관에게는 적용되지 않는다는 점 이외에도, 신임 법관의 학력 및 경력 조건이 너무 낮다는 문제가 있었다.

그런데 제1차 법원개혁이 시작된 1999년에 글도 모르고(文盲) 법도 모르는(法盲) 건달(流氓), 즉 '삼맹(三盲) 원장' 야오샤오홍(姚曉紅) 사건이 발생했다. 이 사건은 산시성(山西省) 장현(絳縣) 법원에 근무하던 야오 부원장이 뇌물수수와 피고인 구타 사망 사건으로 무기징역형을 언도받은 일을 말한다. 원래 야오는 초등학교도 졸업하지 못한 농민으로, 1981년에 국유기업에 노동자로 취직한 후에 1983년에 법원 운전기사로 자리를 옮겼다. 법원에서 그는 승진을 거듭하여 1986년에는 법원 판공실 부주임, 1989년에는 주임이 되었다. 이후 야오는 학력증서 위조, 검정고시 대리시험 등을 통해 전문대 졸업증을 취득했고, 이를 배경으로 1995년에는 부원장이 되었다. 그는 법률은 말할 것도 없고 글도 제대로 몰랐으며, 소송과 관련된 고소인과 피고인을 자주 구타하여 간혹 사망에 이르는 사건이 비일비재하여 '건달 원장'으로 유명했다.[40]

비슷한 시기에 소위 '댄서 법관'(舞女當法官) 왕아이구(王愛菇) 사건도 터졌다. 이 사건은 산시성(陝西省) 푸핑현(富平縣) 법원에서 발생했다. 원래 왕은 초등학교도 졸업하지 못한 농민으로 나이트클럽(歌廳)의 댄서 겸 고용사장으로 근무하다가 1997년에 지역 공산당 정법위원회 부서기와의 "깊은" 인연으로 법관에 임용되었다. 그녀도 법률은 말할 것도 없고 글도 제대로 몰라 변호사를 고용해 판결문을 작성했다. 그녀는 "완전히 감각"에 의존해서 사건을 판결했고, 법정에서 구타와 욕설로 유명했으며, 끝내는 뇌물수수 등의 혐의로 구속되었다. 이를 조사한 신문 보도에 따르면,

---

40 「山西三盲院長案追蹤」, 〈正義網〉 2005년 10월 14일, http://reivew.jcrb.com/200712/ca663207.htm (검색일: 2010. 12. 18).

1995년 〈법관법〉이 반포된 이후에도 이 지역에서는 연극단원, 정부 초대소 직원, 실업 노동자 등 10여 명이 법관으로 임명되었다고 한다.[41]

이런 일련의 사건들로 허술한 법관 임용이 사회적인 주목을 받았다. 이에 따라 2001년에 〈법관법〉이 수정되어 법관 임용조건이 상향 조정되었다. 첫째, 학력 기준이 2년제 대졸학력에서 4년제 대졸학력으로 강화되었다. 다만 경제가 낙후한 내륙 지역이나 소수민족 지역 등 특수한 경우에는 2년제 대졸학력자의 응시를 허용한다. 또한 법원의 자체시험이 폐지되고, 대신 국무원 사법부(司法部)가 주관하는 전국 통일 국가사법고시(國家司法考試)가 자격시험으로 도입되었다. 그래서 법관·검사·변호사 등 법률 관련 업무에 종사하려는 사람들은 반드시 이 시험을 통과하여 자격증을 획득해야 한다.[42]

다음으로 법관 상호 간의 관계를 살펴보자. 2002년 3월부터 대법관제도가 실시되면서 법관은 수석대법관(首席大法官: 최고법원 원장), 대법관(大法官: 최고법원 부원장, 최고법원 재판위원회 위원, 고급법원 원장), 고등법관(高等法官: 고급법원 부원장, 고급법원 재판위원회 위원), 법관 등 모두 4종류 12등급으로 분류된다. 여기서 원장·부원장 등 법원 지도부도 모두 법관이며, 원칙적으로 재판과 관련해서는 일반 법관과 동등한 책임과 의무를 진다. 그러나 실제는 이렇지 않다. 일반 법관은 재판 과정에서 원장 등 상급 법관에 판결 지침을 요청하고 이들이 하달한 지침에 복종한다. 이는

---

41 「舞女也能當法官: 發生在陝西富平縣的怪事」, 〈新華網〉 2001년 10월 15일, http://news.sina.com.cn/c/2001-10-15/378459.html (검색일: 2010. 12. 18).

42 참고로 사법시험 합격률은 전국적으로 평균 10%대를 유지하고 있다. 구체적으로 2002년 6.68%, 2003년 8.75%, 2004년 11.22%, 2005년 14.39%, 2006년 14.4%, 2007년 11.22%이다. 朱景文, 『中國法律發展報告』, pp. 192~193; 徐振博, 『三個至上: 尋找中國特色的司法體制改革之路』(北京: 法律出版社, 2010), p. 62. 그런데 서부지역의 경우 합격률이 매우 낮아 법관을 제대로 충원할 수 없는 '법관부족'(法官荒) 문제가 심각하다. 그래서 이 지역에서는 전국 합격선보다 낮은 점수가 적용된다. 단 이렇게 낮은 점수로 합격한 변호사는 해당 지역에서만 변호사 업무를 할 수 있고, 타 지역에서는 할 수 없다.

법관의 재임용, 인사고과 평가 등에서 원장과 정장이 결정적인 역할을 하기 때문이다.

따라서 이들은 결코 동등한 법관 대 법관의 관계가 아니라 상사 대 부하의 관계이다. 특히 전역군인들이 법원 지도부를 구성하는 기층법원에서는 이런 현상이 더욱 두드러지게 나타난다. 이와 같은 상황에서, 일반 법관이 사건을 심리 및 판결할 때, 원장(院長)이나 정장(庭長) 등 법원 지도부에 최종 허가를 받는 '사건 심의비준제도'(案件審批制度)가 운영된다. 이 제도로 인해 법관이 독립적으로 재판할 권한은 심하게 침해받고, 재판 업무의 효율도 크게 떨어진다. 이 때문에 최근의 법원개혁은 사건 심의비준제도를 폐지하는 것을 포함하고 있다(이에 대해서는 뒤에서 검토할 것이다).

2) 법원의 외부관계

법원의 외부관계는 크게 법원-공산당, 법원-정부, 법원-의회(人大), 법원-검찰(檢察院)의 관계를 가리킨다. 경우에 따라서는 각종 사회단체, 특히 노동조합(工會), 부녀연합회(婦女聯合會/부련), 공산주의청년단(共青團) 등 '인민단체'(人民團體)가 법원의 판결에 영향을 미치기 때문에 중요하다. 그러나 이들 사회단체는 국가조직이 아니므로 여기서는 검토하지 않을 것이다.

(1) 법원과 공산당

〈헌법〉과 〈인민법원 조직법〉에 의하면, "인민법원은 법률에 의거하여 독립적으로 재판권(審判權)을 행사하며, 행정기관, 사회단체, 개인의 간섭을 받지 않는다"(〈헌법〉 제126조/〈인민법원 조직법〉 제4조). 이는 법원의 독립재판권을 보장한 중요한 규정이다. 그런데 이 규정은 법원에 대한 공산당의 '정치영도'(政治領導)와 의회, 즉 전국인대와 각급 지방인민대표대회(地方人民代表大會/지방인대)의 감독을 배제하지 않는다. 다시 말해, 법원은 공산당의 정치영도를 받아야 하고, 의회의 감독도 받아야 한다. 이처럼 공산당과 의회는 '행정기관, 사회단체, 개인'의 범주에 들지 않기 때문에 법원에 대한 지도와 감독을 합법적으로 수행할 수 있다.

공산당의 정치영도는 크게 두 가지 내용으로 구성된다. 하나는 '정치원칙, 정치 방향, 중대 정책결정에 대한 영도'이다. 다른 하나는 '국가기관의 주요 간부 추천'이다. 이 중에서 전자와 관련된 공산당의 권한을 '정책결정권'(決策權)이라고 부르고, 후자를 인사권 혹은 '공산당 간부관리의 원칙'(黨管幹部原則)이라고 부른다. 이처럼 공산당은 다른 모든 국가기관에 대해 그렇듯이 법원에 대해서도 정책결정권과 인사권을 행사함으로써 정치영도를 수행할 수 있다.[43] 예를 들어, 법원개혁의 정책이나 재판 방침과 관련하여 법원은 공산당의 지시를 수용해야 한다. 법원 원장이나 정장 등 지도부 인선뿐만 아니라 일반 법관의 선임에 대해서도 공산당이 인사권(정확히는 추천권)을 행사한다.

공산당의 법원 영도는 두 가지의 공식 통로를 통해 이루어진다. 하나는 공산당 지역위원회(상무위원회)와 법원 내에 조직되어 있는 공산당의 영도조직인 당조(黨組, party group) 간의 통로이다. 다른 하나는 공산당 정법위원회와 법원 당조 혹은 재판위원회 간의 통로이다. 전자가 법원의 조직·인사·정책 등 전반에 대한 공산당의 지도가 이루어지는 통로라면, 후자는 주로 법원의 판결과 관련된 지도가 이루어지는 통로이다.

〈공산당 당헌〉(黨章)에 의하면, "중앙과 지방의 국가기관, 인민단체, 경

43 조영남, 『중국 정치개혁과 전국인대: 개혁기 구조와 역할의 변화』(서울: 나남, 2000), pp. 222~225.

제조직, 문화조직과 기타 비(非)당조직의 영도기관 중에 당조를 설립할 수 있다." 이에 따라 공산당 당조는 공산당 밖에 있는 모든 중요 기관이나 조직에 설치되는 공산당의 핵심 조직이다. 동시에 당조는 "당조가 설치된 부문이나 조직의 영도기구이며, 해당 부문이나 조직의 핵심 영도층이다." 또한 당조는 모든 활동에서 "당조의 설립을 비준한 당위원회의 영도에 반드시 복종해야 한다."[44] 이는 법원 당조에도 그대로 적용된다.

구체적으로, 법원 당조는 원장, 부원장, 주요 부서 책임자 — 예를 들어, 법원 정치부(政治部) 주임과 법원 기율검사조(紀檢組) 조장 — 등 법원의 실제 지도부(대개 10명 이내)로 구성된다. 당조 조장을 포함한 구성원은 공산당 지역위원회가 선출 및 임명한다. 그래서 당조는 당위원회의 하부조직으로 당위원회의 감독을 받고 당위원회에 대해 책임을 진다.[45] 다시 말해, 당위원회와 법원 당조 간에는 공산당 상하조직 간에 존재하는 '영도-피영도'(領導關係) 관계가 형성된다. 이 때문에 법원은 공산당의 하부조직이 아니라 공산당의 노선・방침・정책을 집행할 필요가 없지만, 법원 당조는 이를 반드시 집행해야 한다. 결국 법원은 공산당의 통제를 벗어날 수 없다.

공산당의 법원 재판 지도는 정법위원회를 통해 이루어진다. 법원 재판에 대한 공산당의 상시적인 개입은 1978년 개혁・개방 정책을 시작하면서 중단되었다. 구체적으로 1979년 9월 공산당 중앙은 〈형법〉과 〈형사소송법〉의 제정에 즈음하여 특별 지시를 하달했다. 〈형법과 형사소송법 실시 보장의 지시〉(關於堅持保證刑法刑事訴訟法切實施的指示)(소위 '9월 지시')가 바로 그것이다. 여기에는 두 가지 중요 내용이 포함되어 있다. 첫째, 사법기관은 엄격하게 법률에 의거하여 사건을 처리해야 한다. 둘째, 지방

44 조영남, 『중국 정치개혁과 전국인대』, pp. 228~229.

45 徐振博, 『三個至上』, pp. 118~122.

당위원회가 법원의 판결에 대해 지시를 하달했던 '판결심의비준제도'(黨委審批案件制度)를 폐지한다. 대신 정법위원회를 수립하여 사법기관에 대한 통일적인 지도와 조정을 담당한다.[46] 이렇게 되면서 공산당의 일상적인 법원 재판 개입은 중단되었다.

그러나 법원이 '중대하고 민감한 사건'을 판결할 때에는 반드시 동급의 공산당 정법위원회에 보고하고 비준을 받아야 한다. 여기에는 검찰과 이견(異見)을 보이는 사건, 지방의회와 갈등을 겪는 사건도 포함된다. 예를 들어, 지방의회는 개별사건감독(個案監督, individual case supervision)을 통해 법원의 특정 판결에 대한 수정을 요구할 수 있고, 만약 법원이 이를 거부하여 양 기관 간에 갈등이 빚어질 때에는 정법위원회가 개입하여 해결한다. 또한 고위 당정 간부가 관련된 부정부패사건은 법원이 아니라 동급의 공산당 기율검사위원회(紀律檢查委員會)가 처리 방침을 결정한다. 이런 경우 법원은 공산당의 결정사항을 공식 선포하는 역할만 할 뿐이다. 이처럼 법원은 법관 인사뿐만 아니라 재판에서도 공산당의 지도를 받아야 한다.

(2) 법원과 정부

법적으로 보면 법원은 정부와 동등한 지위에서 고유한 재판권을 행사하는 사법기관이다. 〈그림 2-2〉는 이것을 보여준다. 법원은 국가 권력기구인 인민대표대회에 대해서만 책임을 진다. 중국에서 정부와 법원 및 검찰(檢察院)을 통칭하여 '일부양원'(一府兩院: 하나의 부와 두 개의 원)이라고 부르는 것은 이를 잘 보여준다. 그러나 실제는 이렇지 않다. 한마디로 법

46 公丕祥, 「當代中國司法改革的時代進程」, 公丕祥, 『回顧與展望』, pp. 24~25.

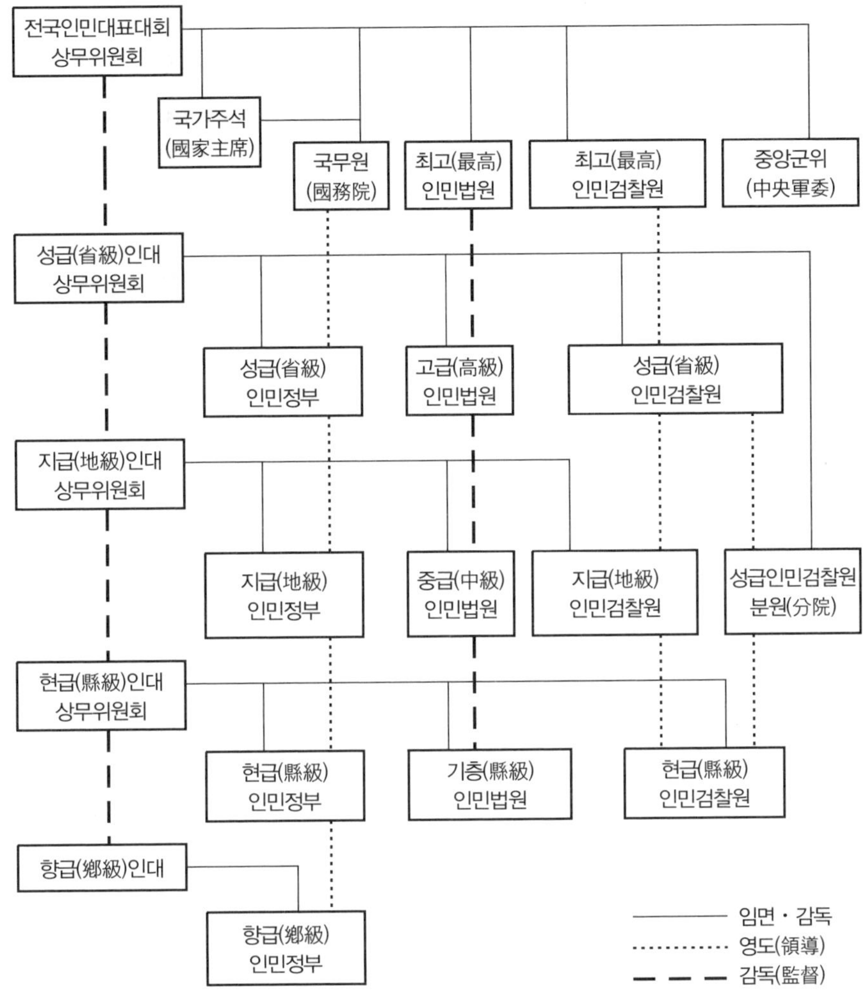

〈그림 2-2〉 중국의 국가기구(1982년 〈헌법〉)

〈출처〉 浦興祖等, 『中華人民共和國政治制度』(香港: 三聯書店, 1995), p. 481 부록 5.

〈표 2-1〉 중국 국가기구 공직자의 직급

행정급별		사례
1	국가영도	국가주석, 전국인대 위원장, 국무원 총리
2	부(副)국가영도	국무원 부총리, 최고법원 원장
3	정부급(正部級)	성장(省長), 부장(部長), 최고법원 상임부원장
4	부부급(副部級)	성정부 공안청장, 사법청장, 고급법원 원장
5	정국급(正局級)	지급시(地級市) 시장(市長)
6	부국급(副局級)	지급시 정부 공안국장, 사법국장, 중급법원 원장
7	정처급(正處級)	현급시(縣級市) 시장, 현장(縣長)
8	부처급(副處級)	기층법원 원장
9	정과급(正科級)	
10	부과급(副科級)	
11	주임과원(主任課員)	
12	과원(科員)	

〈출처〉 徐振博, 『三個至上: 尋找中國特色的司法體制改革之路』(北京: 法律出版社, 2010), p. 69 표 3-5-1.

원은 정부보다 반(半) 등급 또는 한 등급 낮은 국가기관에 불과하다. 〈표 2-1〉은 이를 잘 보여준다.

〈표 2-1〉이 보여주듯이, 국가 공직자는 모두 일정한 행정직급을 적용받는다. 법관도 예외는 아니다. 우선 최고법원 원장은 국무원 총리와 같은 '국가 영도급'이 아니라 부(副)총리와 같은 '부(副)국가 영도급'이다. 최고법원 상임부원장은 성장이나 부장(部長: 장관)과 같은 '정부급'(正部級: 한국의 장관급)이다. 같은 원리로, 성급 행정 단위에 설치된 고급법원 원장은 성 정부의 '부부급'(副部級: 한국의 차관급)이다. 그래서 고급법원 원장은 성 정부 공안청 청장이나 사법청 청장과 행정직급 상 동등하다. 즉, 지방법원의 수장은 공식적으로 동급의 정부 수장에 비해 반 등급 혹은 한 등급 아래이다.

정부와 법원 간의 실제 운영에서도 이런 우열관계를 확인할 수 있다.

지방에서는 정부 부(副)수장(예를 들어, 부성장이나 부시장) 중에서 1명이 법원 관련 업무를 담당하고, 법원 원장은 동급 정부 수장이나 부수장에게 종종 업무를 보고한다. 뿐만 아니라 국무원 사법부(司法部) 부장(장관)이나 지방정부 사법청(司法廳) 청장이 법원 원장으로 전임하는 경우와 그 반대의 경우도 많다. 예를 들어, 1998~2008년까지 최고법원 원장을 역임한 샤오양(肖揚)은 국무원 사법부 부장(1993~1998년)에서 전임한 경우이며, 샤오양 후임으로 현재 최고법원 원장을 맡은 왕성쥔(王勝俊)은 공산당 중앙정법위원회 비서장(祕書長: 장관급, 1993~2008년)에서 전임한 경우이다. 이는 법원이 법률 규정과는 상관없이 실제로는 동급 정부의 일개 부서 지위에 있음을 보여준다.[47]

법원과 정부 간의 관계에서 이것보다 더욱 심각한 문제는 정부 공안국(公安局) 국장이 공산당 정법위원회 서기(書記)를 겸임하는 경우가 자주 있다는 사실이다. 이렇게 되면 법원은 공안국장의 지도를 받아 재판해야 한다. 이는 법원이 단순히 정부의 부서 지위에 불과할 뿐만 아니라, 실제 활동에서도 정부 부서 책임자의 지도를 받아야 한다는 것을 의미한다. 이런 상황에서 정부가 피고로 나서는 행정소송에서 법원이 정부의 영향을 받지 않고 공정하게 재판한다는 것은 거의 불가능하다. 이와 비슷하게 정부 산하의 기업이나 단체가 관련된 민사소송이나 경제소송에서 법원이 정부의 눈치를 보지 않고 공정하게 재판하기도 쉽지 않다.

(3) 법원과 의회

〈헌법〉에 의하면, 전국인대와 각급 지방인대는 단순한 입법기구가 아니라 모든 국가기구를 생산하고 감독하는 '국가 권력기구'이다. 이에 따라 법원-의회 관계는 법원이 의회에 의해 생성되고 의회에 대해 책임을 지는

---

47 朱景文,『中國法律發展報告』, pp. 177~180.

'감독관계'이다. 구체적으로, 법원 원장은 의회 전체회의에서 선출 혹은 파면되고, 법원 부원장과 법관은 원장의 제청으로 의회 상무위원회에서 임명 혹은 파면된다. 법원은 매년 1회 개최되는 의회의 연례회의(例會)에서 업무보고(工作報告)를 하고 의회의 비준을 받아야 한다. 부정기적으로 의회의 요청이 있을 경우 특정 사안(예를 들어, 의회 요구 사항의 집행 여부 등)에 대한 특별보고를 해야 한다.

그런데 최근 의회-법원 관계에서는 개별사건감독이 문제가 되고 있다. 개별사건감독은 1990년대부터 본격적으로 사용되기 시작한 것으로, 의회가 법원의 개별 판결에 대해 조사하고 문제가 있을 경우 재심(再審)과 함께 관련 법관의 처벌을 요구하는 감독 방법을 말한다. 필자의 조사에 의하면, 의회 관계자들은 개별사건감독이 〈헌법〉이 보장한 의회의 합법적인 감독 수단일 뿐만 아니라, 실제 법원의 문제점을 개선하고 국민의 권익을 보호하는 가장 유효한 수단이라고 생각한다. 법원 활동은 판결을 중심으로 이루어지기 때문이다. 뿐만 아니라, 의회는 감독하기 어려운 정부 대신에 법원을 선택하여 비교적 손쉽게 감독 효과를 얻음으로써 공산당과 국민의 신뢰를 얻을 수 있는 이점이 있다. 이 때문에 의회는 개별사건감독을 선호한다.[48]

그런데 법원 관계자와 대부분의 법학자들은 개별사건감독이 〈헌법〉이 보장한 법원의 독립재판권을 침해한다고 생각한다. 우선 이들이 보기에 재판 중인 사건에 대해 의회가 감독하는 것은 법원 판결에 영향을 미칠 수 있는 잘못된 행동이다. 특히 법률 규정이나 절차를 무시하고 단순히 국민이 요구하기 때문에 개별 판결에 개입하는 것은 대중추수주의일 뿐이다. 또한 의회 의원 대부분은 법률에 문외한이기 때문에 이들이 법관

---

48 Young Nam Cho, *Local People's Congresses in China: Development and Transition* (New York: Cambridge University Press, 2009), pp. 64~82.

보다 더 잘 사건을 판결한다는 보장도 없다. 그 밖에도 일부 의회 지도자나 의원들은 개인적인 이유로 법원 판결에 개입하기도 한다. 이럴 때 '감독부패'라는 새로운 부패가 발생한다.[49] 이처럼 법원의 저항이 있어, 현재는 일정한 절차에 따라 제한된 범위 내에서만 개별사건감독이 실시되고 있다.

(4) 법원과 검찰

법원과 인민검찰원(人民檢察院/검찰원)은 양면적인 관계가 있다. 양 기관은 같은 행정직급에서 서로 다른 고유의 업무, 즉 재판과 공소(公訴)를 담당하는 동등한 사법기구이다. 그러나 다른 한편에서 양자는 검찰이 법원의 판결을 감독하는 '감독관계'에 있다. 이처럼 법원-검찰은 양면적인, 때로는 모순적인 관계 — 즉, 검찰은 공소주체로서 법원이 주재하는 재판에 참여하면서 동시에 감독주체로서 법원의 재판을 감독하는 역할 — 를 맺고 있다.

우선 법원과 마찬가지로 검찰은 사법기구로서 의회에 의해 생성되고 의회에 대해 책임을 지며 의회의 감독을 받는다. 또한 〈헌법〉에 의하면, "인민법원, 인민검찰원, 공안기관은 형사사건을 처리하는 데 마땅히 역할을 분담하고 책임을 지며(分工負責), 상호 협조하고(互相配合), 상호 제약하며(互相制約), 이를 통해 정확하고 효과적인 법집행을 보장해야 한다"(제135조). 이를 반영하듯, 법원과 검찰은 같은 행정직급에 있다.

---

49 Randall Peerenboom, "Judicial Independence and Judicial Accountability: An Empirical Study of Individual Case Supervision," *China Journals*, No. 55 (January 2006), pp. 67~92; 蔡定劍 主編, 『監督與司法公正: 硏究與案例報告』(北京: 法律出版社, 2006); 餘亮, 「從合議制預設要求看我國合議制的缺陷與改革原則和目標」, 孫謙·鄭成良 主編, 『司法改革報告: 中國的檢察院·法院改革』(北京: 法律出版社, 2004), pp. 276~286; 彭海清, 「人大個案監督現象的反思與制度建構」, 李林, 『依法治國與深化司法體制改革』, pp. 364~372; 韓波, 『法院體制改革硏究』, pp. 510~513.

다른 한편으로, 〈헌법〉에 의하면, 검찰은 '국가의 법률 감독 기관'이다(제129조). 이에 따라 검찰은 정부뿐만 아니라 법원에 대해서도 '법률 감독'을 실시한다. 이는 두 가지 형태로 나타난다. 첫째, 검찰은 법원 판결에 불복할 경우 상급법원에 항소(抗訴)할 수 있다. 둘째, 검찰은 법원의 모든 판결 활동이 적법한지를 감독할 수 있다. 이에 따라, 검찰은 자신이 기소하거나 재판에 참여하지 않은 민사사건이나 경제사건 소송에 대해서도 만약 법원 판결에 문제가 있다고 생각하면 재심(再審)을 요구할 수 있다.[50]

이와 같은 법원-검찰 관계에 대해 법원은 불만을 갖고 있다. 그래서 법원개혁을 통해 검찰의 법원 감독권을 폐지하기를 원한다. 이에 대해 검찰은 권한 축소를 우려하여 법원의 이런 시도에 반대한다. 현재까지 상황을 보면, 공산당 지도부나 정부 지도부는 법원보다는 검찰의 입장을 지지하는 경향이 있다. 법원의 심각한 '사법부패'에 많은 불만을 가진 국민도 공산당의 법원 영도 및 의회의 법원 감독에 더해 검찰의 법률 감독도 지지하는 경향이 있다(이에 대해서는 뒤에서 살펴볼 것이다).

3. 소결

중국의 법원제도는 크게 혁명기, 마오쩌둥 시기, 개혁기를 거쳐 쇠퇴와 발전을 거듭했다. 먼저, 법원제도는 소련의 영향 속에서 혁명과 전쟁을 거치면서 서서히 형성되었다. 중국공산당은 사회주의 혁명, 항일전쟁, 국공내전 기간에 사회주의 종주국인 소련의 법원제도를 도입하여 중국

50 한다위안(韓大元) 외, 『현대중국법입문』(서울: 박영사, 1997), pp. 394~395.

현실에 맞추어 실시하려고 노력했던 것이다. 이 과정에서 군중노선과 현지재판을 주요 내용으로 하는 마시우 재판방식이 등장하여 법원제도에 큰 영향을 미쳤다. 이 시기에는 개혁기 법원제도의 기초가 되는 각종 제도가 만들어졌다. 여기에는 인민조정제도, 인민배심원제도, 공개재판제도, 회피제도, 변호제도, 상소제도, 재심리제도 등이 포함된다.

1949년 사회주의 중국이 성립된 이후 1957년 반우파투쟁이 시작되기 전까지 법원제도는 점차로 자리를 잡아갔다('초보적 발전기'). 그런데 반우파투쟁을 거치면서 법원제도는 점차로 위축되고 재판 활동도 정상적으로 이루어지지 않았다('점진적 쇠퇴기'). 이후 문혁 시기에는 법원기구가 전부 혹은 일부 파괴되고 법관을 포함한 법원 종사자 대부분이 노동교화형에 처해지면서 법원 활동은 사실상 정지되었다('파괴기'). 공산당이 1978년 11기 3중전회에서 개혁·개방 정책을 채택하면서 법원제도는 복원되어 정상적인 기능을 수행하기 시작했다.

개혁기 법원제도는 세 시기를 거쳐 발전했다. 첫째, 법원제도의 복원기(1980년대)에는 문혁 시기에 파괴된 법원제도가 대부분 복원되었다. 둘째, 법원개혁의 탐색기(1990년대)에는 급속하게 변화하는 사회·경제적 조건에 맞추어 일부 지방에서 부분적으로 법원개혁이 추진되었고, 이와 함께 본격적인 법원개혁을 위한 다양한 탐색이 이루어졌다. 셋째, 법원개혁의 본격 추진기(1999년부터 현재)에는 1999년에 제정된 제1차 〈법원개혁 요강〉을 토대로 체계적이고 종합적인 법원개혁이 전국적으로 추진되었다.

한편 중국 법원은 최고법원, 고급법원, 중급법원, 기층법원의 4급 체계이고, 일반법원 이외에 특수 분야를 다루는 전문법원이 있다. 또한 법원의 상하관계는 공식관계와 실제관계가 조금 다르다. 공식관계는 '2심종심제'(兩審終審制)라는 심급제도를 통해 상급법원이 하급법원의 재판을 감독하는 '감독관계'이지만, 실제로는 상명하달의 종속관계의 성격도 함께 갖고 있다. 법원개혁의 지도, 법원 지도부의 구성, 설비 지원 등 법원행정과 관련된 각종 업무와 활동에서 상급법원이 하급법원을 지도하기 때문이다.

법원의 내부 기구는 재판기구와 행정기구로 분류할 수 있다. 법원에는 일반적으로 민사법정, 형사법정, 경제법정, 행정법정, 사건수리법정, 집행법정, 탄원조사법정이 상설로 설치되어 있고, 필요에 따라 지적재산권법정, 청소년법정, 부동산법정 등 특별 재판기구도 설치된다. 행정기구에는 정치부, 기율검사조, 판공실, 연구실 등이 있다. 재판조직으로는 1명 법관의 단독법정, 3명 이상 법관의 합의법정, 법원의 최고 재판 의결기구인 재판위원회가 있다. 이 중에서 재판위원회는 중국에만 있는 독특한 제도이다.

개혁기 법관 임용제도는 몇 차례 변화를 겪었다. 1980년대 중반까지는 공산당이 주도하는 '간부배치제'가 실시되었고, 1995년에 〈법관법〉이 제정되면서 법원이 자체 시험을 통해 법관의 일부를 선발하는 제도가 실시되었다. 이때 처음으로 신임 법관의 임용 조건으로 학력 기준이 도입되었다. 이후 2001년 〈법관법〉이 수정되어 법관의 학력 기준이 2년제 대졸학력에서 4년제 대졸학력으로 강화되었고, 동시에 전국 통일의 국가사법고시가 자격시험으로 도입되었다.

법원은 공산당·정부·의회·검찰과 같은 외부기관과 밀접한 관계를 맺고 있고, 이것이 법원의 조직·인사·재판·재정에 큰 영향을 미친다. 먼저, 공산당은 법원에 대해 '정치영도'를 실시한다. 이는 두 가지로 구성되는데, 하나가 '정치원칙, 정치 방향, 중대 정책결정에 대한 영도'라는 정책결정권의 행사이고, 다른 하나가 '국가기관의 주요 간부 추천'이라는 인사권의 행사이다. 이에 따라 법원은 공산당에 재판과 인사 양 측면에서 전부 혹은 일부 종속되어 있다.

법원-정부 관계는 법적관계와 실제관계가 크게 괴리되는 현상이 나타난다. 법적으로 보면 법원은 정부와 동등한 지위에서 고유한 재판권을 행사하는 독립된 사법기관이다. 그런데 실제 정치 과정에서는 법원이 정부보다 한 급 아래의 지위에 있다. 여기에 더해 정부가 법원의 재정권을 행사하면서 법원은 재정 면에서 정부에 종속되는 문제가 발생한다. 더욱 심각한 것은, 정부 공안국장이 공산당 정법위원회의 서기를 겸임하면서 법원이 사실상 정부 공안국의 지도를 받는 경우가 종종 발생한다는 사실이다.

마지막으로 법원-의회 관계는 법원이 의회에 의해 생성되고 의회에 대해 책임을 지는 '감독관계'이다. 이에 따라 법원 지도부와 법관은 의회에 의해 선출 혹은 임명되고, 법원은 의회에 업무를 보고하고 감독을 받는다. 법원-검찰은 양면적인 관계를 맺고 있다. 양 기관은 같은 행정직급에서 서로 다른 고유의 업무, 즉 재판과 공소를 담당하는 동등한 사법기구이다. 다른 한편에서 검찰이 법원의 판결을 감독하는 '감독관계'이다. 법원은 이런 검찰과의 관계에 대해 비판적인 견해를 갖고 있다. 이처럼 중국의 정치체제에서 법원은 공산당과 다른 어떤 국가기관보다도 열세인 지위에 있다.

제3장

중국 법원의 문제점

1. 법원과 공산당 · 정부의 관계: '사법권의 지방화'

2. 법원 구조와 운영의 문제: '법원 운영의 행정화'

3. 법관 임용과 관리의 문제: '법관의 대중화'

4. 소결

중국 법원은 여러 가지 문제를 안고 있는데, 이를 크게 세 가지 문제(소위 '3대 문제')로 요약할 수 있다.[1] 첫째는 법원의 독립적이고 공정한 재판을 방해하는 외부 요소이다. 이는 법원과 다른 권력기관, 즉 공산당, 정부, 의회, 검찰(檢察院)과의 관계에서 비롯되는 문제이다. 핵심은 공산당과 정부가 법원을 대신하여 법원의 인사권, 재정권, 재판권의 일부 또는 전부를 행사하면서 사법독립을 심각하게 침해한다는 사실이다. 이것이 '사법권의 지방화'(地方化, localization of judiciary) 문제이다.

둘째는 법원의 내부 요소로서, 이는 법원 구조와 운영의 문제, 상・하급 법원 간의 문제를 가리킨다. 부실한 재판제도, 법관 간의 엄격한 위계질서, 상하 법원 간의 종속관계가 이에 해당한다. 이것이 '법원 운영의 행정화'(行政化) 문제이다. 셋째는 법관 문제이다. 법관 충원제도의 미비와 법관의 낮은 소질이 대표적인 문제이다. 이것이 '법관의 대중화'(大衆化)

---

1 '3대 문제'는 1999년 8월 '전국 고급법원(高級法院) 원장 좌담회'에서 샤오양(肖揚) 당시 원장의 연설에서 공식 제기되었다. 이후 제1차 〈법원개혁 요강〉에서 다시 법원제도의 문제점으로 제시되었다. 肖揚, 「認真實施依法治國基本方略, 積極推進人民法院改革: 在全國高級法院院長座談上的講話」, 最高人民法院研究室 編, 『人民法院五年改革綱要』(北京: 人民法院出版社, 2000), pp. 226~232; 康均心, 『法院改革研究: 以一個基層法院的探索為視點』(北京: 中國政法大學出版社, 2004), p. 2; 譚世貴, 『司法獨立問題研究』(北京: 法律出版社, 2004), pp. 16~23; 王利明, 『司法改革研究』(北京: 法律出版社, 2001), pp. 32~36; 周永坤, 「司法制度改革論綱」, 劉海年・李林・張廣興 主編, 『依法治國與廉政建設』(北京: 中國法制出版社, 1999), pp. 454~461.

또는 '비전문화'(非專門化) 문제이다.

제3장에서는 이상에서 말한 '3대 문제'를 집중적으로 분석할 것이다. 이를 통해 중국 법원이 왜 체계적이고 종합적인 개혁을 추진할 수밖에 없는가를 이해할 수 있을 것이다.

1. 법원과 공산당・정부의 관계: '사법권의 지방화'

중국의 법원은 공산당과 정부에 대한 '세 가지 종속'으로 인해 독립적이고 공정한 재판을 하는 데 많은 어려움을 겪고 있다. 이 때문에 '지방' 법원은 '지방의' 법원으로 전락하는 사법권의 지방화 문제가 발생한다. 사법권의 지방화는 법원-공산당, 법원-정부 간의 관계에서 발생하는 문제로 단순히 법원 그 자체의 문제라고 할 수 없다. 즉 이 문제는 중국 정치체제가 갖는 근본적인 문제에서 발생하는 것이다.

첫째, 법원 원장과 법관에 대한 인사권을 법적으로는 지방인민대표대회(지방인대)가 행사하지만 실제로는 동급의 지방공산당위원회가 행사한다. 즉, 법원은 인사 면에서 공산당에 종속되어 있다. 둘째, 재판 경비, 법관 임금, 법원 시설비와 운영비 등 법원 재정과 관련된 예산 편성과 집행을 법원이 아니라 동급의 지방정부가 담당한다. 즉, 법원은 재정 면에서 지방정부에 종속되어 있다. 셋째, 법원이 '중대하고 민감한 사건'을 판결할 때에는 동급 공산당 정법위원회(政法委員會)에 보고하고 비준을 받는다. 고위 당정 간부가 관련된 부정부패사건은 동급의 공산당 기율검사위원회(紀律檢査委員會)가 조사하고 처리 방침도 결정한다. 이처럼 법원은 일부 판결 면에서도 공산당에 종속되어 있다.

1) 실태

(1) 법원의 공산당 종속: 인사권과 재판권

중국 〈헌법〉에 의하면, 임기 5년의 법원 원장은 공산당의 추천을 받아 동급 지방인대 전체회의에서 선출된다. 임기 5년의 법원 부원장과 법관은 지방인대 상무위원회가 법원 원장의 추천을 받아 임명한다. 이처럼 법적으로는 지방의회가 법원 인사권을 행사하지만 실제로는 공산당이 행사한다. 구체적으로, 원장・부원장과 법관은 공산당 조직부가 사전에 검토하고 당위원회의 승인을 받아 지방의회에 추천한다. 법관 추천 과정에서는 법원 당조(黨組) 서기를 겸직하는 원장이 중요한 역할을 담당한다.[2] 이처럼 공산당이 법원 인사권을 행사하기 때문에 법원은 지방 공산당의 방침과 정책을 따를 수밖에 없다. 이는 법원이 법률에 의거하지 않고 지방 공산당의 이해에 입각해 판결할 수 있다는 것을 의미한다.

공산당의 재판 개입은 정법위원회를 통해 이루어진다. 정법위원회는 모든 정법기관, 즉 경찰(公安)・검찰(檢察院)・법원・교도소 등을 지도하는 공산당 부서로서 '사법영도'를 핵심 임무로 한다. 여기에는 중대하고 민감한 사건의 판결에 대한 지도도 포함된다. 정법위원회의 재판지도는 크게 '일반영도'(一般性領導)와 '개별영도'(個案性領導)로 구분된다. 일반영도는 재판에 대한 추상적이고 포괄적인 방침을 제시하는 것을 말한다. 예를 들어, '범죄소탕'(嚴打) 기간에 체포된 범법자는 가중 처벌하여 국가의 사회치안 확립 의지를 천명한다는 방침이 있다. 공산당이 이런 방침을 제시하면 법원은 이에 입각하여 판결한다. 이에 비해 개별영도는 공산당이 개

---

2 Randall Peerenboom, *China's Long March toward Rule of Law* (Cambridge: Cambridge University Press, 2002), pp. 302~305; 冉井富, 「淺議黨對司法工作的領導方式及其改革完善」, 李林 主編, 『依法治國與深化司法體制改革』(北京: 中國科學文獻出版社, 2008), pp. 117~140.

별 사건의 처리 방침을 법원에 지시하는 것을 말한다. 두 경우 모두 문제지만 개별영도는 더욱더 법원의 독립적인 재판권 행사를 침해한다.[3]

그런데 일부 학자들은 공산당의 재판 개입을 확대하여 해석하지 말 것을 주장한다. 우선 정법위원회가 최종 판결하는 중대하고 민감한 사건은 수적으로 많지 않다. 다시 말해, 공산당의 재판 개입은 소수에 불과하다. 법원이 판결하는 소송의 종류, 즉 민사・경제・형사・행정소송에 따라 공산당의 개입도 크게 차이가 난다. 공산당 개입은 행정소송이나 형사소송에서는 많지만, 민사소송에서는 드물다.[4] 게다가 공산당의 재판 개입이 반드시 부정적인 것만은 아니라고 한다. 경우에 따라서는 공산당이 개입함으로써 공정한 재판이 이루어지는 경우도 있다. 이 같은 공산당의 재판 개입에 비해 정부의 재판 개입은 더욱 빈번하고 문제도 더욱 심각하다고 한다.[5]

(2) 법원의 정부 종속: 재정권

법원의 공산당 종속보다 더욱 심각한 것은 동급의 정부에 대한 종속이다. 이는 법원의 재정 운영에서 잘 나타난다. 현재 대부분의 지방법원에서 가장 심각한 문제는 공산당의 인사권 행사나 재판 개입이 아니라 법원의 경비 부족이다. 예를 들어, 2000년 장쑤성(江蘇省)의 112개 기층

---

3 冉井富, 「淺議黨對司法工作的領導方式及其改革完善」, 李林, 『依法治國與深化司法體制改革』, pp. 117~140; 張根大, 「司法獨立結構分析」, 張明傑 主編, 『司法改革: 中國司法改革的回顧與前瞻』(北京: 中國科學文獻出版社, 2005), pp. 134~139; 郭道暉, 「實行司法獨立與遏制司法腐敗」, 信春鷹・李林 主編, 『依法治國與司法改革』(北京: 中國法制出版社, 1999), pp. 79~104.

4 Hualing Fu, "Putting China's Judiciary into Perspective: Is It Independent, Competent, and Fair?" Erik G. Jensen and Thomas C. Heller (eds.), *Beyond Common Knowledge: Empirical Approaches to the Rule of Law* (Stanford: Stanford University Press, 2003), pp. 205~206.

5 Peerenboom, *China's Long March toward Rule of Law*, pp. 307~308.

법원에 대한 조사에 의하면, 71개(63.4%) 법원 원장은 최대 어려움으로 경비 부족을 들었다. 실제로 112개 법원 중에서 법관의 임금을 체불하고 있는 법원이 87개로 전체의 77.68%나 되었다.[6] 이런 법원의 경비 부족을 초래하는 주된 요인이 법원 재정이 동급 지방정부의 재정에 종속되어 있다는 점이다.

법원 재정은 전국적으로 통일적으로 편성되고 집행되는 것이 아니라 지방이 각자 알아서 한다. 이에 따라, 경제적으로 낙후한 내륙지역(특히 농촌지역)이나 소수민족 지역의 기층법원은 심각한 재정난에 직면하게 된다. 또한 법원이 아니라 정부가 법원 예산을 편성하고 집행한다. 이 때문에 법원 예산은 공산당과 정부 예산보다 항상 후순위로 밀리고, 이에 따라 법원은 재정적인 어려움을 겪는다.

개혁기에 법원의 재정제도는 몇 차례 변화를 겪었다. 1980년대 이전에 법원 재정은 중앙정부와 지방정부가 공동으로 충당했는데, 실제로는 중앙정부가 대부분을 충당했다. 1980년대에 들어 '독립채산제'(分級負擔 分灶吃飯)가 실시되면서 법원 경비는 동급 지방정부가 담당했다. 1988년에 최고법원이 〈법원 소송비 징수 방법〉(人民法院訴訟收費辦法)을 제정하면서 법원이 소송당사자가 납부하는 비용을 직접 관리했다. 이때부터 소송비가 법원 재정에서 중요한 비중을 차지했다.

법원의 소송비 직접 징수와 사용이 여러 부작용을 야기하면서, 1993년에 소송비를 정부 재정에 환수하는 '수입·지출 분리정책'(收支兩條綫)이 실시되었다. 그러나 정부가 소송비를 법원에 다시 돌려주는 방식으로 법원 재정에 충당함으로써 이 정책은 제대로 집행되지 못했다. 이처럼 2007년 4월 국무원이 〈소송비용 납부 방법〉(訴訟費繳納辦法)을 제정하여

6 汪少華・童道才・溫建華, 「法官職業化的現狀分析及對策」, 柳富華・柏敏 主編, 『法官職業化的運作與展望』(北京: 人民法院出版社, 2005), pp. 83~86.

〈표 3-1〉 후베이성(湖北省) 법원 재정 수입의 구성 비율 변화(%)

	2005년	2006년	2007년
동급정부 재정 예산	68.67	71.47	81.47
상급정부 지원금	8.63	11.35	18.00
예산외수입과 기타 수입	22.70	17.18	0.53

〈출처〉 張堅, 「關於改革與完善人民法院經費保障體制的實證研究」, 公丕祥 主編, 『回顧與展望: 人民法院司法改革研究』(北京: 人民法院出版社, 2009), pp. 549~553.

소송비를 60% 정도 인하하기 전까지 소송비는 법원 재정의 중요한 수입원이었다. 예를 들어, 1997년 전국의 법원 재정을 보면, 정부 재정 충당금은 7.9억 위안(元)으로 법원 재정의 16.8%인 반면, 소송비 충당금은 39.1억 위안으로 법원 재정의 83.2%였다(정부 충당금의 약 5배).[7]

중국은 법원 재정에 대한 체계적인 자료를 공표하지 않기 때문에 외부인이 이를 제대로 알 수 없다. 이런 문제를 보완하기 위해 일부 지역의 법원이 공표한 자료를 참조할 수밖에 없다. 후베이성(湖北省) 법원의 재정 상황에 대한 조사에 의하면,[8] 법원의 재정 수입은 3개 항목의 7개 세목으로 구성된다. 3개 항목 중 첫째는 동급 지방정부의 재정이다. 둘째는 주로 빈곤지역에 집중되는 중앙 지원금이다. 여기에는 정기 교부금, 재판비용 특별지원금, 법원 시설투자금 등이 있다. 셋째는 성급 지방정부의 지원금이다. 이외에도 법원이 자체적으로 조달하는 예산외수입(주로 소송비)과 기타 수입이 있다.

〈표 3-1〉에 의하면, 법원 재정 수입의 구성 비율은 시기에 따라 조금씩 변화되었다. 기본적으로 법원 재정 수입 대다수는 동급 지방정부의

7 朱景文, 『中國法律發展報告』, pp. 253~255; 公丕祥 主編, 『回顧與展望: 人民法院司法改革研究』(北京: 人民法院出版社, 2009), pp. 546~548.

8 참고로 2007년 후베이성에는 모두 128개의 법원에 14,127명이 근무했다. 이 중에서 고급법원은 1개(474명)이며 나머지는 중급법원 6개(2,322명), 전문법원, 즉 우한해사법원(武漢海事法院) 1개(86명), 기층법원 110개(11,245명), 인민법정 937개이다.

재정 지원이며, 상급 정부[국무원과 성(省) 정부] 지원금은 적은 편이다. 또한 예산외수입과 기타 수입이 급속히 감소하면서 상급 정부 지원금이 이를 대체하고 있다. 특히 2007년에 예산외수입과 기타 수입이 전년도의 17.18%에서 0.53%로 급감했지만, 상급 정부 지원금이 전년도의 11.35%에서 18%로 증가한 것은 중앙정부의 정책 변화 때문이다. 앞에서 말했듯이 2007년 국무원이 〈소송비용 납부방법〉을 제정하면서 소송비용을 60% 정도 인하했고, 이에 따라 법원이 경비 부족 문제에 직면하자 중앙정부가 30억 위안(元)의 긴급자금을 마련하여 지원했다. 동시에 성급(省級) 지방정부는 일정한 비율(즉, 동부지역은 중앙 지원금의 50%, 중부는 20%, 서부는 10%)에 따라 대응자금을 마련했다. 이런 자금의 70%는 기층법원, 30%는 중급법원에 지원되었다.

그런데 법원 재정을 동급 지방 재정에 편입시키고, 동시에 법원이 아니라 정부가 이를 관리하면서 법원의 경비 부족 문제가 발생한다. 정부는 공산당과 정부 예산을 확보한 후에 법원 예산을 편성하는 방식으로 법원 재정을 소홀히 취급하는 경향이 있다. 또한 법원 경비의 특수성(예를 들어, 조사비용 등)을 무시하고 예산을 편성하는 경우가 일반적이다. 법원의 경비 부족은 고급법원이나 중급법원보다 기층법원에서, 경제가 발전한 연해지역보다 경제가 낙후한 내륙지역에서, 도시지역보다 농촌지역에서 더욱 심각하다.

예를 들어, 1983년 통계에 의하면, 전국의 법원 중에서 독자적으로 법정(法庭)을 가진 경우는 367개로 전체의 12%에 불과했다. 1988년에는 전국 15,000개의 인민법정(人民法庭: 기층법원의 파출기관) 중에서 11,000개(73.3%)가 독자적인 사무공간을 확보하지 못했다.[9] 최근에도 법원의 경비 부족은 여전히 심각한데, 전국의 기층법원 중에서 경비가 부족한 법원은

9 朱景文, 『中國法律發展報告』, p. 253.

60% 정도이다. 이 중에서 일부 내륙지역의 법원은 법관 임금을 체불하고, 전화료와 수도요금을 납부하지 못해 전화와 수도가 끊기는 일이 발생하고 있다.[10]

법원의 경비 부족은 여러 가지 다른 문제를 야기하기 때문에 심각하다. 단적으로 부족한 경비를 충당하기 위해 법원이 소송을 수익사업으로 간주하는 '사법기능의 상업화'(commercialization of judiciary) 문제가 있다. 이는 여러 가지 방식으로 나타난다. 소송비를 더 많이 징수하기 위해 법원이 직접 소송사건의 수주에 나서는 것이 대표적이다. 2003년 산둥성(山東省)의 기층법원 조사를 보면, 소송 증가에 따른 업무과중을 걱정하는 법원은 전체의 10%에 불과하고, 나머지는 법관 임금과 법원 운영비를 충당하기 위해 소송사건을 확대해야 하는 상황이었다. 그래서 실제로는 재판이 필요 없는 사건도 법원이 개입하여 판결하는 일이 발생한다. 이 때문에 재판방식의 개혁을 통해 재판의 효율성을 제고하려는 법원의 개혁도 결국 수입 증가를 위한 것이 아니냐는 오해를 받기도 한다. 사건을 빨리 처리하면 그만큼 많은 재판을 할 수 있고, 이는 다시 소송비의 증가, 즉 법원의 수입 증가로 이어지기 때문이다.[11]

극단적인 경우로는 부족한 법원 재정을 충당하기 위해 재판 과정에서 법원이 검찰이나 경찰과 공모하여 피고의 재산을 불법적으로 몰수하는 경우도 있다. 그 밖에도 법원의 재정 부족으로 법관에게 좋은 대우를 할 수 없게 되면서 유능한 법관이 기층법원에 지원하지 않거나 근무하던 법관도 떠나는 문제가 발생한다. 내륙지역의 법원에서 보편적으로 나타나는 '법관 부족'(法官荒) 문제가 이를 잘 보여준다. 또한 기층법원에 남아 있는 법관도 낮은 임금이나 빈번한 임금 체불, 열악한 생활조건과 근무조건으

10 江蘇省南通市中級人民法院, 「法院經費保障各個初論」, 公丕祥, 『回顧與展望』, pp. 578~580.
11 朱景文, 『中國法律發展報告』, pp. 258~262.

로 업무의 적극성이 떨어지고, 이는 다시 법관의 부패로 이어지는 경우가 발생한다.[12]

2) 문제점: '지방 보호주의'

이상에서 살펴본 것처럼 법원이 인사, 재정, 판결과 관련하여 동급 공산당과 지방정부에 종속되면서 '지방 보호주의'(地方保護主義, local protectionism)가 만연하는 문제가 발생한다. 지방 보호주의는 법원이 해당 지역의 경제이익을 확대하기 위해 사실과 법률을 무시하고 자기 지역의 소송당사자에게 유리하게 사건을 판결하고 집행하는 현상을 가리킨다.[13]

우선 지방 보호주의를 이유로 공산당과 정부가 법원의 재판에 개입하면서 뇌물수수와 형량 축소와 같은 다양한 종류의 부패가 발생한다. 사법부패는 낮은 자질과 도덕적 타락 등 법관 개인의 문제에서도 발생하지만 이와 같은 제도적 문제에서도 발생한다.[14] 특히 이런 사법부패가 지역이익의 수호를 명분으로 집단으로 자행되고 합리화되면 해결책이 없다는 문제가 있다. 또한 지방 보호주의에 의해 법원이 자의적으로 판결하면 전국적인 법제통일과 사법공정이 실현될 수 없다. 동일한 사건이 어느 지역

12 江蘇省南通市中級人民法院, 「法院經費保障各個初論」, 公丕祥, 『回顧與展望』, pp. 578~580; 喬生彪, 「法院管理體制之症及改革」, 孫謙・鄭成良 主編, 『司法改革報告: 中國的檢察院・法院改革』(北京: 法律出版社, 2004), pp. 270~271; 郭紀勝, 「關於司法經費保障體制改革的若干問題」, 孫謙・鄭成良, 『司法改革報告』, pp. 339~340.

13 胡永勝, 「司法權力合法運行的制度保障」, 信春鷹・李林, 『依法治國與司法改革』, pp. 385~389; 江蘇省南通市中級人民法院, 「法院經費保障各個初論」, 公丕祥, 『回顧與展望』, pp. 578~580.

14 Ting Gong, "Dependent Judiciary and Unaccountable Judges: Judicial Corruption in Contemporary China," *China Review*, Vol. 4, No. 2 (Fall 2004), pp. 33~54.

의 법원이 심리하는가에 따라 다른 판결이 나올 수 있기 때문이다.[15]

1990년대 이후 특히 문제가 되는 것이 바로 '집행난'(執行難)이다.[16] 이는 법원 판결이 당사자(피고)의 집행 거부나 파산으로 제대로 집행되지 않는 현상을 가리킨다. 이런 문제는 형사사건이나 행정사건보다 민사사건에서 많이 나타난다. 대체로 전체 미집행사건의 약 80% 이상이 민사사건의 판결이다. 만약 법원 판결이 제대로 집행되지 않는다면 소송은 하나 마나 한 것이 되고, 이렇게 되면 국민의 정당한 권리는 침해받고 법원의 권위는 땅에 떨어진다. 현재 중국에서 실제로 이런 현상이 나타나고 있다.

중국 당국이 통계자료를 공개하지 않기 때문에 집행난의 실제 상황에 대해서는 정확하게 알 수 없다. 그러나 여러 가지 사례를 통해 집행난의 심각성을 엿볼 수는 있다. 예를 들어, 2004년 최고법원 집행판공실(執行辦公室) 거싱쥔(葛行軍) 주임(主任)은 전국적으로 심각한 집행난에 대해 다음과 같이 말했다. 즉, 민사 및 경제 판결의 집행률은 고등법원이 40%, 중급법원이 50%, 기층법원이 60%이다. 다시 말해, 대략 민사·경제 판결의 50% 정도는 제대로 집행되지 않는다는 것이다. 2002년 산둥성(山東省)의 한 법관에 따르면, 경제적으로 낙후된 지역의 경우 법원 집행률은 30%도 되지 않는다. 그래서 2004년 전국인민대표대회(전국인대) 연례회의의 '최고법원 업무보고'에서 샤오양(肖揚) 원장은 집행난이 법원의 '고질병'이며 이것을 해결할 수 있는 수단이 거의 없다고 보고했다.[17]

---

15 王利明, 『司法改革研究』, p. 170.

16 Donald C. Clarke, "The Execution of Civil Judgement in China," Stanley B. Lubman (ed.), *China's Legal Reforms* (Oxford: Oxford University Press, 1996), pp. 65~81; 唐應茂, 『法院執行爲什麽難』(北京: 北京大學出版社, 2009); 崔建國, 「論我國民事執行」, 孫謙·鄭成良, 『司法改革報告』, pp. 329~336; 康均心, 『法院改革研究』, pp. 173~176; 吳修新, 「確立法官獨立審判的現代司法原則」, 人民司法編輯部 編, 『中國司法改革十個熱點問題』(北京: 人民法院出版社, 2003), pp. 44~47.

한 통계를 보면, 1992년부터 1999년까지 법원에 강제집행을 신청한 소송사건이 매년 17.6%씩 증가했다. 그런데 이것이 2000~2004년까지는 매년 5%씩 감소했다.[18] 이처럼 집행 소송사건의 수가 감소한 가장 중요한 요인은 법원에 강제집행을 신청해도 제대로 집행되지 않는다는 국민의 불신 때문이다. 이와 유사하게, 법원의 전체 소송사건의 수도 시간이 가면서 감소하는 현상이 나타났다. 1979~1996년에는 소송 건수가 매년 평균 15.4%씩 증가했는데, 1997~2006년 기간에는 매년 평균 0.2%씩 감소한 것이다. 이런 감소에는 여러 가지 요인이 작용했는데, 그중의 하나가 바로 법원에 대한 신뢰 저하이다.[19]

법원 판결의 미집행 문제는 또 다른 측면에서 살펴볼 수 있다. 한 통계에 의하면, 1993~2004년 기간에 민사사건 중에서 법원이 강제집행한 비율이 최저 25.8%(1993년)에서 최고 44.2%(2002년)에 달했다. 강제집행률이 25.8%라는 것은, 법원이 판결한 민사사건 4건 중에서 1건이 피고(채무자)가 집행을 거부해 법원이 강제집행한 것을 의미하고, 그 비율이 44.2%라는 것은 판결이 난 2건 중에서 대략 1건이 피고가 집행을 거부해 법원이 강제집행한 것을 의미한다. 이는 중국에서 민사사건의 경우 법원이 강제집행하지 않으면 판결이 제대로 집행되지 않는 상황을 보여준다.[20]

단, 여기서 주의할 것이 있다. 일부 연구에 의하면, 법원의 집행난은 최근 들어 전보다 많이 개선되었다는 것이다. 일부 연구에 의하면, 집행

---

17 "Legal Reform: Recent Developments at China's Legal Forefront," *China Law and Government Review*, 2004, No. 2, http://www.chinareview.info/issue2/pages/lgal.htm (검색일: 2011. 2. 12).

18 朱景文, 『中國法律發展報告』, p. 243.

19 朱景文, 「中國法治道路的探索: 以糾紛解決正規化和非正規化為視角」, 潘維 主編, 『中國模式: 解讀人民共和國的60年』(北京: 中央編譯出版社, 2009), pp. 396~402.

20 朱景文, 『中國法律發展報告』, pp. 243~246.

난은 실제보다 많이 과장되었다고 할 수 있다. 예를 들어, 상하이시(上海市) 법원의 경제소송을 분석한 한 연구에 의하면, 법원 판결이 비록 완전하지는 않지만, 상당히 효과적이고 실제적이며 판결 대다수는 집행된다고 한다. 그래서 다수의 소송당사자는 법원 판결과 집행에 만족한다고 한다.[21] 유사하게 상하이시 법원의 조정(arbitration) 집행률도 낮은 편은 아니라고 한다.[22] 이는 경제적으로 낙후된 산시성(陝西省) 지역에도 해당된다. 즉, 한 기층법원의 민사사건(주로 부채상환)의 판결과 집행을 조사한 결과에 의하면, 집행률이 그렇게 낮은 것은 아니라고 한다.[23] 따라서 이들 연구는 집행난에 대한 기존의 견해를 좀 더 철저하게 검증할 필요가 있다고 주장한다.

이런 최근의 일부 연구가 주장하는 것과는 별개로, 법원 집행난이 여전히 심각한 문제라는 점은 분명하다. 이렇게 법원 판결이 집행되지 않는 이유는 여러 가지이다. 현직 법관들의 증언에 의하면, 첫째는 법률의 미비이다. 즉, 강제집행에 대한 전문 법률이 없어 실제 집행 과정에서 어려움이 생겼을 때 강제집행이 정당하다는 법적 근거를 찾기 쉽지 않다는 것이다. 둘째는 법원 내부의 문제점이다. 여기에는 집행 부서의 인원과 장비 부족, 집행 인원의 능력 부족, 법원 지도부의 인식 부족, 즉 판결의 집행보다 판결 그 자체를 중히 여기는 풍조 등이 포함된다.[24] 셋째는 피

---

21 Minxin Pei, Zhang Guoyan, Pei Fei, and Chen Lixin, "A Survey of Commercial Litigation in Shanghai Courts," Randall Peerenboom (ed.), *Judicial Independence in China: Lessons for Global Rule of Law Promotion* (Cambridge: Cambridge University Press, 2010), pp. 221~233.

22 Randall Peerenboom, "Seek Truth From Facts: An Empirical Study of Enforcement of Arbitrial Awards in the PRC," *American Journal of Comparative Law*, Vol. 49, No. 2 (Spring 2001), pp. 249~327.

23 Xin He, "Debt Collection in the Less Developed Regions of China: An Empirical Study from a Basic-Level Court in Shaanxi Province," *China Quarterly*, No. 206 (June 2011), pp. 253~275.

고(채무자)의 파산과 재산 은닉에 의한 집행 불능이다.[25]

법관들은 이런 요인들과 함께 지방 보호주의를 집행난의 또 다른 주요한 원인으로 지목한다. 즉, 해당 지방의 경제이익을 보호하기 위해 법원이 공산당 및 정부와 함께 지역 기업이나 개인의 재산 몰수와 같은 판결을 제대로 집행하지 않는다는 것이다. 다른 지역의 법원이 요청한 해당 지역 관련 집행사건의 경우에는 이런 현상이 더욱 두드러지게 나타난다.[26] 따라서 법원의 집행난은 여러 가지 기술적인 문제를 해결하는 것(예를 들어, '법원 집행법'의 제정, 법원 집행 인원과 장비의 확충)과 함께 지방 보호주의를 해결하지 않으면 쉽게 해결될 수 없다.

이처럼 집행난 문제가 심각하기 때문에 최고법원과 공산당 중앙(특히 정법위원회)은 집행난 해결을 강조하고 실제로 이를 위해 지속적으로 노력해 왔다. 예를 들어, 최고법원은 1999년 3월에 〈집행년 활동 전개의 통지〉(關於開展執行年活動的通知)를 하달하면서 1999년을 '집행난 해결의 해'(執行年)로 결정하고 전국 법원이 함께 문제 해결에 나설 것을 요구했다. 이에 동년 7월에는 공산당 중앙, 동년 10월에는 중앙기율검사위원회와 국무원 감찰부(監察部)가 유사한 '통지'를 하달하여 각급 공산당과 정부가 법원을 도와 집행난 해결에 적극 나설 것을 요구했다. 이런 노력의 결과 1999년에는 법원의 판결 집행률이 전년보다 27%나 증가했다고 한다.[27]

---

24 黃澎, 「淺析民事執行難問題及解決對策」, 『法制與社會』 2011年 11期, pp. 129~130; 唐大瑜, 「民事執行難的成因及對策分析」, 『法制與社會』 2011年 19期, pp. 133~134.

25 唐應茂, 『法院執行爲什麽難』, p. 3, p. 13, p. 209.

26 李國光, 「加强領導, 抓住機遇, 真抓實幹, 努力開創執行工作新局面: 在全國法院執行工作座談會上的講話」, 最高人民法院研究室, 『人民法院五年改革綱要』, pp. 267~272; 崔建國, 「論我國民事執行」, 孫謙·鄭成良, 『司法改革報告』 2004, pp. 331~332.

27 肖揚, 「堅持黨的領導, 沿着法治大道, 努力建設公正高效權威的社會主義司法制度: 紀念黨的十一屆三中全會三十周年」, 最高人民法院 编, 『人民法院改革开放三十年: 1978~2008』(北京: 人民法院出版社, 2008), p. 13.

2003년에도 이런 시도가 있었고, 2006년, 2008~2009년에도 있었다. 예를 들어, 2006년 1월 중앙정법위원회는 〈법원 집행난 문제 해결의 통지〉(關於切實解決人民法院執行問題的通知)를 하달하여, 각급 공산당이 법제통일, 사법권위, 국민이익의 수호와 조화사회(和諧社會) 건설을 위해 집행난의 해결에 적극 나설 것을 지시했다. 이때 최고법원은 전국 법원을 동원하여 '집행난 집중처리'(集中清理) 활동을 전개했다.[28] 비슷하게 2008~2009년에도 공산당의 지도하에 의회, 정부, 법원, 사회단체가 총동원되어 '대집행구조'(大執行格局)를 형성하고 그동안 집행되지 않았던 법원 판결을 청산하는 운동을 대대적으로 전개했다. 그 결과 법원 단독으로 집행난의 해결을 시도했을 때보다 훨씬 좋은 성과를 거두었다고 한다.[29]

2. 법원 구조와 운영의 문제: '법원 운영의 행정화'

관료제도로 운영되는 정부와는 달리 법원은 개별 법관이 하나의 독립된 주체로 사건을 심리하고 판결한다는 특징이 있다. 그런데 중국 법원은 이런 법원의 특징을 무시하고 행정기관과 유사하게 상명하달과 수직지도의 원칙하에 사건을 심리하고 판결한다는 문제가 있다. 이를 법원 운영의 행정화라고 한다.

구체적으로 이는 법원의 재판 활동과 관련하여 상급 법관(예를 들어 법원 원장)이나 재판위원회(審判委員會)가 하급 법관이나 일반 법관의 판결을 심사하고 비준함으로써 법관의 재판독립을 침해하는 문제를 가리킨다. 이

28 上海社會科學院當代中國政治研究中心, 『中國政治發展進程2007年』(北京: 時事出版社, 2007), pp. 146~148.

29 胡志超, 「1999年以來解決執行難得新實踐」, 『法律適用』 2010年 6期, pp. 90~92.

문제는 지난 10여 년간의 지속적인 법원개혁에도 불구하고 여전히 해결되지 않고 있다. 다시 말해 현재에도 법원은 여전히 '행정인허가 모델'(行政審批模式)로 운영된다는 것이다.[30]

법원 운영의 행정화는 크게 두 가지 범주의 네 가지 문제로 정리할 수 있다. 첫째 범주는 한 법원 내부에서 발생하는 문제로, 여기에는 '사건 담당자제도'(案件承辦人制度), 법원 원장(院長)·정장(庭長)의 '사건 심의비준제도'(案件審批制度), 법원 재판위원회의 '사건 토론결정제도'(案件討論決定制度)가 속한다. 둘째 범주는 상하 법원 간에 발생하는 문제로, 하급법원이 상급법원에게 사건 개요를 보고하고 판결 지침을 요청하는 '지시요청 보고제도'(請示彙報制度)이다.

1) 실태

사건 담당자제도는 법률 규정에는 없지만 실제로는 광범위하게 시행되고 있다.[31] 이는 단독법정(獨任庭: 법관 1명이 재판하는 단독재판부), 합의법정(合議庭: 3명 이상의 법관으로 구성된 합의재판부), 재판위원회가 사건을 심리할 때 모두 나타나는 현상으로, 소송사건마다 담당자(법관)를 선정하여 사건 심리와 판결을 주도하도록 하는 제도를 말한다. 담당자는 재판의 준비, 당사자 화해와 조정(調解), 자료와 증거의 검토, 심리 보고서의 작성, 판결문의 작성 등을 담당한다. 단독법정에서는 담당 법관이, 합의법정에서는 재판장(審判長)이 담당자가 된다.

---

30 陳瑞華, 「司法裁判的行政決策模式: 對中國法院'司法行政化'現象的重新考察」, 李林, 『依法治國與深化司法體制改革』, pp. 74~75.

31 陳瑞華, 「司法裁判的行政決策模式」, 李林, 『依法治國與深化司法體制改革』, pp. 80~92.

사건 담당자제도의 형성 원인에 대해서는 다양한 주장이 있다. 먼저 법관 인사평가제도나 오심책임제도(錯案責任制度)와 연관시켜 이 제도를 설명하는 주장이 있다. 이에 따르면, 법관의 인사평가를 위해서는 양적인 실적 정리가 필요하고, 이 때문에 소송사건마다 담당자를 지정한다는 것이다. 또한 오심이 발생했을 때 책임 소재를 분명히 하기 위해 담당자를 지정한다는 것이다. 다른 법관들과 좋은 관계를 유지하기 위해 다른 법관이 심리하는 사건에는 가급적 관여하지 않으려는 중국의 전통문화를 주요 원인으로 드는 주장도 있다. 마지막으로 소송 업무의 폭증에 대응하여 3~5명으로 구성된 합의법정 법관이 형식적으로는 모든 사건을 공동 심리한 것처럼 하되 실제로는 각자 다른 사건을 책임지고 처리하게 되었다는 주장도 있다.

다음으로, 법원 원장과 정장의 사건 심의비준제도를 살펴보자. 이는 원장 · 부원장, 민사법정(民事庭), 형사법정(刑事庭), 행정법정(行政庭)의 정장 · 부정장 등 법원 지도부가 사건 심리에는 직접 참여하지 않으면서 사건의 판결을 심의 비준하는 활동, 혹은 일반 법관이 작성한 판결문을 검토하고 비준하는 활동을 가리킨다. 이것은 법원이 사회적 영향이 큰 사건, 집단소송사건, 공산당과 의회가 주목하는 사건 등 '중대한 사건'(重大案件), 법률 적용이 애매하거나 적용할 법률이 적당하지 않은 '복잡하고 난해한 사건'(複雜疑難案件)을 심리할 때 주로 이루어진다. 이때 담당 법관이나 재판장이 원장 · 정장에게 지시를 요청하기도 하고, 아니면 원장 · 정장이 이런 요청이 없는 상황에서 직접 사건의 판결 방침을 지시하기도 한다.

재판위원회의 토론결정제도는 원장 · 정장의 심의비준제도와 유사하다. 즉, 법원이 중대한 사건과 난해한 사건, 사형 판결 사건, 합의법정의 의견불일치 사건, 검찰의 항소(抗訴) 사건을 심리할 때 재판위원회는 담당 법관의 보고에 근거하여 사건을 토론하고 판결을 결정한다. 재판위원회의 결정은 종종 합의법정의 판결과 다른데, 이 경우 재판위원회 결정이 최종 판결이 된다. 이런 점에서 재판위원회의 결정은 '판결 위의 판결'로서 절대적인 권위를 가진다. 이런 재판위원회의 결정은 수적으로 적지 않다. 예를 들어, 1998년 한 고급법원의 재판위원회 조사에 의하면, 1년 동안 재판위원회는 총 139회의 회의를 개최하여 1,011건(매회 7.3건)의 사건을 결정했다. 이 규모는 해당 고급법원이 처리한 전체 사건의 3분의 1에 해당한다.[32]

마지막으로 지시요청보고제도는 1958년 최고법원이 〈지시요청 업무의 답신〉(關於改进淸示解答工作的函)을 발표하고, 여기서 법률문제, 중대 문제의 처리 등 하급법원이 상급법원에 지도를 요청할 5개 사항을 규정하면서 공식화되었다. 이후 최근까지 최고법원은 여러 '통지'나 '지시'를 통해 이 제도를 보완해 왔다. 예를 들어, 최고법원 행정법정(行政審判庭)은 2000년에 〈행정재판 지시요청제도의 통지〉(關於嚴格執行行政審判工作請示制度的通知)를 하달하면서, 지시요청의 범위를 엄격히 제한하고, 동시에 사실과 증거를 분명히 적시한 서면 보고서를 제출할 것을 지시했다. 이런 자료를 보면, 최고법원은 하급법원의 지시요청 범위를 엄격히 제한하는 정책을 실시해 왔다는 것을 알 수 있다.[33]

이처럼 상하 법원 간에 지시요청보고제도가 존재하는 이유는 크게 두 가지이다. 첫째, 법관의 독립재판이 보장되지 않은 현실에서 법관은 자구책으로 이 제도를 활용한다. 법관 인사고과에서 자신이 담당한 사건의 상소(上訴)율과 원심 파기율이 업무능력 평가의 중요한 지표가 되기 때문에 법관들은 지시요청보고제도를 통해 이를 미연에 방지하려고 한다. 다시

---

32 譚世貴, 『司法獨立問題研究』, p. 20.

33 朱景文, 『中國法律發展報告』, pp. 180~183.

말해 법관들은 애매한 사건의 경우 미리 상급법원에 지시를 요청하고 이에 입각하여 판결함으로써 해당 사건이 상급법원으로 올라가도 동일한 판결이 나오도록 조치한다는 것이다.

둘째, 공산당과 정부의 다양한 정치적·정책적 요구가 법률과 함께 사건 판결의 중요한 근거가 되는 현실에서 법관이 '위험'(risk)을 줄이기 위해 이 제도를 활용한다. 공산당과 정부의 요구는 대개 가변적이고 애매모호하기 때문에 법관의 입장에서 보면 잘못 판결할 위험이 있다. 이런 경우 법관은 동급법원 원장이나 재판위원회에 지시를 요청하거나 아니면 상급법원에 지시를 요청한다.[34]

2) 문제점

이상에서 살펴본 행정인허가 방식의 법원 운영은 많은 문제점을 안고 있다. 먼저, 사건 담당자제도로 3~5명의 법관이 공동으로 사건을 심의하고 판결하는 합의법정은 유명무실해진다. 담당자(재판장)가 실제 재판을 주도하고 다른 배심법관(陪審人)은 들러리로 전락하기 때문이다. 결국 "형식은 합의법정인데 내용은 단독법정"(形合實獨)으로 운영된다. 이런 상황에서 일반 법관이 적극적으로 재판을 준비하고 판결에 참여할 가능성은 낮다. 배심원제도도 마찬가지이다. 즉, 배심원들은 법적으로는 합의법정에 참여하여 법관과 동등하게 사건을 심리하고 판결할 권리가 있지만, 실제로는 담당자가 재판을 주도하면서 배심원은 들러리로 전락한다.[35]

34 朱景文,『中國法律發展報告』, pp. 180~183.

35 陳瑞華,「司法裁判的行政決策模式」, 李林,『依法治國與深化司法體制改革』, pp. 80~92; 餘亮, 「從合議制預設要求看我國合議制的缺陷與改革原則和目標」, 孫謙·鄭成良, 『司法改革報告』, pp. 276~286.

원장·정장의 사건 심의비준제도도 심각한 문제가 있다. 한마디로 이 제도는 법관의 독립재판 원칙뿐만 아니라 직접심리·공개재판의 원칙을 위배하고, 소송당사자의 변론권을 제한하며, 재판의 효율적인 운영을 방해한다. 우선 심리와 판결의 분리에 의한 직접심리 원칙의 위배이다. 이 제도에 의해, "심리하는 사람(즉, 담당 법관)은 판결하지 않고, 판결하는 사람(즉, 원장·정장)은 심리하지 않는 문제"(審者不判 判者不審)가 발생한다는 것이다.

원장·정장은 담당 법관의 보고에 의해 판결함으로써 의도하지 않게 잘못 판결할 가능성이 있다(사법 실수). 혹은 원장·정장이 외부 압력이나 유혹에 의해 의도적으로 잘못 판결할 수도 있다(사법부패). 게다가 판결이 비공개로 법정 밖에서 결정되기 때문에 소송당사자는 판결 과정을 알 수 없고 직접 변론할 기회도 박탈당한다. 그 밖에 사건 심리와 판결이 옥상옥(屋上屋)으로 진행되면서 재판이 비효율적으로 운영된다. 즉, 담당 법관이 사건을 심리하고 즉석에서 판결하면 간단한데, 이를 지도부에 보고하고 비준을 받아야 하기 때문에 많은 시간이 소요된다.

상하 법원 간의 지시요청보고제도는 이런 문제점 이외에도 '2심종심제'(兩審終審制)를 무의미하게 만들고, 이에 따라 국민이 공정하게 재판받을 권리를 박탈한다는 문제가 있다.[36] 중국에서 1심 재판에 불만이 있으면 원고나 피고는 상급법원에 상소(上訴: 한국의 항소)할 수 있다. 그리고 이 상소심이 종심(終審)이 된다. 그런데 지시요청보고제도에 의해 하급법원이 상급법원에 판결 지침을 요청하고, 상급법원이 이에 응함으로써 이같은 상소심은 사실상 의미를 상실한다. 왜냐하면 이 제도에 의해 1심

36 朱景文, 『中國法律發展報告』, pp. 180~183; 江蘇省揚州市中級人民法院, 「司法體制改革駛入深水區 如何通向法治: 以法院內部縱向職權配置為視角」, 公丕祥, 『回顧與展望』, pp. 127~128.

재판에서 소송당사자도 모르게 이미 2심(즉, 상소심) 재판이 사실상 진행되고 있기 때문이다.

재판위원회의 사건 토론결정제도도 위에서 살펴본 법관의 독립재판, 공개재판, 직접심리, 변론권 보장의 원칙을 위배하는 등 동일한 문제를 안고 있다.[37] 일부 학자들은 특히 재판위원회 구성의 비전문성을 지적한다. 예를 들어, 장쑤성(江蘇省) 롄윈강시(連雲港市) 중급법원과 기층법원의 재판위원회에 대한 실태 조사에 의하면, 1997년 재판위원회 위원 106명 중에서 전역군인이 57명으로 전체의 53.77%, 공산당 및 국가기관 전입자가 40명으로 37.74%, 4년제 법대 졸업생이 9명으로 8.5%를 차지했다. 즉, 전문적인 법률지식과 경험이 있는 법관은 재판위원회 위원의 극소수에 불과했다.

2000년 8월에 다시 조사한 롄윈강시 중급법원의 상황도 크게 개선되지 않았다. 즉, 재판위원회 위원 96명 중 전역군인이 47명으로 전체의 48.96%, 타기관 전입자가 49명으로 51.04%, 4년제 법대 졸업생이 10명으로 10.4%였다. 참고로 10명의 법대 졸업생 중 50%는 정규대학이 아닌 통신대학 출신이다.[38] 이처럼 재판위원회 위원의 대다수가 전역군인과 타기관 전입자인데, 이들은 법률지식도 부족하고 재판 경험도 거의 없는 사람들이다. 따라서 재판위원회가 단독법정이나 합의법정보다 중대한 사건과 난해한 사건을 더 정확하게 판결할 가능성은 높지 않다.

---

37 康均心, 『法院改革研究』, pp. 245~251; 陳瑞華, 「司法裁判的行政決策模式」, 李林, 『依法治國與深化司法體制改革』, pp. 82~92; 江蘇省揚州市中級人民法院, 「司法體制改革駛入深水區」, 公丕祥, 『回顧與展望』, pp. 124~130.

38 張文定, 「關於審委會改革和建設的調查與思考」, 人民司法編輯部, 『中國司法改革十個熱點問題』, pp. 333~343.

3. 법관 임용과 관리의 문제: '법관의 대중화'

법원은 재판을 핵심 기능으로 하는 사법기관이다. 그래서 재판을 담당하는 법관의 자질과 능력은 사법공정과 사법효율뿐만 아니라 사법독립의 실현 여부에도 결정적인 영향을 미친다. 이 때문에 중국 법원이 당면하고 있는 법관 문제는 매우 심각한 것으로 인식된다.

법관 문제에는 법관 임용제도의 문제와 법관의 낮은 자질, 방대한 법관 규모와 낮은 재판 효율성, 열악한 법관 대우와 불안한 지위, 법관 교육과 훈련의 부족, 비체계적이고 불공정한 법관 평가제도 등이 속한다. 이 중에서 가장 심각한 문제가 바로 법관의 낮은 자질이다. 이 문제는 주로 능력과 자질을 갖추지 못한 사람을 법관으로 충원하면서 발생하기 때문에 이를 법관의 대중화 또는 비전문화 문제라고 부른다.

1) 실태

법관 임용제도의 문제로 낮은 자질의 법관이 대규모로 충원되면서 독립적이고 공정한 재판에 큰 걸림돌이 되고 있다. 중국 당국이 법관 학력에 대한 체계적인 통계자료를 공표하지 않기 때문에 이를 정확히 말할 수는 없지만, 일부 자료를 통해서도 문제의 심각성을 알 수 있다.

2001년 비교적 엄격한 〈법관법〉이 실행되기 전까지, 일반적으로 법관은 네 가지 범주의 사람들로 충원되었다. 이들은 전역군인, 당정기관 전입자, 법원 자체 모집 직원(대개 고졸자), 대학 졸업자로 구성되는데, 이 중에서 전역군인이 가장 많았다. 특히 전역군인은 법원에서 전역 당시의 계급에 상당하는 직급을 부여받기 때문에 대부분 중간급 이상의 간부에 임용되었다. 예를 들어, 1994년 허난성(河南省) 저우커우시(周口市) 법원의 중간급 이상의 고위간부 29명 중에서 전역군인 출신이 27명으로 전체 고위간부의 93.1%를 차지했다.[39]

구체적인 법관 구성 상황은 몇 가지 사례를 통해 엿볼 수 있다. 2000년대 초 장쑤성(江蘇省) 샹수이현(響水縣) 법원에 대한 조사에 의하면, 전체 76명의 법원 직원(법관 포함) 중에서 전역군인은 22명으로 전체의 29%, 당정기관 전입자는 16명으로 21%, 공개 모집을 통해 충원된 간부는 20명으로 26%, 법원 시험을 통해 선발한 고졸자는 11명으로 14.5%, 기타가 7명으로 1%였다. 여기서 알 수 있듯이 전역군인이 가장 많았고, 대졸학력자는 소수(기타 7명 중 일부)였다. 이처럼 기층법원에 대졸학력자가 적은 이유는 법관 대우가 매우 좋지 않아 기피했기 때문이다. 또한 전역군인이 법원 지도부의 다수를 차지하기 때문에 업무와 생활에서 대졸학력자가 동화되기는 어렵다는 점도 작용했다.[40]

다른 예로, 2003년 장시성(江西省) 핑샹시(萍鄉市)의 5개 기층법원을 조사한 자료가 있다. 이 지역 5개 법원의 직원은 모두 277명인데, 이 중에서 법관은 210명으로 전체 법원 직원의 75.8%를 차지했고, 기타는 67명으로 24.2%였다. 이를 통해 법원 직원의 다수는 법관이라는 사실을 알 수 있다. 또한 법관의 학력을 보면, 4년제 대졸학력자는 96명(이 중에서 법학 학력 보유자는 83명)으로 전체 법관의 34.66%, 2년제 대졸학력자는 173명(이 중에서 법학 학력 보유자는 145명)으로 62.45%를 차지했다(나머지는 기타).[41] 즉, 대졸학력 법관의 다수는 2년제 출신이다. 참고로, 96명

39 賀衛方, 「通過司法實現社會正義: 對中國法官現狀的一個透視」, 夏勇 主編, 『走向權利的時代: 中國公民權利發展研究』(修訂版) (北京: 中國政法大學出版社, 1999), p. 201.

40 李富金, 「基層法院法官職業化的現狀及其改革」, 柳富華・柏敏, 『法官職業化的運作與展望』, pp. 423~432.

41 여기서 '대졸자'라고 하지 않고 '대졸학력자'라고 하는 이유는, 이들 모두가 실제로는 대학

의 4년제 대졸학력자 중에서 전일제(全日制) 정규 법학대학 출신자는 16명으로 4년제 대졸학력자의 16.67%에 불과했다(전체 법관 210명 중 7.62%였다).[42]

위에서 살펴본 통계는 1990년대 초부터 법관의 자질 향상을 위한 정책이 대대적으로 시행된 결과 법관의 학력이 향상된 상황에서 조사한 것이다. 이에 비해 이전 상황은 더욱 좋지 않았다. 예를 들어, 1983년 6월 당시 최고법원 원장이 보고한 내용에 의하면, 쓰촨성(四川省)의 법원 간부 중에서 정법계통의 2년제 대졸학력자는 498명으로 전체 법원 간부의 4.6%에 불과했다. 반면 초등학교 이하의 학력자는 15%였으며, 이들 중 상당수는 문맹 또는 반(半)문맹이었다.[43]

이런 법관의 낮은 자질 문제를 해결하기 위해 현직 법관의 교육훈련을 전담하는 기관이 설립되었다. 1985년에 최고법원이 설립한 전국 법원 간부 평생법률대학(全國法院幹部業餘法律大學, 1985~2001년)과 1988년에 국무원 국가교육위원회가 설립한 중국 고급법관 훈련센터(中國高級法官培訓中心, 1988~1997년)가 대표적인 사례이다. 이후 최고법원은 1997년에 국가법관대학(國家法官學院)을 설립하면서 이전에 있었던 중국 고급법관 훈련센터와 전국 법원 간부 평생법률대학을 흡수 통합했다.

1990년대에 들어서는 현직 법관의 자질 향상을 위한 장기적이고 체계적인 계획이 수립되고 추진되었다. 1990년에 개최된 '전국 법원 간부 교육훈련 업무회의'에서 발표된 법관 교육훈련 계획이 대표적이다. 여기서는 1997년까지 전국의 법원이 달성해야 하는 법관의 교육훈련 목표로

을 졸업한 것이 아니기 때문이다. 상당수는 간부학교나 통신대학 또는 독학을 통해 대학 수료증서나 대학 학위증서를 획득했다. 따라서 대졸학력자 중 실제 대졸자는 소수이다.

42 淩雲・餘向陽, 「基層法院法官職業化任重道遠: 萍鄉基層法官隊伍現狀之基本考察」, 柳富華・柏敏, 『法官職業化的運作與展望』, pp. 442~451.

43 賀衛方, 「通過司法實現社會正義」, 夏勇, 『走向權利的時代』, p. 195.

'7・8・9 계획'이 발표되었다. '7'은 2년제 대졸학력 수준을 가진 법원 직원 비율을 1997년까지 70%로 높이는 것을 가리키고, '8'은 이 중에서 법관의 2년제 대졸학력 수준 비율을 80%, '9'는 원장・부원장의 2년제 대졸학력 수준 비율을 90%로 높이는 것을 가리킨다.[44] 이는 현직 법관의 학력 수준을 높이기 위해 다양한 방식의 대규모 재직(在職) 교육훈련이 추진되었음을 보여준다.

이어서 1996년 9월에 최고법원은 「1996~2000년 전국 법원 간부 교육훈련 계획」(1996年~2000年全國法院幹部教育培訓規劃)을 발표했다. 여기에는 법관의 교육훈련을 강화하여, 2000년까지 모든 법관의 법률지식 수준을 2년제 대졸학력 수준으로, 2010년에는 4년제 대졸학력 수준으로 끌어올린다는 웅대한 목표가 제시되었다. 특히 젊은 법관의 학력 증진 목표로 '3・6・9 계획'이 발표되었다. 이는 현재 2년제 대졸학력을 가진 35세 미만의 법관을 대상으로, 기층법원 법관은 2000년까지 30%('3'), 중급법원 법관은 60%('6'), 고급법원 법관은 90%('9') 정도를 4년제 대졸학력의 수준으로 높인다는 것이다. 이렇게 하여 전국 법관 중에서 4년제 대졸학력자의 규모를 1995년의 2만 8천 명(28만 명의 법관 중 10%)에서 2000년에는 4만 7천 명으로 약 2배 증가시킨다는 것이다.[45]

이런 지속적인 법관 학력 제고 정책의 결과 최소한 통계적으로는 법관의 학력이 급격히 높아졌다. 예를 들어, 전국 상황을 보면, 1987년에 2년제 대졸학력 보유의 법관 비율이 17.1%였는데, 1992년에는 66.6%로 5년 동안 4배나 증가했다.[46] 지방 상황도 이와 비슷하다. 예를 들어, 상하

44 賀衛方, 「通過司法實現社會正義」, 夏勇, 『走向權利的時代』, pp. 193~196.

45 「1996年-2000年全國法院幹部教育培訓規劃」, 最高人民法院研究室, 『人民法院五年改革綱要』, pp. 174~180.

46 賀衛方, 「通過司法實現社會正義」, 夏勇, 『走向權利的時代』, pp. 193~196.

이시(上海市) 법관의 학력을 보면, 1984년에 2년제 대졸학력 보유의 법관 비율이 17%였는데, 1993년에는 68.45%로 9년 동안 4배나 증가했다.

산둥성(山東省) 칭다오시(青島市) 시난구(市南區) 법원의 상황도 이와 유사하다. 1990년대 초 70명의 전체 법원 직원 중에서 2년제 대졸학력 보유자 비율은 30% 정도였고 정규 4년제 법대학력의 보유자는 단 1명도 없었다. 그런데 1990년대 말에는 전체 법원 직원 중 2년제 대졸학력 보유자의 비율이 80%, 4년제 대졸학력 보유자의 비율이 50%로 급증했다. 특히 법관의 2년제 대졸학력 보유자의 비율은 95%, 4년제 대졸학력 보유자의 비율은 70%로 향상되었다.[47]

그렇다면 이렇게 짧은 기간 동안 법관의 학력이 높아진 이유는 무엇인가? 우선 1990년대 들어 대학 졸업생(특히 정법대학 졸업생)이 대규모로 법관에 충원된 것을 들 수 있다. 앞에서 보았듯이, 1995년 〈법관법〉이 발표된 이후 신규 임용 법관은 최소한 2년제 대졸학력이 있어야 했다. 그러나 더욱 중요한 이유는 학력이 미달되는 현직 법관들이 평생대학(業餘大學), 방송대학(電視大學), 통신대학(函授大學), 당교(黨校), 정법간부학교(政法管理幹部學院) 등 다양한 형태의 교육훈련 프로그램을 이수하고 대학학위 또는 그와 동등한 학력증서를 취득한 것이다. 실제로, 한 통계에 의하면 1987년에만 전국 18만 명의 법관 중에서 각종 교육훈련 프로그램을 이수한 법관이 전체의 3분의 1이나 되었다.[48]

이런 이유로 초등학교도 졸업하지 못한 사람이 법원에 일반 직원으로 취직하여 조금씩 승진한 이후, 각종 편법을 동원하여 2년제 대졸학력증서를 취득하고, 이를 바탕으로 법원 원장이나 부원장이 될 수 있었던 것이

---

47 柏敏・姜培永, 「法官職業化需要制度保障: 山東省青島市南區法院法官職業化的理論與實踐」, 柳富華・柏敏, 『法官職業化的運作與展望』, p. 434.

48 賀衛方, 「通過司法實現社會正義」, 夏勇, 『走向權利的時代』, p. 196; 朱景文, 『中國法律發展報告』, pp. 197~199.

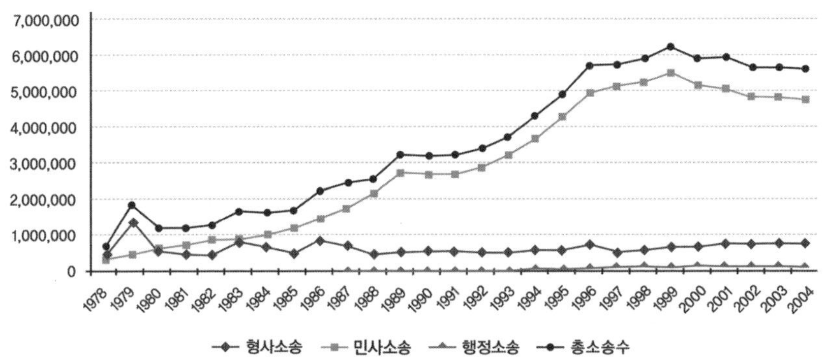

〈그림 3-1〉 중국 법원의 소송 종류 변화 상황

〈출처〉 朱景文 主編, 『中國法律發展報告: 數據庫和指標體系』(北京: 中國人民大學出版社, 2007), pp. 205~206의 통계와 표

다. 제2장에서 살펴본 '삼맹(三盲) 원장'과 '댄서 법관'은 이를 보여주는 대표적인 사례이다. 결국, 높아진 법관 학력의 상당수는 '거품'(水分)이고, 2001년 〈법관법〉 수정 이후 충원된 신규 법관을 제외하고는 법관의 학력이 실제로는 크게 향상되지 않았다고 할 수 있다.

그렇다면 왜 이렇게 낮은 자질의 법관이 대규모로 충원되었는가? 이는 개혁기에 소송사건의 급증에 대응하기 위해 법관 수를 급격히 늘린 정책과 일정한 연관이 있다. 〈그림 3-1〉은 개혁기 법원 소송의 급격한 증가를 보여준다. 이에 따르면, 1980년 약 120만 건이었던 법원 소송이 10년 후인 1990년에는 약 320만 건, 다시 10년 후인 2000년에는 약 590만 건으로 약 5배나 증가했다. 이런 소송 수의 급증은 민사소송이 주도했다. 〈그림 3-1〉에 따르면 1980년 민사소송 수는 약 61만 건으로 전체 소송의 52.3%를 차지했고, 1990년에는 약 260만 건으로 81.8%, 2000년에는 약 520만 건으로 전체의 87.1%를 차지했다.

이처럼 급증하는 법원 소송에 대응하기 위해 중국은 법관 수를 대규모로 늘렸던 것이다. 구체적으로 최고법원은 1999년 10월 제1차 〈법원개

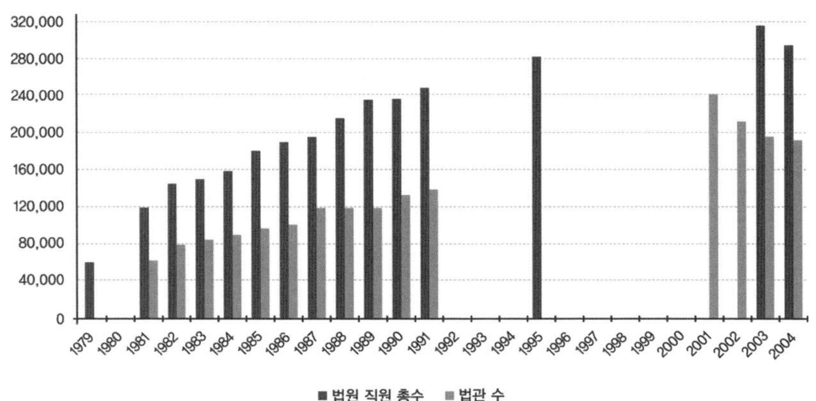

〈그림 3-2〉 중국 법원의 인원 변화 상황: 일반 직원과 법관

〈해설〉 1992~1994년, 1996~2000년은 통계자료가 없어 공란으로 처리함.
〈출처〉 朱景文, 『中國法律發展報告』, p. 195, 그림 4-2.

혁 요강〉을 제정하면서 이런 방침을 밝혔다. 이에 따르면, 1988~1998년까지 10년 동안 법원이 접수한 소송 수는 165만 건에서 588만 건으로 3.56배 증가했는데, 같은 기간 법관은 13만 명에서 17만 명으로 43%만이 증가했을 뿐이다. 이에 따라 각 법원은 소송 증가에 따른 업무 부담을 크게 느끼고 있고, 최고법원은 법관 확충을 통해 이에 대응해야 한다는 것이다.[49]

〈그림 3-2〉는 이를 좀 더 상세하게 정리한 것이다. 이에 따르면, 1981년 법관 수는 약 6만 명(전체 법원의 직원은 약 12만 명)이었고, 이것이 1991년에는 약 14만 명(전체 법원의 직원은 약 25만 명), 2001년에는 약 24만 명으로 4배 정도 증가했다. 여기서 알 수 있듯이 1999년 제1차 법원개혁이 추진되면서 법관이 대폭 충원되었다. 이후 최고법원은 법관의 규모를 축소하여 2007년에는 약 19만 명(전체 법원의 직원은 30만 명)이

49 祝銘山, 「關於<人民法院五年改革綱要>的說明」, 最高人民法院研究室, 『人民法院五年改革綱要』, p. 81.

되었다.[50]

이처럼 중국은 법원의 소송 업무 증가에 맞추어 법관의 규모를 비슷한 비율로 증가시켰던 것이다. 법관을 대규모로 빠르게 충원하려다 보니 신임 법관의 선발 조건을 그렇게 엄격하게 적용할 수 없었다.

2) 문제점

법관의 낮은 자질은 몇 가지 심각한 문제를 야기한다. 우선 재판의 공정성 문제가 있다. 중국에서 법원 판결 중에서 어느 정도가 문제가 있는지는 체계적인 통계자료를 공표하지 않기 때문에 정확히 말할 수 없다. 다만 몇 가지 사례를 통해 그 심각성을 추측할 수 있을 뿐이다. 예를 들어, 1999년 전국의 법원은 소송당사자들이 불만을 제기한 총 96,739건의 판결을 조사했는데, 이 중에서 21,862건의 판결에 문제가 있었다(오심률 22.6%).[51] 다시 말해 문제가 제기된 5건의 판결 중에서 실제로 1건이 문제가 있었다는 것이다.

또 다른 예로, 1999년 허난성(河南省) 인민대표대회(人大代表大會)는 해당 지역의 지방의회 전체를 동원하여 각급 법원에 대한 개별사건감독(個案監督: 법원이 판결한 사건을 의회가 직접 조사하여 문제를 시정하는 감독)을 전개했다. 이때 민원인의 신고에 근거하여 총 27,964건(고등법원 106건, 중급법원 2,058건, 기층법원 25,797건)의 판결을 조사했는데, 총 3,055건이 잘못된 판결로 밝혀졌다(오심률 10.92%). 이 때문에 39명의 법관이 파면과

50 蔣惠嶺, 「司法改革與司法公正」, 蔡定劍 · 王晨光 主編, 『中國走向法制30年: 1978~2008』 (北京: 中國社會科學文獻出版社, 2008), p. 129.

51 Peerenboom, *China's Long March toward Rule of Law*, p. 290.

같은 중징계를 받았다.[52] 이를 보면 법원의 판결은 10~20% 정도의 오심률을 보이는데, 이는 매우 높은 것이다. 그 밖에도 1990년대 이후 법률 혹은 당규(黨規) 위반으로 처벌받는 법관이 매년 1,000명 선을 유지하고 있다.[53]

이런 문제는 주로 기층법원에서 발생한다. 우선 기층법원의 법관은 고급법원이나 중급법원의 법관에 비해 학력과 능력 면에서 부족하다. 특히 경제가 낙후된 중서부 지역의 기층법원에서는 법관의 자질 문제가 심각하다. 그런데 기층법원은 전체 법원의 85% 정도를 차지하고, 법원이 처리하는 소송사건의 80% 이상을 담당한다.[54] 이 때문에 법관의 오심과 부패는 주로 기층법원에서 발생한다. 예를 들어, 2000년에 전국적으로 법원 직원(법관 포함)의 법률·당규 위반을 조사했는데, 적발된 법원의 직원 중 87.6%는 법관이었고, 이 중 기층법원의 법관이 89%를 차지했다.[55]

더 나아가 법관의 낮은 자질은 사법부패의 주요 원인으로 지목된다. 사법부패는 국민이 법원과 법관을 불신하고 사법독립, 즉 법원독립과 법관독립을 반대하는 주요 원인이 되고 있다. 중국에서 사법부패의 심각성은 모두가 인정하는 객관적인 사실이다.[56] 일부 학자는 "사법부패가 이미

---

52 Young Nam Cho, *Local People's Congresses in China: Development and Transition* (New York: Cambridge University Press, 2009), pp. 70~71.

53 朱景文, 『中國法律發展報告』, pp. 199~200.

54 朱景文, 「中國訴訟分流的數據分析」, 公丕祥, 『回顧與展望』, pp. 273~283.

55 李富金, 「基層法院法官職業化的現狀及其改革」, 柳富華·柏敏, 『法官職業化的運作與展望』, pp. 430~432.

56 Ling Li, "Corruption in China's Courts," Randall Peerenboom (ed.), *Judicial Independence in China: Lessons for Global Rule of Law Promotion* (Cambridge: Cambridge University Press, 2010), pp. 196~220; Keyuan Zou, "Judicial Reform Versus Judicial Corruption: Recent Development in China," *Criminal Law Forum*, No. 11 (2000), pp. 323~351; Keith Henderson, "The Rule of Law and Judicial Corruption in China: Half-way over the Great Wall," Transparency International (ed.), *Global Corruption Report 2007: Corruption in Judicial System* (Cambridge:

중국 사회에서 해악이 가장 심각한 사회적 공해(公害)가 되었다"고 주장한다.[57] 이 때문에 법원과 법관의 명성은 땅에 떨어지고, 사법제도 전체에 대한 불신이 팽배하다.[58] 사법부패의 유형도 여러 가지이다. 각종 꽌시(關係), 인정(人情), 금전을 이용하여 소송에 영향을 미치는 행위, 법관의 피고 재산의 불법적인 몰수와 처분, 법관의 소송 기밀누설과 변호사를 통한 부당거래, 법관의 노골적인 뇌물수수와 재판의 왜곡, 법원의 부당한 비용징수와 찬조의 강요는 대표적인 유형이다.[59]

그런데 이런 사법부패를 야기하는 주된 원인이 무엇인가에 대해서는 서로 다른 두 가지의 견해가 존재한다. 첫째는 법원제도에서 그 원인을 찾는 견해이다. 이는 주로 법학자와 법조계 인사들이 주장하는 것이다. 한마디로 법원독립과 법관독립이 제대로 확립되지 않아 사법부패가 발생한다는 것이다. 이런 입장에서는 사법독립을 해결책으로 제시한다. 특히 법관의 신분 보장과 재판권의 독립을 강조한다.[60] 그러나 이런 주장도 낮은 자질의 법관이 사법부패의 한 원인이라는 사실을 부정하지는 않는다. 다만 그것이 주된 원인이 아니라고 주장할 뿐이다.

Cambridge University Press, 2007), pp. 151~159.

57 徐顯明・齊延平, 「論司法腐敗的制度性防治」, 劉海年・李林・張廣興, 『依法治國與廉政建設』, pp. 426~427.

58 Peerenboom, *China's Long March toward Rule of Law*, pp. 295~296; 韓波, 『法院體制改革研究』, pp. 169~172.

59 范忠信, 「司法腐敗的類型與制度助因分析」, 信春鷹・李林, 『依法治國與司法改革』, pp. 105~127; 嚴軍興, 「司法公正的價值內涵與制度保障: 兼論司法體制改革」, 信春鷹・李林, 『依法治國與司法改革』, pp. 217~244.

60 郭道暉, 「實行司法獨立與遏制司法腐敗」, 信春鷹・李林, 『依法治國與司法改革』, pp. 79~104; 嚴軍興, 「司法公正的價值內涵與制度保障」, 信春鷹・李林, 『依法治國與司法改革』, pp. 217~244; 徐顯明・齊延平, 「論司法腐敗的制度性防治」, 劉海年・李林・張廣興, 『依法治國與廉政建設』, pp. 426~447; 占雲發・王納新, 「論司法公正與法院制度改革」, 孫謙・鄭成良, 『司法改革報告』, pp. 236~251; 李富金, 「基層法院法官職業化的現狀及其改革」, 柳富華・柏敏, 『法官職業化的運作與展望』, pp. 442~451.

〈표 3-2〉 중국 법관 및 소송사건 규모의 증가 비교(1981년과 2004년)

	1981년	2004년	증가율
법관 총수	60,439명	190,961명	3.16배
인구 10만 명당 법관 수	6.1명	14.7명	2.41배
법원 1심 소송사건 총수	894,782건	5,044,166건	5.64배
법관 1명당 1심 소송사건 처리 수	14.8건	26.4건	1.78배

〈출처〉 朱景文, 「中國法治道路的探索」, 潘維, 『中國模式: 解讀人民共和國的60年』(北京: 中央編譯出版社, 2009), p. 407.

〈표 3-3〉 주요 국가별 법관과 소송사건 규모의 비교(2004년)

국가	미국	영국	독일	프랑스	일본	중국
법관 수	30,888	3,170	20,999	4,900	2,899	190,961
인구 10만당 법관 수	5.0	1.8	22.2	8.1	1.7	14.7
법원 1심 사건 총수	29,795,102	2,429,255	2,938,961	1,539,502	512,342	5,044,166
법관 1명당 사건 수	965	765	140	314	177	26.4

〈출처〉 朱景文, 「中國法治道路的探索」, 潘維, 『中國模式』, p. 408.

둘째는 법관 개인의 낮은 자질과 도덕 문제에서 그 원인을 찾는 견해이다. 이는 주로 공산당과 정부의 지도자, 일반 국민들이 주장하는 것이다. 이에 따르면, 중국에서 사법부패가 심각한 가장 중요한 요인은 법관의 자질이 형편없이 낮기 때문이라는 것이다. 상당수 법관은 법률지식이 부족할 뿐만 아니라 직업윤리도 없어서, 재판 활동을 '수익창출의 수단'으로만 생각하고 실제로 그렇게 활동한다는 것이다. 따라서 문제의 해결책은 사법독립이 아니라 법원과 법관에 대한 감독의 강화이다.[61] 이처럼 법

61 鄒川寧, 「司法獨立與司法制約」, 信春鷹・李林, 『依法治國與司法改革』, pp. 184~189; 陳欣新, 「中國語境的司法獨立」, 張明傑, 『司法改革』, pp. 140~151; 張志銘, 「司法改革需要更寬闊的視野: 對〈人民法院五年改革綱要〉的一點評論」, 張明傑, 『司法改革』, pp. 533~535.

관의 낮은 자질은 사법부패의 주된 원인의 하나로 지목되고 있다.

마지막으로 낮은 자질의 법관이 대규모로 충원되면서 재판 효율이 하락하는 문제가 발생했다. 〈표 3-2〉와 〈표 3-3〉은 법관의 수와 법관의 재판 처리 효율을 보여주는 것이다. 우선 〈표 3-2〉에 의하면, 1981~2004년까지 법관의 수가 3.16배 증가하고, 같은 기간 인구 10만 명당 법관의 수도 2.41배 증가한 것에 비해, 법관 1명당 1심 소송사건 처리의 건수는 1.78배 증가했을 뿐이다. 이는 법관의 업무 효율이 법관의 증가율을 따라가지 못했음을 보여준다. 이렇게 된 주된 원인은 법률지식도 없고 사법업무의 경험도 없는 낮은 자질의 법관이 대규모로 충원되어 재판 업무를 맡았기 때문이다.

〈표 3-3〉은 중국의 상황을 5개 선진국과 비교한 것이다. 우선 인구 10만 명당 법관의 수는 중국이 14.7명으로 독일을 제외한 다른 국가보다 많다(미국의 3배, 영국의 8배, 프랑스의 2배, 일본의 9배). 그런데 법관의 사건 처리 건수는 중국과 타국이 현격한 차이가 난다. 중국에서 법관 1명이 1년에 평균 26.4건의 소송사건을 처리하는 반면, 미국에서는 965건(중국의 37배), 영국에서는 766건(중국의 29배), 독일에서는 140건(중국의 5배), 프랑스에서는 314건(중국의 12배), 일본에서는 177건(중국의 7배)을 처리했다. 중국처럼 대륙법(civil law) 계통에 따라 직권주의(職權主義, inquisitorial system) 재판방식을 채택하고 있는 독일·프랑스·일본과 비교해도 중국 법관의 업무 효율은 매우 떨어진다.

물론 중국 법관의 재판 처리 건수가 타국 법관에 비해 현저히 적은 것은 다른 요인도 작용했다. 예를 들어, 중국 법관들은 재판 이외에도 많은 행정사무를 처리해야 한다. 또한 법관 업무를 보조해 주는 여러 제도도 제대로 갖추어져 있지 않다.[62] 그 밖에 통계상의 법관 수와 실제 업무

62 朱景文, 『中國法律發展報告』, pp. 194~197.

〈표 3-4〉 중국 법원의 문제점과 해결책 정리

종류	사법권의 지방화	법원 운영의 행정화	법관의 대중화
내용	① 공산당의 인사권 행사 ② 공산당의 재판권 행사 ③ 정부의 재정권 행사	① 사건 담당자제도 ② 사건 심의비준제도 ③ 재판위원회의 토론결정제도 ④ 지시요청보고제도	① 법관의 낮은 자질 ② 방대한 법관 규모 ③ 낮은 재판 효율성
문제	지방 보호주의 ① 사법부패 조장 ② 법제통일 저해 ③ 법원 집행난	① 재판원칙 위배: 독립·직접·공개·변론 보장의 원칙 ② 재판 효율의 저하 ③ 2심제의 무의미화	① 재판 불공정(오심) ② 사법부패 ③ 사법제도 불신
해결	법원독립: 인사·재정의 수직관리체제 수립	법관 독립: 기존 제도의 폐지 또는 대폭 개정	법관 직업화: 법관의 신분보장·생활보장·권위 제고, 임용제도 개선

에 종사하는 법관 수는 다르다는 주장도 있다. 일반적으로 법관은 50세 이상이 되면 일선 업무에서 물러나므로 실제 소송 업무를 담당하는 '일선 법관'은 통계상의 수치보다 훨씬 적다는 것이다.

예를 들어 앞에서 살펴본 장쑤성 샹수이현 법원의 법관 수는 모두 76명이지만, 이 중에서 실제 업무에 종사하는 법관은 43명이고, 그중에서 10명은 판결의 집행을 담당하기 때문에 실제로 재판 업무에 참여하는 법관은 33명에 불과하다.[63] 2002년 광둥성(廣東省) 주하이시(珠海市) 샹저우구(香洲區) 법원의 조사를 보면, 13,890건의 사건을 50명의 '일선 법관'이 처리함으로써 매년 1명당 평균 220건의 소송을 처리했다. 주하이시 중급 법원도 비슷하여 40명의 '일선 법관'이 총 3,487건의 소송을 처리하여 매년 1명당 평균 217건을 처리했다.[64] 이런 주장도 일리는 있지만, 법관의

63 李富金, 「基層法院法官職業化的現狀及其改革」, 柳富華·柏敏, 『法官職業化的運作與展望』, pp. 423~432.

64 錢文爐·唐文, 「奉法者強則國強: 關於珠海市法官職業化建設的調查」, 柳富華·柏敏, 『法官職業化的運作與展望』, pp. 463~475.

수가 너무 많고 업무 효율이 떨어진다는 것은 부정할 수 없는 사실이다.

〈표 3-4〉는 위에서 살펴본 법원의 문제점과 해결책을 정리한 것이다.

4. 소결

중국 법원은 '3대 문제'에 직면해 있다. 첫째, 사법권의 지방화 문제가 있다. 이는 법원과 외부기관 간의 관계에서 발생하는 문제로, 핵심은 공산당과 정부가 법원의 인사권, 재정권, 재판권의 일부 또는 전부를 행사하면서 사법독립을 침해한다는 점이다. 둘째, 법원 운영의 행정화 문제가 있다. 이는 법원 내부에서 발생하는 문제로, 부실한 재판제도, 법관 간의 엄격한 위계질서, 상하 법원 간의 종속관계에 의해 초래되는 행정인허가 방식의 법원 운영을 가리킨다. 셋째, 법관의 대중화 문제가 있다. 이는 법관 충원제도의 미비와 법관의 낮은 소질로 발생하는 문제를 가리킨다.

먼저, 법원은 공산당과 정부에 대한 '세 가지 종속'으로 인해 독립적이고 공정한 재판을 하지 못하는 사법권의 지방화 문제가 있다. 첫째, 공산당은 법원 원장과 법관에 대한 인사권을 행사한다. 즉, 법원은 인사 면에서 공산당에 종속되어 있다. 둘째, 법원은 '중대하고 민감한 사건'을 판결할 때에는 정법위원회에 보고하고 비준을 받아야 하므로, 판결 면에서도 공산당에 종속되어 있다. 셋째, 정부가 법원의 재정권을 행사하면서 법원은 재정 면에서 지방정부에 종속되어 있다. 이 문제는 법원의 공산당 종속보다 더욱 심각하다고 평가된다. 현재 지방법원에서 가장 심각한 문제가 바로 경비 부족이기 때문이다.

이처럼 법원이 인사·판결·재정 면에서 공산당과 정부에 종속되면서 사법 영역에서도 '지방 보호주의'가 만연하는 문제가 발생한다. 지방 보호주의는 법원이 해당 지역의 경제적 이익을 확대하기 위해 사실과 법률을 무시하고 자기 지역의 소송당사자에게 유리하게 사건을 판결하고 집행하는 현상을 가리킨다. 우선 지방 보호주의를 이유로 공산당과 정부가 법원의 재판에 개입하면서 뇌물수수와 형량 축소와 같은 다양한 종류의 부패가 발생한다. 또한 법원 판결이 정부나 공산당의 비호하에 제대로 집행되지 않는 '집행난' 문제가 발생한다.

또한, 중국 법원은 법관이 독립된 주체로서 사건을 심리하고 판결하는 것이 아니라 행정기관처럼 수직지도하에 사건을 심리하고 판결하는 법원 운영의 행정화 문제가 있다. 여기에는 사건 담당자제도, 법원 원장·정장의 사건 심의비준제도, 법원 재판위원회의 사건 토론결정제도, 상하 법원 간의 지시요청보고제도가 포함된다. 법원 운영의 행정화로 인해 몇 가지 심각한 문제가 발생한다. 예를 들어, 사건 담당자제도로 인해 합의법정은 유명무실해진다. 사건 심의비준제도 때문에 법관의 독립재판 원칙과 직접 심리 및 공개재판의 원칙이 크게 훼손되고, 소송당사자의 변론권이 침해를 받으며, 재판이 비효율적으로 운영된다. 그 밖에도 이 제도로 인해 사법 실수나 사법부패가 발생할 가능성이 있다. 재판위원회의 사건 토론결정제도도 이와 유사한 문제를 안고 있다.

마지막으로, 법관의 대중화 문제는 법관 중에서 능력과 자질을 갖추지 못한 사람이 매우 많다는 사실로 인해 발생한다. 이는 심각한 문제를 야기한다. 능력과 자질이 부족한 법관이 재판을 맡으면서 재판의 공정성 문제가 발생한다. 법관의 낮은 자질은 사법부패의 주요 원인으로 지목된다. 특히 사법부패는 국민이 법원과 법관을 불신하고 사법독립을 반대하는 주요 원인이 되고 있기 때문에 심각하다. 마지막으로 낮은 자질의 법관이 대규모로 충원되면서 재판 효율이 하락하는 문제가 발생한다.

이상에서 살펴본 '3대 문제'를 해결하기 위해 최고법원은 1999년부터

3차에 걸쳐 〈법원개혁 요강〉을 제정하고 법원개혁을 본격적으로 추진하기 시작했다.

제4장

법원개혁의 정책: 〈법원개혁 요강〉

1. 〈인민법원 5개년 개혁 요강(1999~2003년)〉
2. 〈인민법원 제2차 5개년 개혁 요강(2004~2008년)〉
3. 〈인민법원 제3차 5개년 개혁 요강(2009~2013년)〉
4. 소결

1999년 이후의 법원개혁은 최고법원이 작성하고 공산당 중앙이 비준한, 혹은 공산당 중앙이 지침을 제시하고 최고법원이 작성한 〈법원개혁 요강〉에 따라 추진되고 있다. 따라서 최근의 법원개혁을 이해하기 위해서는 제1, 2, 3차 〈법원개혁 요강〉에 제시된 정책을 상세하게 분석해야 한다. 그래서 제4장에서는 이를 상세하게 검토할 것이다. 이 장에서는 법원이 당면한 '3대 문제', 즉 사법권의 지방화, 법원 운영의 행정화, 법관의 대중화에 대해 각 〈법원개혁 요강〉이 어떤 정책을 제시했는가를 중점적으로 살펴볼 것이다(〈법원개혁 요강〉의 전문은 부록을 참고할 것).

1. 〈인민법원 5개년 개혁 요강(1999~2003년)〉

제1차 〈법원개혁 요강〉은 법원이 당면한 네 가지 문제를 지적한다. 여기에는 지방 보호주의로 인한 법제통일과 권위의 훼손(즉, 사법권의 지방화 문제), 법관관리제도의 문제와 부패(즉, 법관의 대중화 문제), 재판 업무의 행정관리 모델(즉, 법원 운영의 행정화 문제), 법원의 개혁 정책이 포함된다.

이어서 제1차 〈법원개혁 요강〉은 법원개혁의 원칙으로 '다섯 가지 견지(堅持)'를 제시한다. 공산당의 영도, 인민민주독재의 국체(國體: 국가성격)

와 인민대표대회제도의 정체(政體: 정치제도), 법에 의거한(依法) 독립재판, 국가 법제의 통일, 중국 조건(國情)에 기초하되 외국 경험의 참고가 그것이다. 이 원칙은 이후 발표된 〈법원개혁 요강〉에서 약간의 조정을 거치지만 기본 내용은 유지된다.

제1차 〈법원개혁 요강〉의 목표는 전체 목표와 세부 목표로 나뉜다. 전체 목표는 '사회주의 시장경제'의 발전과 '사회주의 법치국가'(法治國家)의 수요에 맞추어 법원의 조직체계를 개선하여 법원이 당면한 주요 문제를 해결하는 것이다. 구체적으로 첫째, 재판제도의 개혁으로 독립·공정·고효율·청렴의 양호한 재판 업무기제의 수립이다. 둘째, 법관제도의 개혁으로 높은 소질의 법관 대오의 형성이다. 셋째, 법원 경비관리체제의 개선이다. 넷째가 사회주의 사법제도의 건립이다.

이를 실현할 법원개혁의 세부 목표는 첫째, 재판제도의 개혁으로 여기에는 재판방식의 개혁과 재판조직의 개혁이 포함된다. 둘째, '집행난'(執行難)의 해결을 위한 법원기구의 개혁이다. 셋째, 법관제도의 개혁으로 인사관리제도의 개선과 법관 대오의 건설이 포함된다. 그 밖에도 법원 업무의 현대화와 법원 감독기제의 강화가 세부 목표에 포함된다. 반면 법원의 '체제개혁'은 '탐색' 과제로 분류되어 이번 개혁 기간에 달성해야 할 목표가 아님을 분명히 하고 있다.

이후 제1차 〈법원개혁 요강〉은 각 세부 목표의 정책 과제를 구체적으로 설명한다. 첫 번째 과제는 재판제도의 개혁으로, 이는 제1차 개혁의 중점 과제이다. 이는 다시 몇 가지의 세부 과제로 구성된다. 첫째는 재판방식의 개혁으로, 여기에는 '3개 분리', 즉 사건 수리와 재판의 분리(立審分立), 재판과 집행의 분리(審執分立), 재판과 감독의 분리(審監分立)의 철저한 실행, 전면적인 공개재판의 실시, 형사소송 방식의 개혁 등이 있다. 둘째는 재판조직의 개혁으로, 핵심은 합의법정(合議庭)의 역할을 강화하고 원장(院長)·정장(庭長)의 사건 심의비준과 재판위원회(審判委員會)의 사건 토론결정을 제한하는 것이다. 또한 원장·정장 등 법원 지도부가 가급적 합의법정의 재판장을 맡아 재판을 주도할 것도 요구한다.

두 번째 과제는 법원기구의 개혁인데, 핵심은 집행난의 해결을 위해 새로운 기구를 수립하는 것이다. 이를 위해 먼저, 1999년에 하달된 공산당 중앙의 지시에 의거하여, 고급법원이 관할지역(성·직할시·자치구) 전체 법원의 판결 집행을 통일적으로 관리하고 각급 법원이 이에 공동 협조하는 집행체제를 구축한다. 또한 법원 직원의 최소 15%를 집행 업무에 할당하고, 최고법원은 '강제집행법'을 기초(起草)하여 강제집행의 법적 근거를 마련하도록 노력한다.

세 번째 과제는 법관제도의 개혁이다. 여기에는 법관의 자질 제고를 위해 상급법원의 법관을 하급법원의 우수한 법관과 유능한 변호사 중에서 선임하는 제도를 점진적으로 도입하는 방안이 포함된다. 상하법원 간, 타 지역 법원 간의 법관 직무교류제도와 동일한 법원 내의 법관 순환근무제도의 실시, 법관 교육훈련의 강화 등도 주요 과제에 포함된다. 네 번째 과제는 법원 업무의 현대화를 통한 업무 효율의 제고와 법원 관리수준의 제고, 법원 감독의 강화 등이다.

〈표 4-1〉은 이상에서 살펴본 내용을 정리한 것이다.

제1차 〈법원개혁 요강〉은 무엇보다 법원제도의 '3대 문제'를 명시적으로 지적하고, 이 문제의 해결을 법원개혁의 목표로 제시했다는 점에서 의의가 있다. 이는 그동안 학계가 지속적으로 제기했던 법원개혁의 핵심 과제이고, 샤오양(肖揚) 당시 최고법원 원장도 몇 차례 지적했던 것이다. 제3차 〈법원개혁 요강〉에는 이 내용이 삭제되었다는 점에서, 최소한 제1차와 제2차 법원개혁에서는 법원의 근본문제를 지적하고 이를 해결하겠다는 의지가 어느 정도 있었음을 보여준다. 이는 법원 지도부가 〈법원개혁

〈표 4-1〉 법원제도의 근본문제와 제1차 〈법원개혁 요강〉의 정책

법원제도의 근본문제	제1차 〈법원개혁 요강〉의 정책
사법권의 지방화 ① 공산당의 인사권 행사 ② 공산당의 재판권 부분 행사 ③ 정부의 재정권 행사	법원제도의 '3대 문제'와 법원 경비 부족 제기. 해결은 미래의 과제이고, 현재는 이를 위한 '탐색' 진행
법원 운영의 행정화 ① 사건 담당자제도 ② 원장·정장의 사건 심의비준제도 ③ 재판위원회원회의 토론결정제도 ④ 지시요청보고제도	① 재판방식 개혁: '3개 분리', 공개재판 등 ② 재판조직 개혁: 합의법정 강화, 심의비준제도와 토론결정제도의 개혁 ③ 법원기구 개혁: 집행난 해결 ④ 업무 현대화
법관의 대중화 ① 법관의 낮은 자질 ② 방대한 법관 규모 ③ 낮은 재판 효율성	① 인사관리제도 개혁 ② 법관 대오건설: 점차로 상급법원 법관을 하급법원 법관 중에서 충당 ③ 법원 감독 강화: 법원 내외의 감독기제 개선

요강〉을 작성하는 과정에서 학계의 의견을 어느 정도 수용했음을 보여준다. 이런 면에서 제1차 〈법원개혁 요강〉은 법조계와 학계의 공동 산물이라고 말할 수 있다.

그런데 내용 면에서 보면, 제1차 〈법원개혁 요강〉은 법원 내부의 개혁에 집중되어 있다는 한계를 갖고 있다. 단적으로 법원-공산당 관계, 법원-정부 관계의 조정 등 법원의 권한을 벗어나는 정치체제와 관련된 문제는 모두 앞으로의 과제로 미루고, 현재는 해결책을 '탐색'한다고 규정하고 있다. 이렇게 되면서 법원개혁은 현행 법률과 정치체제가 허용하는 범위 내에서 주로 '기술적이고 절차적인 문제'에 집중된다. 이는 중국의 정치체제에서 법원이 차지하는 낮은 정치적 지위를 반영한 것이다. 이 점에서 제1차 법원개혁은 본격적인 체제개혁을 추진하기 전에 법원 내부의 문제를 개혁하는 제1단계 개혁의 성격을 가진다고 볼 수 있다. 다만 제1단계 법원개혁에서 제2단계 법원개혁(체제개혁)으로 나아갈지는 현재로서는 단정적으로 말할 수 없다. 제2단계 개혁은 정치개혁 없이는 추진할 수 없기

때문이다.

이와 관련해서 한 중국학자는 제1차 〈법원개혁 요강〉의 특징을 세 가지로 설명한다. 첫째, '심층 개혁'은 탐색과제로 남겨둔 '제한된 개혁'이다. 둘째, 내용상 실행 가능성에 중점을 둔 개혁이다. 개혁의 주요 내용은 재판제도와 법원 관리이며, 법원의 실무를 어렵게 만드는 각종 기술적인 문제를 해결하는 것이다. 이는 현행 정치체제와 법률제도의 틀 내에서 법원 내부의 개혁만을 추진한다는 것을 의미한다. 셋째, 공산당 중앙이 아니라 최고법원이 계획을 입안하고 추진하는 것으로 개혁의 주체 면에서도 제한된 계획이다. 그 결과, 개혁은 최고법원의 "힘이 미칠 수 있는 곳"(力所能及)에 국한된다.[1] 이는 제1차 〈법원개혁 요강〉에 대한 적절한 평가라고 생각된다.

한편 제1차 5개년 법원개혁이 실제로 추진되는 과정에서 개혁 내용과 관련하여 두 가지 새로운 현상이 나타났다.[2] 하나는 법원개혁의 목표가 분명하게 정리된 것이다. 2001년 1월 최고법원은 '사법공정'(公正)과 '사법효율'(效率)을 법원 업무의 '주제'(主題, main theme)로 확정하고, 앞으로 재판 업무의 개선, 법관 대오의 건설, 사법개혁을 3대 사업으로 추진하기로 결정했다. 이렇게 되면서 중국학자들과 법조계 인사들이 주장했던 '사법독립'은 법원개혁의 목표에서 공식적으로 제외되었다. 이는 개혁의 보수화와 후퇴를 의미한다. 이런 경향은 제2차 법원개혁으로 이어졌고, 왕성쥔(王勝俊) 신임 최고법원 원장에 의해 추진되는 제3차 개혁에서 절정을 이룬다.

---

1 張志銘, 「司法改革需要更寬闊的視野: 對〈人民法院五年改革綱要〉的一點評論」, 張明傑 主編, 『司法改革: 中國司法改革的回顧與前瞻』(北京: 中國科學文獻出版社, 2005), pp. 530~532.

2 肖揚, 「堅持黨的領導, 沿着法治大道, 努力建設公正高效權威的社會主義司法制度: 紀念黨的十一屆三中全會三十周年」, 最高人民法院 编, 『人民法院改革开放三十年: 1978~2008』(北京: 人民法院出版社, 2008), pp. 16~18.

다른 하나는 '법관 직업화'(職業化, professionalization) 명제가 제기되면서 법원개혁의 중점 사항이 새로 추가된 것이다. 2002년 7월 최고법원은 '전국 법원 대오건설 업무회의'를 개최하여, 법관제도의 개혁 방향으로 법관 직업화를 최초로 제기했다. 이는 2001년 〈법관법〉(法官法)의 개정을 통해 법관의 임용 조건과 자격을 상향 조정한 다음에 나온 조치이다. 이에 따라 제1차 5개년 법원개혁의 중점 사업은 재판제도의 개혁과 법관제도의 개혁 두 가지로 집약되었다. 이는 제2차 법원개혁으로도 이어졌다. 이렇게 되면서 '샤오양식 법원개혁'(肖揚模式)은 사법독립, 즉 법원의 공산당과 정부로부터의 독립과 법관의 독립재판 보장이 아니라, 법관 전문화(專門化)를 주된 내용으로 추진되었다는 평가가 제기되었다.[3]

2. 〈인민법원 제2차 5개년 개혁 요강(2004~2008년)〉

제2차 〈법원개혁 요강〉도 샤오양 원장이 주도한 것이고, 이런 점에서 제1차 〈법원개혁 요강〉의 연장선에 있다고 할 수 있다. 다만 제1차 개혁과 다른 점은, 2003년 5월 '중앙 사법체제개혁 영도소조'(中央司法體制改革領導小組)가 설립되어 제2차 〈법원개혁 요강〉을 사전에 비준하고 최고법원이 이를 발표했다는 사실이다. 이런 면에서 제2차 〈법원개혁 요강〉은 제1차 〈법원개혁 요강〉보다 공산당의 관점이 더 강하게 반영된 것으로 볼 수 있다.

우선 제2차 〈법원개혁 요강〉은 '사법공정과 효율'의 주제하에 추진된

3 楊子雲, 「司法改革需要遵循司法規律: 學者評點人民法院〈三五改革綱要〉」, 『中國改革』 2009年 5期, pp. 57~59; 王利平, 「司法改革無路可退」, http://www.law-star.com/cac/235029438.htm (검색일: 2010. 6. 10).

제1차 법원개혁의 성과를 자랑한다. 재판방식과 재판기구의 개혁, 집행난의 해결을 위한 법원기구의 개혁, 법관제도의 개혁, 업무 현대화가 중요한 성과로 제시되었다. 이런 성과에 입각하여, 제2차 법원개혁은 7개의 기본 임무와 목표를 달성할 예정이다. 여기에는 소송제도의 개혁, 집행체제의 개혁, 재판조직과 재판기구의 개혁, 법원 관리체제의 개혁, 법관제도의 개혁, 감독제도의 강화가 포함된다. 내용은 제1차 〈법원개혁 요강〉과 유사하지만, 각 항목의 배치를 달리함으로써 법원개혁이 '3대 문제'의 해결을 위해 추진된다는 제1차 〈법원개혁 요강〉의 성격을 어느 정도 탈색시켰다는 특징이 있다.

제2차 〈법원개혁 요강〉이 제시하는 개혁 원칙은 제1차 〈법원개혁 요강〉과 유사하다. 다만 두 가지 점에서 차이가 있다. 첫째는 법원의 재판독립 원칙이 '헌법과 법률에 의거한 개혁 견지', '법제통일의 옹호'와 함께 병렬적으로, 그것도 후반부에 제시됨으로써 중요한 원칙에서 부수적 원칙으로 전락했다는 점이다. 둘째, '일심위민'(一心爲民: 국민을 위한 한마음)과 '과학적 발전관(科學發展觀) 견지'가 추가됨으로써 후진타오(胡錦濤) 시대의 변화된 국정 이념이 법원개혁에도 반영되었다. 이를 위해 사법공정과 효율이 법원개혁의 목표로 분명하게 제시되었다.

제2차 〈법원개혁 요강〉이 제시하는 개혁 내용은 제1차 〈법원개혁 요강〉과 각 항목의 배열순서만 다를 뿐 내용은 대동소이하다. 첫째는 소송제도의 개혁이다. 최고법원이 사형판결의 최종 비준권을 갖도록 하는 사형재심리제도(死刑復核程序)의 도입(2007년 1월 1일부터 실시), 형사소송제도의 개선, 민사소송의 약식재판(簡易程序) 도입, 소송조정(訴訟調解)제도의 개혁, 공개재판의 관철이 주요 내용이다. 둘째는 재판제도의 개혁이다. 여기에는 상하 법원 간의 지시요청보고제도의 개혁(보편적인 법률 적용과 관련된 사건만 지시를 요청하도록 제한), 판례지도(案例指導)제도의 도입, 사법

〈표 4-2〉 법원제도의 근본문제와 제2차 〈법원개혁 요강〉의 정책

법원제도의 근본문제	제2차 〈법원개혁 요강〉의 정책
사법권의 지방화 ① 공산당의 인사권 행사 ② 공산당의 재판권 부분 행사 ③ 정부의 재정권 행사	법원제도의 근본문제 해결을 위한 '탐색 계속'
법원 운영의 행정화 ① 사건 담당자제도 ② 원장 · 정장의 사건 심의비준제도 ③ 재판위원회의 토론결정제도 ④ 지시요청보고제도	① 소송제도 개혁: 최고법원이 사형비준권 행사 ② 상하 법원 지시요청보고제도 개혁: 범위 제한 ③ 재판조직개혁: 합의법정 강화와 토론결정제도 개혁 ④ 집행체제개혁: 집행난 해결
법관의 대중화 ① 법관의 낮은 자질 ② 방대한 법관 규모 ③ 낮은 재판 효율성	① 인사관리제도 개혁 ② 법관 대오건설: 점차로 상급법원 법관을 하급법원 법관 중에서 충당 ③ 법원 감독 강화: 법원 내외의 감독기제 개선

해석 절차의 개혁이 포함된다. 셋째는 집행난의 해결을 위한 집행기구의 개혁으로, 제1차 〈법원개혁 요강〉의 내용을 반복하고 있다.

넷째는 재판조직과 재판기구의 개혁이다. 여기서는 재판위원회의 개혁과 합의법정의 강화가 핵심이다. 구체적으로, 최고법원에 형사전문위원회와 민사 · 행정전문위원회를 설립하고, 고급법원과 중급법원에는 필요에 따라 이 위원회를 설립할 수 있다. 또한 재판위원회의 전문성을 높이기 위해 능력 있는 법관을 충원하고, 사건 심리의 방식도 현행의 '회의제'(會議制)에서 법정의 방식과 같은 '심리제'(審理制)로 변경한다. 중대하고 복잡한 사건을 심리할 때에는 재판위원회 위원들이 직접 합의법정에 참여하도록 한다. 그 밖에도 원장 등 법원 지도부의 재판 역할을 강화하고, 이들의 재판 직능과 행정 직능을 구분한다. 마지막으로 법관의 독립재판 책임제를 수립하고, 합의법정과 단독법정의 재판기능을 강화한다.

다섯째는 법관제도와 인사관리제도의 개혁이다. 여기에는 법관 정원제

의 연구, 법관 선임제도의 개혁, 법관 직무교류제도와 순환근무제도의 확대, 법관 교육훈련의 강화가 포함된다. 제1차 〈법원개혁 요강〉에서 강조한 것처럼, 상급법원의 법관은 하급법원의 우수한 법관과 유능한 변호사 중에서 선임하는 제도를 점차 도입한다는 내용이 눈에 띈다. 여섯째는 법원 감독의 강화이다. 마지막으로 법원의 체제문제 해결은 '계속 탐색'하는 과제로 남겨둔다.

〈표 4-2〉는 이를 정리한 것이다.

3. 〈인민법원 제3차 5개년 개혁 요강(2009~2013년)〉

제3차 〈법원개혁 요강〉은 2008년에 취임한 왕성쥔 원장이 주도하여 작성한 것이다. 제3차 〈법원개혁 요강〉은 먼저 법원개혁의 목표로서 '공정·고효율·권위의 사회주의 사법제도의 건설'을 분명하게 제시한다. 제2차 〈법원개혁 요강〉에서 제시되었던 법원개혁의 목표, 즉 '공정'과 '효율'에 더해 제3차 〈법원개혁 요강〉에서는 '권위'가 새롭게 추가되었다. 여기서도 사법독립은 법원개혁의 목표가 아님을 분명히 하고 있다.

이어서 제3차 〈법원개혁 요강〉은 7개의 법원개혁 원칙을 제시한다. 이전과 다른 특징은 법원의 재판독립 원칙은 사라지고, 공산당의 지도와 중앙통제, 정확한 정치 방향의 견지, 군중노선을 강조한다는 점이다. 먼저, 법원개혁은 '정치개혁의 중요한 구성요소'로서 반드시 당의 지도하에 점진적으로 '위에서 아래로' 하향식(下向式, top-down)으로 추진되어야 하고, 이를 통해 사법개혁의 '정확한 정치 방향'을 확보해야 한다. 또한 '3개의 지상'(至上), 즉 '공산당 업무 지상, 인민 이익 지상, 헌법·법률 지상'에 맞추어 개혁을 추진하여 '중국 특색의 사회주의 방향'을 견지해야 한다.

그 밖에도 법원개혁에서는 군중의 의견을 청취하고 군중의 의지를 관철하는 '군중노선'(群衆路綫, mass line)을 견지해야 한다.

제3차 〈법원개혁 요강〉의 개혁 과제는 이전과는 다른 배치와 개념으로 제시된다. 첫째 과제는 법원 직권의 최적화(法院職權優化)이다. 여기에는 소송제도의 개혁, 집행기구의 개혁, 상하 법원 관계의 개혁(지시요청보고제도의 개선 포함), 재판 관리제도의 개혁, 감독제도의 강화, 법관 직업 보장제도의 강화 등이 포함된다. 재판조직의 개혁도 이 항목에 포함되는데, 여기에는 재판위원회의 토론 범위와 절차의 개선, 재판위원회의 직책과 관리 업무의 규범화, 합의법정의 강화도 들어 있다.

둘째 과제는 '관대함과 엄격함이 상호 보조를 이루는 형사정책'(寬嚴相濟刑事政策)의 관철이다. 이를 위해 엄격한 처벌과 관대한 처벌의 형사재판제도와 업무기제를 수립한다. 이처럼 민사사건이나 형사사건의 판결 방침이 독립된 법원개혁의 항목으로 제시된 것은 이번이 처음이다. 이것이 정책 내용 면에서 보았을 때 두드러지는 제3차 〈법원개혁 요강〉의 첫 번째 특징이다.

셋째 과제는 법관제도의 개혁이다. 먼저, 최고법원, 고급법원, 중급법원의 법관은 '원칙상' 기층법원의 우수한 법관과 유능한 법률 인재 중에서 채용한다. 이전의 〈법원개혁 요강〉과 다른 점은 '원칙상'이 추가된 것이다. 이는 상황에 따라서는 그렇지 않을 수도 있다는 것으로, 실제로 이렇게 하지 않는 경우가 많음을 보여준다. 공산당 조직에서 성장한 왕성쥔을 최고법원 원장에 임명한 것이 대표적인 사례이다. 법관제도의 개혁은 법관 교육훈련의 강화, 반(反)부패기구의 개선, 정원제 도입의 검토, 법관 직무교류제도와 순환근무제도의 확대 등 이전 〈법원개혁 요강〉의 내용을 반복하고 있다.

넷째 과제는 법원의 경비 보장이다. 이전의 〈법원개혁 요강〉은 법원의 재정문제를 미래에 해결할 '탐색' 과제로 분류했는데, 이번에는 이것이 당면 추진 과제로 설정된 것이다. 핵심 내용은 현재 진행 중인 행정 경비 보장제도의 개혁에 맞추어, "책임을 명확히 하고(責任明確), 분담을 나누며(分擔分類), 수입・지출을 분리하여(收支脫鈎), 전액을 보장하는(全額保障)" 법원 경비의 보장제도를 수립하는 것이다. 법원 경비를 인건비, 사업비, 시설・장비비, 건축비 등 네 가지 항목으로 나누고, 지역 특징과 법원 성격에 맞추어 각급 재정부담의 층차(層次)와 비율을 확정하여 법원 경비를 보장하는 것이다. 실제로 얼마나 실현될지는 모르겠지만, 이것이 정책 내용 면에서 보았을 때 제3차 〈법원개혁 요강〉의 또 다른 특징이다.

다섯째 과제는 '사법위민'(司法爲民: 국민을 위한 사법)의 업무기제 개선이다. 여기에는 재판과 판결 집행의 공개 강화 외에도, 민의(民意) 소통 및 표현기제의 수립, 법원 청원제도(信訪制度)의 개선, 사법구조(司法援助) 제도의 개혁이 포함된다. 증가하는 사회 갈등과 모순을 완화하기 위해 '다원화된 분규 해결기제'(多元糾紛解決機制)의 건립도 주요 과제로 제시되었다. "공산당 위원회가 영도하고(黨委領導), 정부가 지지하며(政府支持), 여러 관련 주체가 참여하고(多方參與), 사법이 추동하는(司法推動)" 분규 해결기제의 수립 요구에 맞추어, 법원은 조정(調解) 주체의 범위를 확대하고 조정기제를 개선하여 국민을 위해 선택의 여지가 더 많은 분규의 해결방식을 제공한다. 이것도 이전에는 없던 정책으로, 제3차 〈법원개혁 요강〉의 세 번째 특징이다.

〈표 4-3〉은 이상의 내용을 정리한 것이다.

제3차 〈법원개혁 요강〉에 나타난 법원개혁은 제1, 2차 개혁과는 다른 특징을 갖고 있다. 무엇보다, 법원제도의 근본문제, 즉 '3대 문제'에 대한 제기가 완전히 사라졌다. 이렇게 되면서 법원개혁은 체계적이고 근본적인 문제의 해결보다는 현재 상황에서 실행할 수 있고 국민의 불만이 집중된

〈표 4-3〉 법원제도의 근본문제와 제3차 〈법원개혁 요강〉의 정책

법원제도의 근본문제	제3차 〈법원개혁 요강〉의 정책
사법권의 지방화 ① 공산당의 인사권 행사 ② 공산당의 재판권 부분 행사 ③ 정부의 재정권 행사	① 법원제도의 '3대 문제'에 대한 언급 없음 ② 법원 경비 보장 강화 제기
법원 운영의 행정화 ① 사건 담당자제도 ② 사건 심의비준제도 ③ 재판위원회의 사건 토론결정제도 ④ 지시요청보고제도	① 재판제도 개혁: 민사・형사 재판, 재심(再審)제도 ② 재판조직개혁: 합의법정 강화, 토론결정제도와 지시요청보고제도 개혁 ③ 법원기구개혁: 집행난 해결 ④ 형사정책 변화
법관의 대중화 ① 법관의 낮은 자질 ② 방대한 법관 규모 ③ 낮은 재판 효율성	① 인사관리제도 개혁 ② 법관 대오건설: 원칙적으로 상급법원 법관을 하급법원 법관 중에서 충당 ③ 법원 감독 강화: 법원 내외의 감독기제 개선
	다원화된 분규 해결기제의 건립

'기술적이고 내부적인 문제'의 해결을 중심으로 추진된다는 방침이 좀 더 분명해졌다. 이는 그동안 중국 학계와 법조계가 주장했던 법원개혁의 방향과 분명하게 다른 것이다. 이 점에서 제3차 법원개혁은 제1, 2차 법원개혁이 학계와 법조계의 의견을 수용하는 모습을 보였던 것과는 큰 대조를 이룬다.

대신 제3차 〈법원개혁 요강〉은 공산당 중앙의 방침과 이를 대변하는 법원 최고 지도부의 입장을 충실하게 반영한 것으로 볼 수 있다. 이런 제3차 〈법원개혁 요강〉의 성격은 공산당의 지도를 강조하고, 올바른 정치방향의 확립을 주장하는 것에서 잘 나타난다. '3개의 지상'에서 '공산당 업무 지상'과 '인민 이익 지상'을 '헌법・법률 지상' 앞에 둔 것은 이를 표현한 것이다. 특히 제1, 2차 〈법원개혁 요강〉에는 없는 "중앙의 비준을 받아"(经中央批准)라는 표현을 사용하여, 이번 개혁이 공산당 중앙의 지시

를 충실히 집행하는 것이라는 사실을 강조하고 있다.[4] 이와 같은 맥락에서 제3차 〈법원개혁 요강〉은 법원개혁이 하향식으로 추진되어야 한다는 점을 '원칙'으로 강조하고 있다. 공산당 중앙의 방침을 충실히 집행하기 위해서는 지방의 자발성보다 중앙의 지시와 지방의 충실한 집행이 필요하기 때문이다.[5]

또한 제3차 〈법원개혁 요강〉은 군중노선을 강조하면서, 이를 개혁의 근본 원칙으로 삼고 있다. 후진타오 시대에 들어 법원개혁은 공산당이 강조하는 '이인위본'(以人爲本: 국민을 근본으로 함)과 '친민'(親民: 국민에게 다가감)의 관점에서 '사법위민'의 실현에 충실해야 한다고 강조되었다. 그러기 위해서는 법원개혁이 법원이라는 기관과 그것을 구성하는 법관의 요구와 의지가 아니라, 국민의 의견을 듣고 국민의 의지를 관철하는 방향으로 추진되어야 한다는 것이다.[6] 이는 군중노선을 근거로 사법독립의 주장을 비판하고, 대신 국민의 불만과 요구를 수용하기 위해 사법공정과 효율을 목표로 하는 법원개혁을 추진해야 한다는 것을 의미한다.

이는 구체적으로 제1, 2차 〈법원개혁 요강〉의 재판제도 개혁과 법관제도의 개혁을 부정하는 것에서 잘 나타난다. 예를 들어, 제1, 2차 〈법원개혁 요강〉에서는 법원 재판위원회의 역할을 축소하고 합의법정과 단독법정의 독립적인 재판권 행사를 강화하는 것이 개혁의 주된 방향이었다. 그런데 제3차 〈법원개혁 요강〉에서는 단순히 "재판위원회의 범위와 절차를 개선한다"는 정도의 언급밖에는 없다. 다시 말해 여기서는 재판위원회의

---

4 楊子雲, 「司法改革需要遵循司法規律」, pp. 57~59; 衛彦明, 「人民法院司法改革的新突破」, 『人民司法』 2009年 9期, pp. 55~59; 蔣惠嶺, 「論人民法院司法改革的背景與新發展」, 『中國行政管理』 2009年 6期, pp. 7~9.

5 王淵, 「新一輪司法改革的組織和實踐」, 『人民司法』 2009年 17期, pp. 74~77.

6 楊子雲, 「司法改革需要遵循司法規律」, pp. 57~59; 衛彦明, 「人民法院司法改革的新突破」, pp. 55~59.

역할 축소를 명시적으로 주장하지 않는다. 유사하게, 제1, 2차 〈법원개혁 요강〉에서는 하급법원의 상급법원에 대한 지시요청 제도를 개혁하는 것이 중요한 과제였는데, 제3차 〈법원개혁 요강〉은 그렇지 않다. 이렇게 되면서 공산당과 정부의 법원에 대한 정치적 간섭, 상급법원의 하급법원에 대한 행정적 간섭이 강화될 가능성이 높아졌다. 그 밖에도 제3차 〈법원개혁 요강〉에는 '법관 직업화'를 전혀 제기하지 않는다.[7]

이런 사실을 종합하면, 제3차 〈법원개혁 요강〉은 제1, 2차 법원개혁 시기의 개혁 성과를 부정할 뿐만 아니라 개혁 내용도 대폭 후퇴시키고 있다고 평가할 수 있다.

4. 소결

1990년대 중반까지 일부 지방에서 추진되었던 법원개혁과는 달리, 1999년에 시작된 개혁은 최고법원과 공산당 중앙이 작성한 〈법원개혁 요강〉에 따라 체계적이고 종합적으로 추진되고 있다. 이 중에서 제1, 2차 〈법원개혁 요강〉은 샤오양 원장에 의해, 제3차 〈법원개혁 요강〉은 왕성쥔 원장에 의해 작성되고 추진되었다는 차이점이 있다. 제1차 〈법원개혁 요강〉은 최고법원이 독자적으로 작성한 것인데 비해, 제2, 3차 〈법원개혁 요강〉은 2003년 5월에 설립된 '중앙 사법체제개혁 영도소조'의 지침하에 작성되었다는 차이도 있다. 이런 차이는 각 〈법원개혁 요강〉의 내용에 반영되어 있다

제1, 2차 〈법원개혁 요강〉은 중국 법원의 '3대 문제'를 지적하고, 그것

7 楊子雲, 「司法改革需要遵循司法規律」, pp. 57~59.

을 해결하기 위해 법원개혁을 추진한다는 사실을 직접 혹은 간접적으로 천명하고 있다. 제1, 2차 〈법원개혁 요강〉에서 말하는 법원의 네 가지 당면 과제, 즉 지방 보호주의로 인한 법제통일과 권위의 훼손, 법관관리제도의 문제와 부패, 재판 업무의 행정관리 모델, 법원의 경비 부족은 이를 잘 보여준다. 이에 비해 제3차 〈법원개혁 요강〉에서는 이에 대한 언급이 전혀 없음으로써, 법원개혁이 '3대 문제'의 해결을 위해 추진된다는 사실을 부정했다. 다만, 제1, 2차 〈법원개혁 요강〉에서도 법원 외적인 문제, 즉 사법권의 지방화 문제는 당면 과제가 아니라 탐색 과제로 분류하고 있다는 점에서 한계가 있다.

또한, 제1, 2차 〈법원개혁 요강〉은 법원개혁의 세부 과제로 소송제도의 개혁, 재판제도의 개혁, 집행난의 해결, 재판조직과 재판기구의 개혁, 법관제도의 개혁을 들고 있다. 이 중에서도 재판제도의 개혁과 법관제도의 개혁이 제1, 2차 개혁의 중점이 되면서, 이를 중심으로 추진되는 법원개혁을 '샤오양식 개혁모델'로 부르기도 한다. 한편, 제1차 〈법원개혁 요강〉을 실시하는 과정인 2001년 1월에 최고법원은 개혁 목표로 사법공정과 효율을 확정하고 사법독립을 공식적으로 목표에서 제외했다. 이런 점에서 제1, 2차 〈법원개혁 요강〉이 비록 법원의 '3대 문제'를 제기했지만, 개혁의 중점은 법원 내부의 기술적이고 절차적인 문제의 해결이었다.

제3차 〈법원개혁 요강〉은 제1, 2차 〈법원개혁 요강〉과는 다른 특징을 보인다. 먼저, 공산당 영도와 중앙통제, 정확한 정치 방향의 견지, 군중노선에 대한 강조가 눈에 띈다. 이에 비해 법원의 독립재판이나 법관의 전문화에 대한 언급은 사라졌다. 또한, 제3차 〈법원개혁 요강〉은 법원개혁의 과제를 제1, 2차 〈법원개혁 요강〉과는 다른 방식으로 배치함으로써, 제3차 개혁이 제1, 2차 개혁과는 다르다는 사실을 부각하려고 했다. 구체적으로 제3차 〈법원개혁 요강〉은 법원 직권의 최적화, 새로운 형사정책의 관철, 법관제도의 개혁, 법원의 경비 보장, 사법위민의 업무기제 개선(특히 인민조정제도의 강화)을 법원개혁의 세부 과제로 제시한다. 이 중에서 법원의 경비 보장을 당면 과제로 제시하고, 형법 적용 문제를 독립적으로 강조하며, 법원의 조정(화해) 직능 강화를 주장한다는 점에서 특징이 있다. 이런 특징에도 불구하고 전체적으로 보면, 제3차 〈법원개혁 요강〉은 법원의 재판독립과 법관의 전문화를 강조하던 제1, 2차 〈법원개혁 요강〉보다 후퇴했다고 평가할 수 있다.

제5장

법원개혁의 실시: 특징과 사례

1. 법원개혁의 특징

2. 법원개혁의 실시 사례

3. 소결

제4장에서는 제1, 2, 3차 〈법원개혁 요강〉에 대한 분석을 중심으로 법원개혁의 세부 정책을 살펴보았다. 이어서 이 장에서는 법원개혁의 실제 추진 과정과 결과를 살펴볼 것이다. 먼저 법원개혁의 추진 방식과 내용을 중심으로 이번 법원개혁에서 나타나는 주요한 특징을 분석할 것이다. 이를 통해 이번 법원개혁이 이전 개혁과 어떤 점에서 다른가를 잘 이해할 수 있을 것이다. 그리고 좀 더 구체적인 실시 사례를 선택하여 법원개혁이 실제로 어떻게 추진되었고 그 결과는 어떤가를 분석할 것이다.

1. 법원개혁의 특징

제1, 2, 3차 〈법원개혁 요강〉의 세부 내용과 그 특징에 대해서는 앞에서 상세히 검토했다. 그래서 여기서는 법원개혁의 실제 추진 방식과 과정에 초점을 맞추어 1999년 이전의 법원개혁과 1999년 이후 현재까지 추진 중인 법원개혁이 어떤 차이점이 있는가, 다시 말해 이번 개혁의 주요 특징은 무엇인가를 중점적으로 분석할 것이다.

1) 점진적이며 장기적인 개혁

최근의 법원개혁은 점진적 접근법을 채택하고 있다. 1990년대에 법원개혁의 추진 속도와 폭을 놓고 논쟁이 전개되었는데 점진적 접근법이 채택된 것이다. 예를 들어, 제3차 〈법원개혁 요강〉은 시험 실시(試點)를 기초로, 점(點)에서 선(線)으로, 선에서 면(面)으로 개혁의 범위를 점진적으로 확대하는 방법을 강조한다. 이를 위해 전국적으로 30개의 사법개혁 '연계 법원'(聯系點法院)이 선정되었다. 이들 법원은 연해지역, 중부지역, 내륙지역 등 지역적 안배, 도시지역과 농촌지역 등 도농의 지역안배를 통해 선정되었다. 주요 개혁은 최고법원의 엄격한 지도하에 이들 연계 법원에서 먼저 실시하고 그 결과를 평가한 후에 다양한 요소를 종합적으로 고려하여 확대 여부를 결정한다.[1] 이런 방식으로 이전에 일부 지역에서 자발적으로 시행되었던 '급진적 개혁'을 차단할 수 있다.

그런데 원래 법원개혁의 추진 방법으로는 세 가지 견해가 제기되었다. 첫째는 다수 견해로 점진론이다. 이 관점은 중국의 정치 상황에서 실현 가능한 방법으로 법원개혁을 추진하는 것이 타당하다는 입장에서 출발한다. 그래서 법원개혁은 '기술에서 제도로'(從技術到制度) 진화하는 방식으로 추진되어야 한다. 현 단계에서는 법원의 기술적인 결함과 문제를 합리적으로 개선하는 것이 목표가 되어야 한다. 이렇게 기술적인 측면을 하나하나 고쳐나가면 마치 개별 벽돌이 쌓여 튼튼한 기초가 마련되듯이, 제도적 측면의 개혁을 위한 토대가 마련될 수 있다는 것이다.

둘째는 소수 견해로 급진론이다. 우선 법원제도의 결함은 현행 제도와 법률 내에서 기술적인 문제만을 개선하는 방식으로는 결코 해결될 수 없다. 또한 땜질식으로 법원개혁을 진행하다 보면 법원 내외의 기득권 세력

1 王淵, 「新一輪司法改革的組織和實踐」, 『人民司法』 2009年 17期, pp. 74~77.

의 저항과 반대에 부딪쳐 개혁이 중단되거나 흐지부지 될 수 있다. 그래서 법원개혁은 주요 목표를 '한 번에 달성하는 방식'(一步到位)으로 추진되어야 한다.[2]

이 두 가지 관점 외에, 점진론 관점에서 급진론의 주장을 일부 수용한 절충론이 있다. 이는 현행 법률제도가 허용하는 법원개혁은 과감히 추진하고, 이를 벗어나는 개혁은 소범위 내에서 신중하게 탐색하면서 '아래에서 위로' 즉, 상향식으로 추진하자는 입장이다. 절충론이 점진론과 다른 점은 시험 실시 등을 통해 현 체제를 벗어나는 개혁도 일부 추진해야 한다는 것이다. 그러나 절충론도 기본적으로 실행 가능한 개혁을 중심으로 추진하자고 주장한다는 점에서 점진론의 한 범주로 볼 수 있다.

그런데 최근 들어 법원개혁이 진행되면서 점진적 접근법을 비판하는 주장이 다시 제기되고 있다. 개혁이 현 체제 내에서 실현 가능한 내용만을 담은 '법원의 내부개혁'에 머물고 있을 뿐이라는 것이 비판의 핵심이다. 특히 현재 법원이 당면한 근본문제인 사법권의 지방화 문제를 해결하기 위해서는 법원-공산당, 법원-정부 간의 관계를 조정해야 하는데, 현재의 법원개혁은 이를 먼 미래의 과제로 미루고 있다. 이렇게 되면서 법원개혁은 '핵심부'에는 들어가 보지도 못하고 '주변부'에서만 맴돌며, 그 과정에서 개혁에 대한 적극성은 떨어지고 열정도 식어 버린다는 것이다. 특히 법원개혁의 주요 사업으로 추진되는 재판방식의 개혁도 체제개혁, 즉 법원-공산당 간의 재판권 조정이 이루어지지 않으면 완성될 수 없는 것이 엄연한 현실이기 때문에, 지금과 같은 점진적 방식의 개혁은 한계가 있다.[3] 그러나 이런 비판은 소수의 의견이고, 공산당과 법원 지도부는 점진

---

2 譚世貴, 『中國司法改革研究』(北京: 法律出版社, 2000), pp. 50~52; 康均心, 『法院改革研究: 以一個基層法院的探索為視點』(北京: 中國政法大學出版社, 2004), pp. x~xi.

3 邵文虹・蔣惠嶺, 「中國法院體制改革論綱」, 孫謙・鄭成良 主編, 『司法改革報告: 中國的檢察院・法院改革』(北京: 法律出版社, 2004), pp. 189~235; 趙鋼・占善剛, 「淺議10年司法改

적 방법을 고수하고 있다.

점진적 접근법과 관계가 있는 것으로, 법원개혁은 장기적 개혁으로 추진되고 있다. 중국의 국가기관 개혁 중에서 법원개혁처럼 15년에 걸쳐 체계적인 계획을 수립하고 추진한 사례는 없다. 의회개혁은 기본적으로 지방의회의 경험을 전국인민대표대회(全國人民代表大會/전국인대)가 종합하여 입법화하고, 이를 다시 전국적으로 확산시키는 비체계적인 방식으로 추진되었다는 측면에서 법원계획과는 다르다. 기구 개편, 인원 조정, 행정방식의 전환 등을 중심으로 하는 행정개혁도 비록 장기간에 걸쳐 추진되었지만 5년 단위의 독립된 개혁이 불연속적으로 추진되었다는 점에서 역시 법원개혁과는 다르다. 이런 점에서 법원개혁은 국가기구의 개혁 중에서 독특한 사례에 속한다.

그런데 법원개혁도 처음부터 이런 식으로 장기계획이 입안되고 추진된 것은 아니었다. 1999년 최고법원이 수립한 계획, 즉 〈인민법원 5개년 개혁 요강〉은 명칭에서 알 수 있듯이 일회성 개혁의 성격이 강했다. 그런데 개혁을 추진하면서 법원이 당면한 문제의 심각성과 복잡성을 인식하고, 최고법원은 공산당 중앙의 동의와 지지하에 장기적인 관점에서 문제를 해결하는 방식으로 접근법을 바꾸었던 것이다. 그래서 후속 계획은 〈인민법원 제2차 5개년 개혁 요강〉, 〈인민법원 제3차 5개년 개혁 요강〉처럼 '제2차', '제3차'라는 명칭이 공식적으로 사용되었다. 2013년에 제3차 법원개혁이 종료되면, 개혁이 이와 같은 방식으로 얼마나 더 진행될지를 알 수 있을 것이다.

革之得失」, 李林 主編, 『依法治國與深化司法體制改革』(北京: 中國科學文獻出版社, 2008), pp. 49~54; 陳衛東, 「司法改革十年檢討」, 張明傑 主編, 『司法改革』(北京: 中國科學文獻出版社, 2005), pp. 25~26.

2) 공산당 주도의 개혁

제2장에서 살펴보았듯이, 1980년대와 1990년대에 각 지방에서 추진된 법원개혁은 법원 자체의 필요성에 의해 추진된 '법원에 의한' 개혁이었다. 그것도 1999년 최고법원이 제1차 〈법원개혁 요강〉을 작성하여 전국적으로 실시하기 이전에는 각급 지방법원이 자발적으로, 혹은 최고법원의 요구와 격려하에 추진한 것이었다. 이는 제1차 법원개혁에서도 마찬가지였다. 이때에는 개혁 주체가 지방법원에서 최고법원으로 상향 조정되었지만 그래도 법원에 의한 개혁이라는 특징을 벗어나지는 못했다.

이처럼 법원개혁이 내부개혁으로 추진되면서 여러 가지 난관에 부딪혔다. 먼저, 법원 인사권, 재정권, 재판권과 관련된 중요한 개혁은 모두 공산당이나 정부와 관련되는데, 법원에 의해 추진되는 개혁은 이런 문제를 결코 해결할 수 없다. 공산당은 말할 것도 없고 정부에 비해서도 법원은 정치적 지위, 조직과 인원, 재정과 활동 면에서 절대적인 열세에 있기 때문이다. 또한 법원개혁은 검찰개혁, 경찰개혁 등과 밀접히 연관되어 있는데, 법원은 다른 기관의 개혁을 추동할 힘이 없다. 일부 개혁은 법원·검찰·경찰이 각자 계획을 작성하여 집행하면서 상호 모순되는 문제도 발생했다. 다시 말해 각 기관의 개혁을 조정하고 지도할 수 있는 상부의 지도조직이 필요했다.

이런 이유로 최고법원은 공산당 중앙이 법원개혁을 '영도'(領導)해 주기를 요청했다. 구체적으로 2003년 당시 최고법원 원장이었던 샤오양(肖揚)은 법원개혁을 좀 더 강력하게 추진하기 위해 공산당 중앙이 이를 공개적으로 지지하는 '결정'(決定)을 채택하는 방법을 적극 모색했다. 그래서 당시 최고검찰원 원장과 상의하여 동의를 얻은 후에 이를 중앙정법위원회(政法委員會) 서기 뤄간(羅幹)과 부서기 저우용캉(周永康)에 보고하여 비준을 받았다. 이후 '결정'의 초고를 작성하여 공산당 중앙에 제출했고, 정치국 상무위원회는 2006년 3월 후진타오(胡錦濤) 총서기의 주재하에 회의를 개최하여 초고를 통과시켰다. 이로써 2006년 5월에 공산당 중앙의 명의로 〈법원 및 검찰원의 업무 강화 결정〉(中共中央關於進一步加強人民法院·人民檢察院工作的決定)이 공포될 수 있었다.[4] 이런 과정에서 법원개혁과 검찰개혁을 포괄한 사법개혁을 공산당 중앙이 지도하기로 결정되었다. 이에 따라 2004년부터 실행되는 제2차 〈법원개혁 요강〉은 공산당 중앙의 지도하에 작성되었다.

그런데 중국 학계와 법조계 내에서는 법원개혁을 지도할 중앙 조직을 어떻게 만들 것인가를 놓고 다양한 의견이 제기되었다. 이는 크게 세 가지로 정리할 수 있다. 첫째는 중앙정법위원회가 법원개혁을 비롯한 정법부문 개혁을 총괄 지도하는 것이다. 이는 현행 제도 내에서 문제를 해결하는 방식이다. 둘째는 법원개혁이 국가기관의 개혁이기 때문에 공산당이 아니라 최고 국가권력기관인 전국인대가 지도하는 방식이다. 예를 들어 전국인대의 정법관련 업무를 취급하는 상임위원회(standing committee)인 법률위원회(法律委員會)와 내무사법위원회(內務司法委員會)가 합동으로 지도기구를 구성하여 사법개혁을 지도하는 것이다. 셋째는 별도의 '전국사법개혁위원회' 또는 '전국사법개혁 영도소조'(領導小組)를 구성하자는 방안이다.[5] 2003년 5월에 중앙정법위원회의 주도로 정법위원회 서기 뤄간을 조장으로 하고 최고법원 원장과 최고검찰원 원장을 주요 구성원으로 하는 '중앙 사법체제개혁 영도소조'가 성립된 것을 보면,[6] 제1안과 제3안이 절

---

4 肖揚, 「堅持黨的領導, 沿着法治大道, 努力建設人民法院」, 最高人民法院 编, 『人民法院改革开放三十年: 1978~2008』(北京: 人民法院出版社, 2008), pp. 11~20.

5 陳衛東, 「司法改革十年檢討」, 張明傑, 『司法改革』, p. 27.

6 이와는 별도로 최고법원 내에는 법원개혁의 지도기구로 '사법체제 및 업무기제 개혁 영도소조'(最高人民法院司法體制和工作機制改革領導小組)(약칭으로 '사법체제개혁영도소조')가

충하는 방식으로 영도조직이 구성된 것을 알 수 있다.

공산당이 법원개혁을 주도하고 있음을 보여주는 사례는 여러 곳에서 확인할 수 있다. 중앙 사법체제개혁 영도소조가 사법개혁을 총괄 지도하는 것이 대표적인 사례이다. 이 영도소조는 매년 연말(11월 또는 12월)에 정기모임을 개최하여 지난 사업을 점검하고 새해 사업의 방침과 정책을 결정하면서 법원개혁을 지도한다. 예를 들어, 2006년 11월 14일에 뤄간 정법위원회 서기 주재로 '사법체제와 기제 개혁 보고회'를 개최하여 사법개혁을 종합적으로 점검했다.[7] 2010년 11월 30일에도 저우용캉 정법위원회 서기의 주재로 중앙 사법체제개혁 영도소조 제3차 전체회의 겸 사법체제개혁 제9차 보고회가 개최되었다. 이 회의에서는 2006년에 공산당 중앙이 제시한 사법개혁 60개 항목에 대한 점검이 있었고, 현재까지 48개 항목이 달성되었다고 평가했다.[8]

2003년 이후 〈법원개혁 요강〉은 공산당 중앙(즉, 중앙 사법체제개혁 영도소조와 정법위원회)의 지시하에 작성되는 것도 중요한 사례이다. 구체적으로 2004년 말 중앙 사법체제개혁 영도소조는 「사법체제와 업무기제 개혁의 초보의견」(關於司法體制和工作機制改革的初步意見)을 발표했다. 여기에는 앞으로 법원이 추진할 개혁의 원칙, 목표, 내용 등이 들어 있다. 이후 2005년 10월 최고법원은 제2차 5개년 법원개혁을 추진하기 위한 계획 즉, 〈인민법원 제2차 5개년 개혁 요강〉을 발표했다. 제2차 〈법원개혁 요

만들어지고, 실무기구로 '사법체제영도소조 판공실'이 두어졌다. 이 영도소조의 조장은 최고법원 상무부원장이 담당한다. 最高人民法院司法體制和工作機制改革領導小組辦公室, 「人民法院司法改革全面推進」, 『中國審判新聞月刊』2007年 3期, pp. 11~13; 「最高法院: 積極穩妥推進人民法院改革工作」, 〈江西政法網〉 2011년 8월 16일, http://jdzol.net/html/info/602/news_29988.htm (검색일: 2011. 9. 6).

7 「羅幹主持召開司法體制改革匯報會並講話」, 〈人民網〉 2006년 11월 15일, http://politics.people.com.cn/GB/1024/5041064.html (검색일: 2006. 11. 15).

8 「抓好已出臺各項改革措施的落實, 打好明年改革任務的攻堅仗」, 〈人民網〉 2010년 12월 1일, http://politics.people.com.cn/GB/1024/13360969.html (검색일: 2010. 12. 1).

강〉이 「초보의견」에 기초하여 작성되었음은 말할 필요도 없다.

이런 방식의 〈법원개혁 요강〉 작성은 이후에도 지속되었다. 2008년 12월 중앙정법위원회는 「사법체제와 업무기제 개혁의 심화 의견」(關於深化司法體制和工作機制改革若干問題的意見)을 하달했다. 최고법원은 2009년 3월 이에 기초하여 〈인민법원 제3차 5개년 개혁 요강〉을 발표했다. 이처럼 제1차 〈법원개혁 요강〉과는 달리 제2, 3차 〈법원개혁 요강〉은 모두 공산당 중앙, 즉 중앙 사법체제개혁 영도소조 또는 정법위원회가 최고법원의 의견을 수집하여 「의견」 형태로 먼저 개혁 방침을 제시하고, 최고법원은 이에 기초하여 〈법원개혁 요강〉을 작성하는 절차를 거쳐 작성되었다. 이는 법원개혁이 최고법원이 아니라 공산당 중앙이 주도하고 있음을 강조하려는 조치이다.

이처럼 공산당 중앙이 법원개혁을 주도하면서 개혁은 전보다 더 힘있게 추진될 수 있었다. 그러나 공산당 주도의 개혁에도 문제가 있다는 주장이 제기되고 있다. 형식적으로는 공산당 중앙이 법원개혁을 주도하지만, 실제로는 그렇게 중시하지 않는다는 것이다. 단적으로 공산당은 행정개혁을 정치개혁에서 분리시켜 독자적인 항목으로 설정하고, 동시에 5년마다 개최되는 당대회와 전국인대 연례회의에서 행정개혁의 계획을 결정하고 전국적으로 이를 강력하게 추진해 왔다. 이에 비해 법원개혁은 결코 그렇지 않다. 즉, 공산당 중앙의 법원개혁에 대한 전략적 배치는 "소리는 크지만, 행동은 크지 않다"는 것이다.[9]

일부에서는 중앙 사법체제개혁 영도소조 그 자체의 문제점을 지적한다. 즉, 2003년 법원개혁과 검찰개혁 등 사법개혁을 지도하기 위해 영도소조가 설립되었지만 영도소조의 정치적 지위가 높지 않아 공산당・정부・의회 등 각 부문을 조정하는 데 능력이 부족하다는 것이다. 이 때문에 사

9 譚世貴, 『中國司法改革硏究』(北京: 法律出版社, 2000), pp. 218~224.

법개혁은 통일적으로 추진되지 못하고, 정체국면을 벗어나지도 못하고 있다고 한다.[10] 이런 주장은 행정개혁이 공산당 정치국 상무위원회의 지도하에 국무원 총리가 직접 추진하는 상황을 고려할 때 일리가 있다. 뿐만 아니라, 영도소조 조장으로서 중앙정법위원회 서기는 최고법원 원장이 아니기 때문에 결코 법원의 입장에서 개혁을 강력하게 추진하지 않는다는 점도 지적되었다. 이보다는 법원과 정부와 검찰 등 다른 국가기관 간의 관계를 조정하고 갈등을 해소하는 등의 관리자 역할을 담당하는 경우가 많다.

또 다른 문제로 개혁 대상이 개혁 주체가 되었다는 점이 지적된다.[11] 현재 법원의 독립을 위해서는 법원-공산당 관계가 재조정되어야 하고, 이런 측면에서 공산당은 주요 개혁 대상이다. 그런데 공산당 중앙이 개혁을 주도하면서 이 문제는 처음부터 배제되었다. 오히려 공산당 중앙의 주도하에 법원개혁이 진행되면서 개혁은 공산당과 정부로부터 법원의 자율성을 확대하는 방향, 즉 법원독립이 아니라, 법원에 대한 공산당의 지도와 통제를 강화하는 방향으로 추진되었다. 이런 면에서 보면 공산당의 법원개혁 지도는 개혁의 후퇴를 가져왔다고 볼 수 있다.[12]

이런 특징은 2006년 5월 공산당 중앙이 하달한 문건, 즉 〈법원 및 검찰원 업무 강화의 결정〉에 잘 나타난다. 이에 따르면, 법원과 검찰의 사업은 매우 중요하다. 왜냐하면, 이들은 "인민민주독재 국가기구의 중요한 구성 부분이고, 의법치국(依法治國) 방침을 관철하는 중요한 사명을 짊어

10 夏錦文, 「司法改革三十年」, 公丕祥 主編, 『回顧與展望: 人民法院司法改革研究』(北京: 人民法院出版社, 2009), pp. 56~58.

11 趙鋼・占善剛, 「淺議10年司法改革之得失」, 李林 主編, 『依法治國與深化司法體制改革』(北京: 中國科學文獻出版社, 2008), pp. 50~52.

12 王利平, 「司法改革無路可退」, http://www.law-star.com/cac/235029438.htm (검색일: 2010. 6. 10); 王利平, 「司法改革: 國家壟斷抑制民間參與?」, http://www.law-star.com/cac/235029441.htm (검색일: 2010. 6. 10).

지고 공산당의 집정 지위를 공고히 하고 국가의 장기적 통치의 안정을 유지하는 등에 큰 책임"이 있기 때문이다. 즉, 법원은 검찰이나 군처럼 프롤레타리아 독재를 위한 국가기구이며 공산당의 권력을 공고히 하는 수단일 뿐이다. 이런 입장에서, 법원은 "사회주의 조화사회 건설의 요구에 부응하여 개혁·발전·안정의 관계를 타당하게 처리하여, 시종일관 안정이 모든 것에 우선한다(穩定壓倒一切)는 방침을 견지하여, 전면적 소강사회(小康社會) 건설의 순조로운 진행을 보장"해야 한다.[13]

이런 관점에서는 법원-공산당 관계의 재조정과 같은 법원개혁은 생각조차 할 수 없다. 이는 법원에 대한 공산당의 '절대영도'(絶對領導)를 강조하고, 경제발전, 국가안전, 사회안정의 수호에 법원이 커다란 역할을 해야 한다고 역설하는 최고법원 왕성쥔(王勝俊) 원장의 주장에서도 그대로 반복되고 있다.[14]

3) 중앙과 지방의 협력을 통한 개혁

1999년 제1차 5개년 법원개혁이 추진되기 전까지 법원개혁은 최고법원-지방법원 간의 관계라는 관점에서 보았을 때 세 가지 방식으로 추진되었다.[15] 첫째는 일부 지방법원이 개혁에 성공한 이후, 이를 다른 지방법원이 자발적으로 도입함으로써 전국적으로 확대되는 방식이다. 이 경우

---

13 中共中央文獻研究室 編, 『十六大以來重要文獻選編』(下)(北京: 中央文獻出版社, 2007), pp. 436~437.

14 王勝俊, 「高擧中國特色社會主義偉大旗幟, 努力開創人民法院工作嶄新局面」, 最高人民法院, 『人民法院改革开放三十年』, pp. 1~7.

15 李徵·欒振華, 「人民法院改革之回顧與前瞻」, 人民司法編輯部 編, 『中國司法改革十個熱點問題』(北京: 人民法院出版社, 2003), pp. 826~827.

법원개혁 과정에서 최고법원은 큰 역할을 하지 않았다. 산둥성(山東省) 소우광시(壽光市) 법원의 재판공정관리(審判流程管理) 제도의 도입과 전국적 확산, 베이징시(北京市) 하이뎬구(海澱區) 법원의 형사 약식재판(簡便審) 개혁과 전국적 확산이 대표적이다. 일부 지방법원이 개혁을 시도하는 계기는 둘 중의 하나였다. 하나는 자신의 필요에 따라 스스로 개혁하는 것이고 다른 하나는 상급법원이 시험 지역(試點)으로 선정하면서 개혁을 시작하는 것이다.

둘째는 일부 지방법원이 개혁 정책을 실시한 이후 최고법원이 이를 종합하여 전국적으로 확산시키는 방식이다. 이 경우 법원개혁은 지방법원의 자발적인 실천과 최고법원의 종합 및 확산이 결합하는 방식으로 추진되었다. 재판방식 개혁의 전면 추진이 대표적 사례이다. 구체적으로, 최고법원은 1996년 '전국 재판방식 개혁 업무회의'를 개최하여 그동안 각급 지방법원이 실시한 개혁의 경험을 종합했다. 이를 바탕으로 '세 가지 강화', 즉 법정 심리(審理)의 강화, 당사자 증거책임의 강화, 합의법정 기능의 강화를 핵심 업무로 선정했고, 동시에 이를 전국적으로 추진하기로 했다. 이어 1998년 6월 최고법원은 〈민사 및 경제 재판방식 개혁의 규정〉(關於民事經濟審判方式改革問題的若干規定)을 반포하여 당시까지 추진되던 개혁의 내용을 좀 더 규범화했다.

셋째는 주요 법률을 제정 또는 수정하여 법원개혁을 추진하는 방식이다. 이는 사실상 최고법원이 개혁을 주도한 것이다. 즉, 최고법원은 법원개혁을 강제적으로 추진하기 위해 전국인대(상무위원회)를 통해 법률을 제정하거나 수정하여 전국적으로 개혁을 추진했던 것이다. 1991년 〈민사소송법〉(1982년 제정)을 수정해 기존의 대륙법 계통의 직권주의(職權主義)에 영미법 계통의 당사자주의(當事者主義) 요소를 도입하는 방향으로 재판방식을 개혁한 것이 대표적인 사례이다. 이를 통해 재판은 소송당사자 쌍방이 주도하고 법관은 중립적으로 판결에 집중하는 역할로 축소되었다. 비슷하게 1996년 〈형사소송법〉(1979년 제정)이 수정되어 '공소·변론방식'(控辯式的庭審方式)이 재판에 도입되어, 공판 전에 사건을 심리하고 판결 내용을 결정하는 '선결정 후심리'(先定後審) 방식이 폐기된 것도 유사한 사례이다.

1999년 이후 3차에 걸쳐 실시된 법원개혁은 앞에서 살펴본 이전의 법원개혁과는 다르게, 공산당 중앙과 최고법원이 주도적으로 개혁 방안을 작성하고 이를 하향식으로 전국에 걸쳐 통일적으로 실시했다는 점에서 큰 특징이 있다. 이는 "전국 법원을 하나의 바둑판"(全國法院一盤棋)으로 간주하고, "통일영도와 장기계획의 작성(統一領導 制定規劃), 충분한 논증과 선행 시험(充分論證 先行試點), 위에서 아래로 층층이 추진한다"(自上而下層層推進)는 최고법원의 법원개혁 지도원칙에 잘 표현되어 있다.[16]

그런데 법원개혁이 지방에서 실제로 추진되면서, 이와 같은 중앙 주도의 하향식의 통일적인 개혁 방식은 일정한 수정을 겪을 수밖에 없었다. 각급 지방법원이 처한 조건이 매우 달라 특정 개혁 방안을 통일적으로 추진하는 것이 현실적으로 불가능했기 때문이다. 예를 들어, 경제가 발전한 연해지역은 상대적으로 재정이 풍부하기 때문에 엄격한 법관의 선발과 교육훈련이 가능하고, 이를 통해 법관의 직업화를 어느 정도 달성할 수 있다. 그러나 경제가 낙후된 내륙지역의 기층법원은 중앙에서 재정을 모두 지원하기 전까지는 법관의 전문화를 달성할 수 없다. 실제로 2005년의 한 기층법원 보고서를 보면, 장시성(江西省) 핑샹현(萍鄉縣) 법원에는 1993~2003년의 10년 동안 2년제 또는 4년제 정규 법대 졸업생이 단 1명도 법관으로 충원되지 않았다.[17] 이런 이유로 최고법원은 중앙의 통일적

16 周道鸞, 『司法改革三十年1978~2008: 我所經歷的人民法院改革』(北京: 人民法院出版社, 2009), p. 37.

인 계획 및 지도와 지방의 지역특성에 맞는 실천을 결합하는 방식으로 법원개혁의 추진 방식을 일부 바꾸어야만 했다. 다시 말해 지방 주도의 다양한 법원개혁의 실천을 허용한 것이다.

이를 잘 보여주는 것이 제3차 〈법원개혁 요강〉의 방침이다. 이에 따르면, 각급 법원은 우선 중앙의 전체적인 배치와 최고법원의 통일적 요구에 충실히 따라야 한다. 그러나 동시에 각급 법원은 '지역의 실제 상황에 맞게'(因地制宜), '종합적으로 고려하여'(統籌兼顧) 세부 실시 방안을 마련하여 추진할 수 있다. 단 실시 방안을 사전에 고급법원에 보고하여 비준을 받아야 한다. 또한 각급 법원은 법원개혁을 적극적으로 탐색하기 위해 각종 시험 실시를 추진할 수 있다. 그러나 이 경우에도 그 실시 방안을 최고법원에, 만약 그것이 중대한 내용을 담고 있는 것이라면 최고법원을 거쳐 공산당 중앙에 반드시 보고하고 비준을 받아야 한다.[18] 이처럼 중앙의 지도와 통제를 강화하는 한편 지방의 실험을 일부 허용하는 방식으로 법원개혁이 추진되고 있다.

제1차 〈법원개혁 요강〉이 지방에서 실제로 추진되는 모습을 보면, 중앙-지방 협력의 방식이 사용되고 있음을 알 수 있다. 한마디로 각급 지방법원은 중앙의 계획을 집행하되 현 단계에서 추진 가능한 내용을 우선 선정하고 그것을 중심으로 개혁을 추진했다는 것이다. 예를 들어, 제1차 법원개혁이 시작되면서 푸젠성(福建省)의 샤먼시(廈門市) 스밍구(四明區) 법원은 증인 법정선서(宣誓)제도, 선전시(深圳市)의 뤄후구(羅湖區) 법원은 주심법관(主審法官) 임명 및 법관 보조제도, 상하이시(上海市)의 제2(第二)중급법원은 합의법정에서 다른 의견이 제시되었을 때 이를 소수의견으로

---

17 淩雲・餘向陽, 「基層法院法官職業化任重道遠: 萍鄉基層法官隊伍現狀之基本考察」, 柳富華・柏敏 主編, 『法官職業化的運作與展望』(北京: 人民法院出版社, 2005), pp. 444~446.

18 「人民法院第三個五年改革綱要(2009~2013)」(2009년 3월).

판결문에 기재하는 불일치의견 기입(不同意見寫進判決書) 제도, 후베이성(湖北省)의 우한시(武漢市) 장한구(江漢區) 법원은 약식재판제도, 우한시의 우창구(武昌區) 법원은 재판위원회의 법정방청제도를 각각 도입했다.[19]

한편 법원개혁은 최고법원, 고급법원, 중급법원과 같은 상급법원보다 기층법원에서 더욱 활기차게 추진되고 새롭고 많은 개혁 조치가 실시되는 현상이 나타났다. 그리고 이런 기층법원에서의 개혁이 일정한 정도로 국가 전체의 법원개혁 추진에 자극제 역할을 한 것이 사실이다.[20] 이런 이유로 한 학자는 최근 법원개혁에서 나타나는 '지방 혁신'(local innovation)과 '상향식 발전'(bottom-up development)이 새로운 활력소가 되어 중국 법원의 발전에 큰 기여를 할 것이라고 기대한다.[21]

그런데 중앙-지방 협력의 방식에 문제를 제기하는 중국학자와 법조계 인사들도 적지 않다. 한마디로 법원개혁이 중앙이 계획한 방향으로 가는 것이 아니라 각급 지방법원이 하고 싶은 대로 추진된다는 것이다. 제1, 2차 〈법원개혁 요강〉이 발표된 이후 기층법원이 다양한 실험을 실시하면서 전국적으로 새로운 사상과 조치가 끊이지 않고 만개한 것은 좋다. 그러나 법원개혁이 전국적인 목표 유도와 종합적인 배치가 부족하면서 "동쪽 벽을 뜯어 서쪽 벽을 보완"(拆東墻 補西墻)하고, "두통이 있으면 머리를 치료하고, 다리통이 있으면 다리를 치료"(頭痛醫頭 脚痛醫脚)하는 임기응변식으로 진행되는 것은 문제라는 것이다. 여기에 더해 일부 개혁은 법률에 근거하지도 않고, 광범위한 사회 의견의 청취나 지역 주민의 이해 확대도 도모하지 않은 상황에서 일부 지방법원 지도부의 충동 때문에, 혹

19 康均心, 『法院改革研究: 以一個基層法院的探索為視點』(北京: 中國政法大學出版社, 2004), p. 25.

20 康均心, 『法院改革研究』, pp. 30~34.

21 Benjamin L. Liebman, "China's Courts: Restricted Reform," *China Quarterly*, No. 191 (September 2007), pp. 620~643.

은 승진을 위해 필요한 '정치적 업적'(政績)을 쌓기 위해 독단적으로 추진되고 있다.[22] 결국, 법원개혁은 사실상 중앙-지방 협력의 방식이 아니라 지방 독자의 방식으로 추진된다는 것이다.

이런 문제의식에서 법원개혁은 정치개혁의 중요한 요소이기 때문에 중앙이 주도하여 하향식으로 추진되어야 한다는 주장이 다시 제기되고 있다. 다만 개혁 내용(범위)에 따라서는 다르게 접근할 수도 있다고 한다. 예를 들어, 사소한 법원 업무 방식의 개혁과 미시적 측면의 개혁은 지역 특성에 맞게 각급 법원이 자율적으로 추진한다. 그러나 사법권의 조정, 법관 인사제도의 개혁, 재판권의 조정 등과 같은 거시적 측면의 개혁은 중앙이 통일적으로 추진해야 한다. 그 중간에 해당되는 각종 제도의 혁신은 중앙과 지방이 절충점을 찾아 어떤 것은 중앙이, 어떤 것은 지방이 주도하는 방식으로, 혹은 중앙이 계획하고 지방이 실천하는 현재의 방식으로 추진하자는 것이다.[23]

2. 법원개혁의 실시 사례

제1, 2, 3차 〈법원개혁 요강〉은 정도의 차이는 있지만, 전국적으로 추진되었거나 현재 추진하고 있다. 이를 통해 각 계획이 제기했던 개별적이고 구체적인 과제는 어느 정도 달성되었고, 이에 따라 법원개혁의 성과도 조금씩 가시화되고 있다. 중국학자들의 연구는 이런 개혁의 집행 결과를 잘 설명한다.[24] 따라서 여기서 이를 다시 반복하는 것은 큰 의미가 없다.

---

22 趙鋼・占善剛, 「淺議10年司法改革之得失」, 李林, 『依法治國與深化司法體制改革』, pp. 50~52.

23 蔣熙輝, 「司法改革九章」, 李林, 『依法治國與深化司法體制改革』, pp. 155~167.

대신 다섯 곳의 사례를 선택하여 법원개혁이 실제로 어떤 내용으로 어떻게 진행되었는가를 살펴볼 것이다. 다섯 곳 중에서 두 곳은 경제가 낙후된 내륙지역이고, 세 곳은 경제가 발전한 연해지역이다.

그런데 여기서 선택된 다섯 지역은 필자가 법원개혁의 비교적 충실한 실행 보고서를 확보할 수 있었던 곳이다. 대개 이런 지역은 법원개혁의 모범 사례에 속한다. 다시 말해, 대부분의 지역, 특히 경제가 낙후된 내륙지역과 소수민족 지역에서는 개혁이 이들 지역처럼 충실하게 추진되지 않았고, 그래서 기층법원을 중심으로 한 많은 법원은 현재에도 여전히 심각한 문제를 안고 있다.[25] 개혁 사례를 검토할 때에는 이 점에 주의해야 한다.

1) 산시성 황링현 기층법원과 룽현 기층법원의 사례

산시성(陝西省) 지역에서는 샤오양(肖揚) 원장이 주도했던 제1, 2차 법원개혁의 방침을 충실히 이행한 법원과 왕성쥔(王勝俊) 원장이 주도하는 제3차 법원개혁의 방침을 충실히 수행하는 법원이 순차적으로 등장하는 재미있는 현상이 나타났다. 전자는 산시성의 옌안시(延安市) 황링현(黃陵縣) 법원(기층법원)이 2003년부터 2007년까지 '법관제개혁'(法官制改革)이라는 이름으로 실행했던 소위 '황링현 모델'(黃陵模式)이다. 후자는 산시성의

24 周道鸞, 『司法改革三十年』, pp. 4~34; 蔣惠嶺, 「司法改革與司法公正」, 蔡定劍・王晨光 主編, 『中國走向法制30年: 1978~2008』(北京: 中國社會科學文獻出版社, 2008), pp. 129~160; 熊秋紅, 「中國司法改革30年」, 中國社會科學院法學研究所 編, 『中國法治30年: 1978~2008』(北京: 社會科學文獻出版社, 2008), pp. 196~217.

25 산시성(陝西省)과 간쑤성(甘肅省) 기층법원의 사례는 Stephanie Balme, "Local Courts in Western China: The Quest for Independence and Dignity," Randall Peerenboom, *Judicial Independence in China: Lessons for Global Rule of Law Promotion* (Cambridge: Cambridge University Press, 2010), pp. 154~176.

바오지시(寶鷄市) 룽현(隴縣) 법원(기층법원)이 2007년 하반기부터 현재까지 실행하고 있는 소위 '능동주의 소송 모델'(能動主義訴訟模式) 혹은 '1촌 1법관'(一村一法官) 방식의 개혁(이하 '룽현 모델')이다.[26]

두 모델의 개혁 방침은 정반대의 입장에 있다. 황링현 모델은 법원제도의 '3대 문제' 중에서 법원 운영의 행정화와 법관의 대중화를 해결하는 데 초점이 맞추어져 있다. 그래서 이를 추진한 원장과 이를 연구한 학자들은 이 모델의 최대 특징이 '탈행정화'(去行政化)라고 주장한다. 이런 점에서 황링현 모델은 제1, 2차 〈법원개혁 요강〉이 강조하는 법원 운영의 전문화(혹은 탈행정화)와 법관의 직업화를 잘 구현한 개혁이라고 할 수 있다. 이에 비해, 룽현 모델은 이를 비판하면서 '사법위민'(司法爲民: 국민을 위한 사법)의 군중노선에 입각하여 법관이 직접 현지(주로 농촌)로 찾아가 사건을 조사하고 판결한다는 방침에 서 있다. 한마디로 룽현 모델은 제2장에서 살펴본 '마시우 재판방식'(馬錫五審判方式)의 부활이다.

① 황링현 모델

황링현 모델은 2003년 초에 레이쥔(雷鈞)이 황링현 법원 원장에 부임하면서 개혁이 시작되었다.[27] 개혁 내용은 네 가지이다.[28] 첫째는 기존에 있던 3대 법정(審判庭), 즉 민사법정(民事庭), 형사법정(刑事庭), 행정법정(行政庭)의 구분을 없애고 '법관실'(法官室)을 신설하여 모든 법관을 여기에

26 劉治斌, 「基層法院改革對司法體制變革的可能貢獻: 以兩個基層法院的司法改革為例」, 『法律方法與法律思維』 2010年 6期, pp. 32~45; 楊子雲, 「法官制度改革的黃陵類型」, 『中國改革』 2007年 11期, pp. 23~27; 楊子雲, 「我就是想在法制史上留下名字」, 『中國改革』 2007年 11期, pp. 28~30.

27 참고로 황링현은 산시성 중부에 위치한 인구 12만 명의 농업 중심의 작은 현이다. 이 현의 관할구역 내에 중화민족의 시조로 알려진 황제(黃帝)의 무덤과 사당(陵廟)이 있다고 하여 현의 이름이 황링, 즉 '황제의 무덤과 사당'이다.

28 劉治斌, 「基層法院改革對司法體制變革的可能貢獻」, pp. 32~33; 楊子雲, 「法官制度改革的黃陵類型」, pp. 23~25.

소속시킨 것이다. 동시에 기존의 3대 법정 중심의 재판방식을 폐지하고 '주심법관'(主審法官)을 핵심으로 하는 재판운영 방식을 도입했다. 사건은 접수되는 순서대로 6명의 주심법관에게 배정되고, 주심법관은 자신의 책임하에 독립적으로 사건을 심리하고 판결한다.

둘째는 법관 선임제(法官遴選制)의 도입이다. 법원 내부에 법관선임위원회를 두고, 이 위원회에서 모든 법관 중에서 임기 4년의 주심법관을 선임한다. 주심법관은 법관선임위원회의 심사를 거쳐 연임할 수 있다. 셋째는 법관 보조제(法官助理制)의 도입이다. 각 주심법관에게는 1명의 법관보조(法官助理)와 1명의 서기(書記員)가 할당된다(소위 '1+1+1' 모델). 법관보조는 사건 수리와 전달, 법정 개회의 준비, 판결 서류의 처리 등 재판보조 업무를 담당한다.

넷째는 소송사건의 공정관리(案件流程管理)이다. 이는 업무 효율의 제고를 위한 정책으로, 사건수리법정(立案庭)이 사건을 접수한 이후 컴퓨터가 법관 번호에 따라 사건을 자동적으로 할당하여 원장 혹은 주관 정장(庭長)이 사건 배당에 개입하지 않도록 하는 것이다. 또한 사건의 접수·심리·판결·집행을 전문적으로 관리하는 기제를 만들어 판결 시한을 엄격히 관리한다.

황링현 법원이 개혁을 실시한 직접적인 이유는 세 가지이다. 첫째는 각 법정 간 업무량의 불균등 배분이다. 황링현 같은 농촌지역에서는 민사사건이 대부분이고 형사사건은 적으며 행정사건은 거의 없다. 현실은 이런 데 법원에는 민사법정, 형사법정, 행정법정이 설치되고 각 법정에는 2명의 법관이 배치되는 불합리한 현상이 있었다. 둘째는 법관 부족이다. 황링현 법원에는 총 51명의 직원이 있었고, 이 중에서 25명이 재판 업무를 담당했다. 그런데 25명 중에서 행정을 담당하는 간부(예를 들어, 원장)를 제외하면 8명의 법관, 이 중에서 2명은 향·진의 인민법정을 담당하

〈표 5-1〉 황링현 법원 재판위원회의 재판 개입 상황

연도	1999	2000	2001	2002	2003	2004	2005	2006
회의 개최 수	34	38	43	24	7	2	8	6
토론한 사건 수	142	172	148	113	12	3	5	4

〈출처〉 劉治斌, 「基層法院改革對司法體制變革的可能貢獻: 以兩個基層法院的司法改革為例」, 『法律方法與法律思維』 2010年 6期, p. 40.

〈표 5-2〉 황링현 법원의 재판 공정성 지표

연도	2001	2002	2003	2004	2005	2006
상소 사건(건)	58	64	49	31	35	29
2심 판결변경(改判)(건)	7	6	5	2	3	1
파기환송(發回重審)(건)	8	7	7	4	3	3
환송 및 변경률(發還改判率)(%)	25.9	20.3	24.5	19.4	17.1	13.8

〈출처〉 劉治斌, 「基層法院改革對司法體制變革的可能貢獻」, p. 40.

기 때문에 실제로는 6명의 법관이 8명의 법관보조의 도움을 받아 모든 재판을 담당했다. 그래서 6명의 법관을 민사법정, 형사법정, 행정법정에 각 2명씩 배정하면 합의법정 구성의 기본 요건인 3명의 법관도 채울 수 없는 상황이 발생했다. 셋째는 원장, 정장, 재판위원회가 층층이 판결을 비준하면서 업무의 효율이 떨어지고 책임 관계가 불분명해지는 문제이다.[29]

그런데 황링현 법원의 개혁을 주도한 레이쥔 원장에 의하면, 그가 개혁을 시작한 이유는 이보다 좀 더 심원하다. 한마디로 법원이 당면한 근본문제를 해결하여 "법원 역사에서 이름을 남기고 싶다"는 것이다. 그가 말하는 근본문제는 먼저, 법원이 처한 '법치 환경'이 열악하여 법적 권한을 제대로 발휘할 수 없다는 점이다. 또한 공산당과 정부 등 외부세력뿐만 아니라 원장 등 법원 내부세력이 재판에 개입하면서 법관의 독립적인 '법률

29 楊子雲, 「法官制度改革的黃陵類型」, p. 23; 楊子雲, 「我就是想在法制史上留下名字」, p. 28.

인격'이 보장되지 않는다는 점이다.[30] 결국, 그의 문제의식은 근본적인 개혁을 통해 법원제도의 3대 문제를 해결해야 한다는 것이다.

이와 같은 황링현 모델은 긍정적인 결과를 얻은 것으로 평가된다. 먼저, 재판위원회의 재판 개입이 축소되면서 주심법관이 자율적으로 사건을 판결했고, 그 결과 법관의 독립성이 크게 높아졌다. 〈표 5-1〉은 이를 보여준다. 또한 재판의 공정성을 보여주는 각종 지표도 호전되었다. 예를 들어, 상소(上訴), 2심 판결변경(改判), 파기환송(發回重審)이 줄었다는 것이다. 〈표 5-2〉는 이를 정리한 것이다. 그런데 이런 성과에도 불구하고, 2008년 레이쥔 원장이 다른 법원으로 전출 가면서 개혁이 중단되었다. 이는 2008년 왕성쥔 최고법원 원장이 취임하면서 법원개혁 방침이 바뀐 것과 관련이 있다.

② 룽현 모델

룽현 모델은 일곱 가지의 내용으로 구성된다.[31] 첫째, 사건의 접수・판결・집행의 3단계를 통합적으로 고려한다. 이는 사법부패의 방지를 위해 각 단계의 분리를 추진했던 제1, 2차 개혁의 폐지를 의미한다. 둘째, '1촌 1법관' 제도이다. 즉, 각 농촌 마을에 '법무실'(法務室)을 설치하고 1명의 법관을 할당하여 해당 마을의 소송 및 분규를 해결한다. 각 법무실은 법관, 재판참여원(參審員), 조정원(調解員)으로 구성된다. 셋째, 행정촌의 법무실에는 '소송조정 서비스센터'(訴調對接服務中心)를 설치하여 해당 마을의 소송과 조정을 담당한다. 넷째, 판례지도(案例指導)제도를 수립한다. 다섯째, 현지의 실제 상황을 결합하고 공공질서와 미풍양속을 적용하

30 楊子雲, 「我就是想在法制史上留下名字」, pp. 28~29.

31 룽현은 산시성 서부에 위치한 농업 중심의 현으로, 총인구 약 25만 명 중에서 약 22만 명이 농민이다.

여 사건을 재판 혹은 조정한다. 여섯째, 군중 의견의 청취를 재판절차에 포함한다. 일곱째, 인민배심원제도를 결합하여 재판참여원제도를 수립한다.[32] 여기서 알 수 있듯이, 룽현 모델은 법관이 법정을 벗어나 현지에 찾아가서 군중에 의거하여 사건을 조사하고 판결하는 마시우 재판방식의 복원이다.

룽현 모델의 출발점은 황링현 모델과는 달랐다. 룽현 법원은 재판에 대한 불만으로 주민들이 베이징(北京)까지 찾아가 집단청원(集體上訪)을 일삼는 곳으로 유명했다. 펑화(馮華) 신임 원장은 이 문제를 해결하기 위해 부임하자마자 '소송관련 집단청원 처리 특별활동'(處理涉法涉訴信訪問題專項活動)을 대대적으로 전개했고, 법원개혁은 그 일환으로 시작되었다. 그에 따르면, 법원개혁은 "인민의 관점"에서 "인민의 불만"을 해결하는 데 중점이 두어져야 하고, 이를 위해서는 법원의 전문화와 법관의 직업화를 목표로 하는 기존 방침은 폐기되어야 한다. 위에서 살펴본 룽현 모델의 기본 내용은 이런 방침을 충실히 담고 있다.[33]

룽현 모델은 목표로 했던 성과를 거두었다고 평가된다. 예를 들어, 2007년 10월부터 60일 동안 진행된 '특별활동'을 통해 적체되었던 사건의 84%가 해결되면서 지역 주민과 공산당 지도부로부터 칭찬을 받았다. 또한 '1촌 1법관' 제도를 실행한 2008년에는 상소율, 2심 판결변경률 등이 전년보다 많이 감소하였다. 이런 성과에 힘입어, 펑화 원장은 룽현 정법위원회 서기와 당위원회 상무위원으로 승진했고, 거기에 공안국장을 겸임하는 영예를 얻었다. 동시에 제3차 법원개혁이 시작되면서 룽현 모델을 산시성뿐만 아니라 전국에 걸쳐 보급한다는 방침이 결정되어 룽현 법원은 전국의 모범이 되었다.[34]

---

32 劉治斌, 「基層法院改革對司法體制變革的可能貢獻」, pp. 33~34.

33 劉治斌, 「基層法院改革對司法體制變革的可能貢獻」, pp. 35~37.

이상에서 보았듯이, 제1, 2차 〈법원개혁 요강〉에 충실했던 황링현 모델은 5년 동안의 추진 이후 중단되었다. 대신 제3차 개혁이 시작되면서 룽현 모델이 각광을 받고 있다. 이처럼 최근의 법원개혁은 개혁 방침이 급격하게 변경되었고, 이를 반영하여 기층법원의 실제 개혁도 완전히 다른 방향으로 추진되는 상황이 발생하고 있다. 특히 제3차 법원개혁이 기존의 개혁 성과를 부정하고 1930년대의 '인민재판' 방식으로 '후퇴'하고 있는 것은 심각한 문제가 아닐 수 없다.

2) 산동성 칭다오시 중급법원의 사례[35]

산둥성(山東省)의 칭다오시(青島市) 중급법원은 '법관 합의제개혁'(法官合議制改革)이라는 명칭으로, 법관제도의 개혁과 재판제도의 개혁을 결합한 법원개혁을 1999년부터 실시했다. 1990년대 초반부터 칭다오시 법원은 산둥성 법원개혁의 시험 지역으로 선정되었지만 여러 가지 이유로 개혁이 지연되었다. 이후 칭다오시 법원은 1998년 6월에 들어 법원개혁의 준비에 들어갔고, 1999년에는 개혁에 본격 착수했다.

개혁 내용은 먼저, 전체 105명의 법관 중에서 우수한 법관 33명을 선발하여 합의법정의 주심법관(主審法官)으로 임명했다. 이는 법관의 소질을 제고하기 위해 실제 재판을 담당할 수 있는 유능한 법관만이 재판을 담당하도록 하는 제도이다. 다시 말해, 이는 법관의 직업화 또는 엘리트화를 위한 중요한 조치이다. 주심법관은 합의법정의 책임자로서 배심법관과

34 劉治斌, 「基層法院改革對司法體制變革的可能貢獻」, pp. 40~41.

35 任群先, 「法官職業化在青島法院的演進與思考: 1999~2002年青島法院法官合議制改革調查報告」, 柳富華・柏敏 主編, 『法官職業化的運作與展望』(北京: 人民法院出版社, 2005), pp. 476~486.

서기의 도움을 받아 독자적으로 사건을 심리하고 판결한다. 또한 합의법정의 합의제도가 강화되었다. 이 제도하에서 주심법관과 배심법관의 책임과 권한은 동등하며, 이들은 토론과 협의를 거쳐 사건을 최종 판결한다.

마지막으로 원장・정장 등 법원 지도부의 사건 심의비준제도(案件審批制度)는 폐지되었다. 다시 말해, 법원 지도부는 법원행정 책임자로서의 역할만 담당하고, 재판권은 합의법정과 담당 법관이 행사하도록 조치했다. 원장과 정장도 사건을 판결할 수 있지만, 이는 자신이 특정 사건을 맡았을 경우에 한정했다. 그 밖에도 소송사건의 접수에서 심리・판결・집행 등 재판 전체의 과정을 과학적으로 관리하는 '사건심리 공정 관리'(案件審理流程管理) 제도가 도입되어 업무 효율이 높아졌다. 법원 내부의 감독제도도 강화되었다.

칭다오시 중급법원의 개혁은 기대한 성과를 거두었다고 평가된다. 단적으로, 법원개혁 이후 재판의 공신력이 높아졌고, 그 결과 상소율이 40% 정도 감소했다고 한다. 이렇게 해서 법원개혁의 '칭다오 모델'(青島模式)이 탄생했다. 그러나 동시에 칭다오 모델은 새로운 해결 과제를 제시했다. 바로 능력과 자질이 부족한 법관의 처리문제이다. 즉 105명의 전체 법관 중에서 단지 33명(전체의 31%)만이 주심법관에 선발되면서 다수 법관이 사실상 재판권을 상실했고 이들이 '법관 합의제개혁'에 반발했던 것이다. 이런 이유로 칭다오시 법원 관계자들은, 법관 직업화가 장시간을 필요로 하는 어려운 과제이며, 기존 법관의 이익을 침해하기 때문에 "고통이 따르고 반드시 대가를 지급해야 하는" 과제라고 조언했다.

3) 상하이시 황푸구 기층법원의 사례[36]

제1차 〈법원개혁 요강〉에서 보았듯이, 제1차 개혁의 중심 과제는 재판제도의 개혁이었다. 이에 따라 상하이시(上海市)의 황푸구(黃浦區) 법원도 재판방식의 개혁을 매우 중시했다. 여기서는 재판위원회, 합의법정, 단독법정의 직책과 권한을 분명히 규정함으로써 법관이 각각의 재판조직에서 법률에 근거하여 독립적으로 재판할 수 있도록 보장하는 것이 핵심이었다.

법관의 전문화와 직업화를 목표로, 재판제도의 개혁과 연계하여 법관제도의 개혁을 추진했다. 첫째, 법관 중심으로 인사관리제도를 개혁하여 행정 인허가방식의 관리체제를 개선했다. 여기에는 원장・정장의 사건 심의비준제도를 폐지하여 법관이 재판권을 독립적으로 행사할 수 있도록 보장하는 개혁도 포함된다. 둘째, 법관의 순환직무제도가 도입되었다. 구체적으로 각 합의법정은 재판장 임기제를 실시하여 임기가 종료되면 재판장이 교체될 수 있도록 했다. 여기서 합의법정의 재판장은 다른 법관의 민주적 추천이나 자천(自薦)을 통해 선임되었다. 이와 함께 합의법정의 재판장과 배석법관이 서로 지목하여 선택할 수 있도록 하는 제도도 도입되었다. 셋째, 다양한 법관 감독과 징계제도가 개선되었고, 법관의 교육훈련도 강화되었다.

한편 황푸구 법원은 재판 업무의 효율적 처리를 위해 법원 관리제도를 개혁했다. 여기에는 사무 자동화와 현대화, 소송절차의 공정 관리 등이 포함된다. 또한 집행난의 해결을 위한 다양한 제도가 새로 도입되었다. 핵심은 실제 집행 능력을 강화하는 것이다. 집행 기한제도의 도입, 집행법정(執行庭) 재판장 책임하에 협력 집행제도의 수립, 재산조사 전문

---

36 嚴勵, 『思考與言說: 法治的理論與實踐』(北京: 法律出版社, 2008), pp. 140~173.

기관의 건립 등이 이에 속한다. 마지막으로 사법부패의 방지를 위해 법원 감독기제를 개선했다. 공개재판 원칙의 철저한 실시, 방청제도의 도입, 의회・정협(政協)・검찰 감독의 적극 수용, 언론매체와 사회 감독의 강화 등이 그것이다.

5년에 걸친 제1차 법원개혁을 통해 황푸구 법원은 법원 내외에서 소기의 성과를 거두었다고 평가된다. 법원의 재판독립과 법원 감독의 균형 있는 기제의 수립, 법원의 재판 업무와 행정 업무 관계의 정확한 처리, 법원 관리의 현대화, 법관의 전문성 강화와 엘리트화 실현 등이 법원 내부의 중요한 개혁 성과로 거론된다. 법원 외부의 성과로는 법원 판결 집행률의 향상, 법원에 대한 국민의 신뢰도 제고 등이 제기된다. 마지막으로 황푸구 법원은 이런 개혁의 경험을 정리하면서, 법원개혁의 급선무는 재판방식의 개혁이고, 이를 위해서는 법관 전문화를 통해 법관의 소질을 개선하는 것이 필요하다고 제언했다.

4) 광둥성 선전시 옌톈구 기층법원의 사례

제2차 5개년 법원개혁 기간에 광둥성(廣東省)의 선전시(深圳市) 옌톈구(鹽田區) 법원(기층법원)에서 실시된 개혁을 살펴보자.[37] 옌톈구 법원도 '주심법관 책임제'(主審法官負責制)라는 명칭으로 재판제도의 개혁과 법관제도의 개혁을 결합한 법원개혁을 추진했다. 먼저, 전체 21명의 법관 중에서 9명의 '주심법관'이 선출되었다. 주심법관은 법률시험, 재판 능력의 평가, 동료 법관의 평가, 공산당의 조직 심사 등을 거쳐 "업무에 정통하고 경험

37 陳瑞華, 「司法裁判的行政決策模式: 對中國法院'司法行政化'現象的重新考察」, 李林, 『依法治國與深化司法體制改革』, pp. 76~80.

이 풍부하며 태도가 우량한" 법관들이 선발되었다. 9명의 주심법관 중에서 재판 담당은 6명(형사재판 1명, 민사재판 4명, 행정재판 1명)이고, 2명은 판결 집행, 1명은 소송 접수의 업무를 담당했다.

다음으로 9명의 주심법관은 각기 독립적인 '주심법관 사무실'(辦公室)을 개설했다. 각 사무실에는 주심법관 이외에 2명의 보조법관(跟案法官), 1명의 법관보조(法官助理), 1명의 서기(書記)가 한 조로 근무한다. 여기서 주심법관은 전체 재판을 책임지고, 보조법관은 증거를 조사하고 합의법정의 심리에 참여하며, 판결문의 초안을 작성하는 등의 업무를 담당한다. 법관보조는 문서수발, 법정(法庭) 정리, 서류 복사 등의 보조 업무, 서기는 법관보조의 지도하에 법정기록을 담당한다.

주심법관 책임제도의 핵심 내용은 두 가지이다. 첫째, 주심법관이 독립적으로 재판권을 행사한다. 재판위원회가 중요하고 민감한 소송사건을 결정하는 것을 제외하면, 나머지 소송사건은 주심법관이 독립적으로 심리하고 판결한다. 둘째, 법원의 행정관리 직능과 재판 직능의 분리이다. 법원의 원장・부원장, 정장・부정장 중에서 주심법관을 맡은 사람을 제외하고는 모두 보조법관의 역할만을 담당한다. 이렇게 함으로써 법원 지도부는 행정관리의 업무를 주로 맡고, 더 이상 주심법관의 재판을 통제하고 관리하는 역할을 맡지 않는다.

옌텐구 법원의 주심법관 책임제는 실행 1년 만에 긍정적인 결과를 얻었다고 평가된다. 상소율과 판결변경률 등 모든 재판 관련 지표가 호전되었다는 것이다. 그런데 이 개혁도 새로운 과제를 제시했다. 먼저, 주심법관이 법원의 새로운 '지도부'가 되면서 보조법관은 독립적인 재판권을 박탈하는 문제가 발생했다. 이로써 주심법관 책임제는 합의제의 원래 의의를 크게 퇴색시켰다. 또한 주심법관이 사실상 법원 원장이나 정장이 보유했던 사건 심의비준권을 행사하는 현상이 발생했다. 즉, 보조법관이 사건을 심리하고 판결 초안을 정리한 다음 주심법관의 비준을 받아 최종 판결하는 방식이 원장·정장의 사건 심의비준제도와 크게 다르지 않다는 것이다. 결국, 이 제도도 일정한 성과를 거두었지만, 법원 운영의 행정화 문제를 극복하지는 못했다고 평가된다. 이 문제는 진정한 법관독립을 통해서만 달성될 수 있다는 것이다.

3. 소결

1999년부터 실시되고 있는 최근의 법원개혁은 이전 개혁과는 다른 몇 가지 특징이 있다. 우선, 점진적이며 장기적인 개혁이라는 특징이 있다. 첫째, 최근의 법원개혁은 점진적 접근법을 채택하고 있다. 이는 법원-공산당, 법원-정부 관계와 관련된 체제 문제를 급진적으로 해결하기보다는, 현 단계에서 해결 가능한 법원 내부의 기술적이고 절차적인 문제를 개별적으로 해결하는 방식이다. 둘째, 최근의 법원개혁은 장기적인 개혁으로 추진되고 있다. 정부개혁이나 의회개혁과는 달리 법원개혁은 15년에 걸쳐 체계적인 5개년 계획을 수립하고 추진되고 있다는 것이다.

또한, 최근의 법원개혁은 공산당 주도의 개혁이라는 특징이 있다. 이에 비해 1980년대와 1990년대에 일부 지방에서 추진된 개혁은 법원 자체의 필요성에 의해 추진된 법원에 의한 개혁이었다. 공산당의 법원개혁 주도는 〈법원개혁 요강〉의 작성, 중앙 사법체제개혁 영도소조의 법원개혁에 대한 총괄 지도 등에서 확인할 수 있다. 공산당이 법원개혁을 주도하면서 개혁이 전보다 더욱 힘 있게 추진된다는 장점이 있다. 그런데 이와 함께 몇 가지 문제도 나타났다. 공산당 중앙이 형식적으로만 법원개혁을 중시한다는 문제, 법원개혁의 대상인 공산당이 개혁의 주체가 되면서 법원-공산당 관계의 조정과 같은 과제는 개혁에서 제외되었다는 문제 등이 바로 그것이다.

마지막으로, 최근의 법원개혁은 중앙과 지방의 협력을 통해 추진되고 있다는 특징이 있다. 최고법원과 공산당 중앙은 하향식 원칙에 따라 중앙의 통일적인 지도하에 전국적으로 유사한 내용의 법원개혁을 추진하는 방식을 주장했다. 그러나 실제로는 지방법원이 중앙이 제정한 계획 중에서 실행 가능한 정책을 중심으로 선택적으로 개혁을 추진하는 방식이 나타났다. 이렇게 되면서 법원개혁은 중앙의 정책 결정과 지도, 지방의 선택적 집행과 실험이라는 상호 협력적인 방식으로 추진되게 되었던 것이다.

한편 몇 가지 사례를 통해 최근의 법원개혁이 일정한 편차를 보이면서 추진되고 있다는 사실을 알 수 있다. 이는 시간적 편차, 즉 제1, 2차 개혁과 제3차 개혁의 차이와 함께 지역적 편차도 동시에 나타나고 있다. 먼저, 산시성 황링현 법원개혁은 제1, 2차 〈법원개혁 요강〉에 나타난 소위 '샤오양식 개혁모델'의 충실한 집행이다. 재판제도 개혁과 법관제도 개혁을 중심으로 황링현 법원은 법정조직의 재편, 법관 선임제와 법관 보조제의 도입, 소송사건의 공정 관리를 추진했다. 이에 비해 산시성 룽현 법원개혁은 제3차 〈법원개혁 요강〉에 나타나는 왕성쥔 원장의 방침을 충실히 집행한 것이다. 즉 룽현 법원은 사건 접수·판결·집행의 통합 운영, '1촌 1법관 제도'의 도입, 판례지도제도의 수립, 현지재판과 군중참여재판의 실행 등을 통해 마시우 재판방식을 복원했다. 이는 제1, 2차 법원개혁의 부정이며 동시에 법원개혁의 후퇴이다.

그 밖에도 산둥성 칭다오시 중급법원은 '법관 합의제개혁'의 명칭으로 법관제도 개혁과 재판제도 개혁을 결합한 법원개혁을 추진했다. 상하이시 황푸구 법원도 재판제도 개혁을 중심으로 법관의 재판권을 강화하고 재판 효율을 제고하는 개혁을 추진했다. 광둥성 선전시의 옌텐구 법원은

'주심법관 책임제'라는 명칭으로 재판제도의 개혁과 법관제도의 개혁을 결합한 법원개혁을 추진했다. 이런 개혁은 기존 법관 중에서 유능한 법관을 선발하여 재판 업무를 전담시킴으로써 재판의 공정성과 효율성을 제고하려고 시도했다는 특징이 있다. 다만 이런 개혁도 무능한 법관의 문제나 행정 방식의 재판 운영 문제를 해결하지는 못했다는 한계가 있다.

제6장

법원개혁의 평가

1. 법원개혁의 평가

2. 법원개혁의 문제점

3. 소결

1999년 시작된 법원개혁은 현재도 진행 중이다. 이 장에서는 제1차와 제2차의 법원개혁에 초점을 맞추어 실제 진행된 개혁의 성과와 한계를 검토할 것이다. 제3차 법원개혁은 2009년에 시작되었기 때문에 현 단계에서 이를 평가하기에는 아직 이르기 때문이다. 우선 중국 법원이 직면한 '3대 문제'를 기준으로 법원개혁의 추진 결과를 평가할 것이다. 또한 법원개혁이 실제 추진되는 과정에서 발생한 몇 가지 중요한 문제와 한계를 검토할 것이다. 이를 통해 최근의 법원개혁이 어떤 성과를 거두었고 동시에 어떤 문제와 한계를 갖고 있는가를 이해할 수 있을 것이다.

1. 법원개혁의 평가

법원개혁은 법원이 당면한 '3대 문제', 즉 사법권의 지방화, 법원 운영의 행정화, 법관의 대중화 문제의 해결을 주된 목표로 추진되기 시작했다. 이는 제1차 〈법원개혁 요강〉에서 제시된 것이다. 비록 중간에 법원개혁의 공식 목표가 변화되었지만, 개혁이 3대 문제를 해결해야 한다는 데에는 이견이 있을 수 없다. 따라서 법원제도의 3대 문제를 얼마나 효과적으로 해결했는가를 기준으로 최근 법원개혁의 성과와 문제점을 평가할 수 있다.

1) 사법권의 지방화 문제

(1) 해결책: 법원독립

사법권의 지방화 문제를 해결하기 위해 그동안 중국학자와 법조계 인사가 제기한 주장을 살펴보자. 법원의 '세 가지 종속' 문제를 해결하는 근본적인 방법은 현재의 법원-공산당, 법원-정부 관계를 근본적으로 개혁하여 법원이 인사·재정·재판 영역에서 공산당과 정부의 간섭으로부터 완전히 독립하는 것이다. 즉, 법원이 법관의 인사권과 재판권을 독립적으로 행사하고, 예산도 법원이 편성 및 집행하는 것이다. 그런데 이런 '근본적인' 법원개혁은 최소한 현재 상황에서 보면 공산당 일당제의 권위주의 정치체제가 개혁되지 않는 한 실현될 가능성이 거의 없다.

그래서 현재 실행이 가능한 방안으로 다수의 중국 학계와 법조계 인사들은 '수평 영도 위주'(條塊結合塊塊爲主)의 현행 지도체제를 '수직 영도 위주'(條塊結合條條爲主)의 지도체제로 개혁할 것을 주장한다. 이런 주장은 1999년 제1차 〈법원개혁 요강〉이 발표되기 전에 많은 법원 관계자들에 의해 제기되었다. 1999년 5월에 개최된 한 법원개혁회의에서 당시 최고법원 부원장과 윈난성(雲南省) 고급법원 법관이 발표한 논문은 이를 잘 보여준다.[1] 이후에도 법원개혁과 관련하여 이런 주장은 지속되고 있다.[2]

---

1 崔敏, 「論司法權力的合理配置: 兼談檢察院制度改革的構想」, 信春鷹·李林 主編, 『依法治國與司法改革』(北京: 中國法制出版社, 1999), pp. 368~383; 王懷安, 「關於法院體制改革的初探」, 信春鷹·李林, 『依法治國與司法改革』, pp. 440~450.

2 張箭, 「中國獨立審判體制改革探討」, 人民司法編輯部 編, 『中國司法改革十個熱點問題』(北京: 人民法院出版社, 2003), pp. 39~40; 李徵·欒振華, 「人民法院改革之回顧與前瞻」, 人民司法編輯部, 『中國司法改革十個熱點問題』, pp. 824~853; 譚世貴, 『司法獨立問題研究』

먼저, 공산당이 법원의 인사권을 행사하는 현행 제도의 개혁이다. 구체적으로 현행의 '동급'(同級) 당위원회가 동급법원의 인사권을 행사하는 것을 '상급'(上級) 당위원회와 법원이 행사하도록 바꾸는 것이다. 그 결과 법원 인사권의 행사는 '2중 구조'가 된다. 우선 최고법원 원장과 대법관의 인사권은 현행처럼 공산당 중앙이 행사한다. 즉, 중앙 조직부가 전국인민대표대회(全國人民代表大會/전국인대) 및 전국인대 상무위원회에 최고법원 원장과 대법관 후보를 추천하면 전국인대가 원장을 선출하고 전국인대 상무위원회가 대법관을 임명한다. 다음으로 고급법원, 중급법원, 기층법원 원장과 법관의 인사권은 일괄적으로 고급법원이 행사한다. 즉, 고급법원이 동급 당위원회의 지도하에 관할지역(성・직할시・자치구) 전체 법관의 인사권을 행사한다.

아니면 이와는 세부적인 방식은 다르지만, 기본 정신은 같은 새로운 인사제도를 도입할 수 있다. 즉, 최고법원은 고급법원, 고급법원은 중급법원, 중급법원은 기층법원의 인사권을 행사하는 '간부 아래1급 관리'(幹部下管一級) 제도를 채택할 수 있다는 것이다. 핵심은 지방 당위원회가 동급법원의 인사권을 행사하지 못하도록 하는 것이다. 이를 통해서만 법원의 공산당 종속, 이에 따른 지방 보호주의 현상이 해소될 수 있기 때문이다. 물론 법조계 인사들이 희망하는 최종 목표는 최고법원이 전국 법원의 인사권을 통일적으로 행사하는 것이다.

이런 구상은 실제로 시험 실시(試點)된 적이 있다. 구체적으로, 1989~1999년의 10년 동안 헤이룽장성(黑龍江省)의 무단장시(牡丹江市), 지시시(雞西市), 수이화지구(綏化地區)의 3개 중급법원과 그 산하의 29개 기층법원(총 2,651명의 법관)은 공산당 중앙 조직부와 최고법원의 요구로 법관 인사제도를 개혁했다. 개혁 내용은 동급 공산당 위원회의 인사권을 상급

(北京: 法律出版社, 2004), pp. 105~110.

법원에 이관하는 '간부 아래1급 관리' 제도의 도입이었다. 이 제도에 따라, 헤이룽장성 고급법원은 중급법원 법관의 인사권과 기층법원 원장·부원장의 인사권을, 중급법원은 기층법원 일반 법관의 인사권을 행사했다. 세부 절차는 상급법원 당조(黨組, party group)가 인사 후보자를 검토하여 하급법원 당조에 명단을 제시한다. 그러면 하급법원 당조는 동급 당위원회의 비준을 받아 동급 지방의회에 명단을 제출한다. 마지막으로 동급 지방의회는 법정절차에 따라 법원 원장을 선출하고 법관을 임명한다.

10년에 걸친 상급법원의 하급법원 법관 관리 실험은 공정하고 독립적인 재판과 집행의 실현이라는 면에서 커다란 성과가 있었다고 한다. 한마디로 지방 보호주의의 타파에 의미가 있었다는 것이다. 우선 상급법원이 임명한 법관은 해당 지방의 경제이익이나 기타 비법률적 요소를 고려하지 않고 사건을 판결하는 경향이 강했다. 이는 행정소송에서 특히 두드러지게 나타났다. 또한 법원 판결의 집행률도 다른 지역의 법원보다 높게 나타났다. 다시 말해 법관 인사제도의 개혁이 법원 집행난(執行難)의 해결에도 도움이 되었다는 것이다.

이런 법원개혁의 성과를 바탕으로 헤이룽장성 고급법원은 현행의 '수평 관리 위주'(塊塊管理爲主)의 법원 인사제도를 '수직 관리 위주'(條條管理爲主)로 개혁할 것을 제안했다. 이와 같은 법원의 인사제도 개혁을 성 전체에 걸쳐 확대 실시할 것을 건의했다.[3] 그러나 헤이룽장성 고급법원의 건의는 공산당의 거부로 결국 채택되지 못했다. 동시에 지난 10년 동안 실시되었던 시험 실시도 종결되었다.

공산당의 법원 지도는 지방 당위원회, 직접적으로는 정법위원회(政法委員會)가 동급법원을 지도하는 현행 '수평 영도'(塊塊領導) 체제에서, 법원

3 黑龍江省高級人民法院, 「本著積極慎重穩妥的精神探索幹部管理體制改革試點工作」, 最高人民法院研究室 編, 『人民法院五年改革綱要』(北京: 人民法院出版社, 2000), pp. 335~343.

내에 있는 공산당 계통을 통해 최고법원이 지방법원을 지도하는 '수직 영도'(條條領導) 체제로 개혁해야 한다는 주장이 중국 학계와 법조계의 다수 의견이다. 구체적으로 최고법원에 '중앙 사법업무위원회'(中央司法工作委員會)나 '중앙 사법조정위원회'(中央司法協調委員會)와 같은 새로운 공산당 지도조직을 설치한다. 동시에 각급 지방법원에는 현재의 당조를 대신해서 활동 범위가 넓고 상하 조직 간의 협력을 중시하는 당위(黨委)를 설치한다. 공산당의 법원 지도는 바로 이런 법원 내의 공산당 지도조직을 통해 이루어진다. 이 과정에서 하급법원의 당위는 상급법원의 당위, 궁극적으로는 최고법원의 새로운 공산당 지도조직에 복종한다. 대신 지방 당위원회에 설치된 현재의 정법위원회는 모두 폐지한다. 다만 중앙정법위원회는 전체 정법사업을 지도해야 하므로 유지한다.[4]

한편 소수이기는 하지만 중국학자 중에서 법원의 수직 영도 체제로의 개혁을 비판하는 의견도 있다. 이에 따르면, 수직 영도 체제에서는 상하 법원 관계가 '영도관계'(領導關係), 즉 종속관계가 되는데, 이는 현행 헌법에서 규정하고 있는 '감독관계'(監督關係)와 다른 것이다. 다시 말해, 수직 영도 체제로의 개혁은 위헌(違憲)이다. 또한 법원체제는 정부체제와는 달리 심급제도(審級制度)가 있기 때문에, 상하 법원이 독립적으로 운영되어야 한다. 만약 상하 법원 관계가 감독관계에서 영도관계로 개혁되면 현행 '2심종심제'(兩審終審制)에 의해 실행되고 있는 상소(上訴)는 의미가 없다. 마지막으로 현 단계 법원독립에서 중요한 것은 외부독립이 아니라 내부독립, 즉 법관의 독립재판권을 보장하는 것이다. 이 문제는 외부독립을

4 周永坤, 「司法制度改革論綱」, 劉海年・李林・張廣興 主編, 『依法治國與廉政建設』(北京: 中國法制出版社, 1999), pp. 468~470; 崔敏, 「論司法權力的合理配置」, 信春鷹・李林, 『依法治國與司法改革』, pp. 368~382; 張箭, 「中國獨立審判體制改革探討」, 人民司法編輯部, 『中國司法改革十個熱點問題』, pp. 39~40; 譚世貴, 『司法獨立問題研究』, pp. 134~142.

달성해도 여전히 남는다.[5]

공산당이 법원 인사권을 행사하고 재판에 개입하는 현행 체제를 개혁해야 한다는 주장에 대해, 최고법원・국무원・공산당의 지도자들은 대체적으로 부정적인 입장을 보인다. 제3차 법원개혁 이후에는 이런 비판의 목소리가 한층 강화되고 있다. 예를 들어, 최고법원 왕성쥔(王勝俊) 원장은 2008년에 출판된 몇 편의 글에서 "법원 업무는 시종일관 공산당의 절대영도하에 당의 기본이론・노선・강령・경험을 자각적으로 견지하고, 당의 노선 방침을 자각적으로 관철하며, 사상적・정치적・행동적으로 당중앙과 고도의 일치를 유지하여, 사법 활동에 대한 당의 효과적인 영도를 보장해야 한다"고 주장했다.[6] 이 주장에 따르면 법원은 군(軍)이나 경찰처럼 현행 체제하에서 공산당의 "절대영도"를 받아야 한다. 따라서 현행 공산당 지도체제에 대한 개혁은 생각조차 할 수 없다. 이와 유사하게 국무원(國務院) 사법부(司法部) 연구실 책임자도 2008년 4월에 개최된 한 법원개혁 회의에서 사법 업무에서 공산당의 "절대영도"를 보장하는 것이 기본이고, 이는 "우리들의 헌법"이라고 주장하면서 공산당 지도체제의 개혁 요구를 비판했다.[7]

물론 공산당의 이런 비판은 이전에도 있었다. 예를 들어, 1999년에 개최된 한 법원개혁 회의에서 산둥성(山東省)의 칭다오시(青島市) 정법위원회 서기는 현재의 심각한 사법부패를 해소하고 사법공정을 이룩하기 위

---

5 韓波, 『法院體制改革研究』(北京: 人民法院出版社, 2003), pp. 241~245.

6 王勝俊, 「高舉中國特色社會主義偉大旗幟, 努力開創人民法院工作嶄新局面」, 最高人民法院 编, 『人民法院改革开放三十年: 1978~2008』(北京: 人民法院出版社, 2008), pp. 1~7; 王勝俊, 「深入貫徹落實黨的十七大精神, 扎實做好人民法院各項工作」, 『求是』 第16期 (2008년 8월), http://theory.people.com.cn/GB/49169/49171/7681586/html (검색일: 2008. 9. 20).

7 王公義, 「深化司法體制改革的整體思路與實施路徑」, 李林 主編, 『依法治國與深化司法體制改革』(北京: 中國科學文獻出版社, 2008), pp. 427~436.

해서는 사법독립이 아니라 “사법제약”(司法制約)이 필요하다고 역설했다. 사법독립과 사법제약은 사법공정이라는 목표를 달성하기 위한 수단일 뿐이라는 것이다. 또한 사법제약을 위해서는 정법위원회가 법원의 중대사건 판결에 개입하는 것이 필수적이다. 특히 현재처럼 법관의 소질이 낮은 조건에서 사법독립을 주장하는 것은 “일종의 사치”이며, 사법제약을 논하지 않는 것은 “직무유기이고 사법부패의 용인”이라고 강하게 비판했다.[8]

마지막으로 많은 중국 학계와 법조계 인사들은 법원 재정을 ‘동급’ 지방정부의 재정에서 충당하는 현행 제도를 고쳐 최고법원이 일괄적으로 전국의 법원 재정을 편성하여 분배하는 방식을 채택해야 한다고 주장한다. 한 연구에 의하면 이것은 충분히 가능하다. 예를 들어, 2002년 전국의 법원 재정 총액은 176억 위안(元)이었다. 이 중에서 법원이 소송비 징수를 통해 확보한 재정이 98억 위안이고, 정부가 지원한 재정은 78억 위안이다. 만약 전국의 법원 소송비 수입을 모두 중앙 재정에 납입하면 중앙 재정이 전국 법원에 지급해야 하는 금액은 78억 위안이고, 이는 2002년도에 중앙이 지방에 교부한 재정 지출 총액 7,362억 위안의 1%에 불과하다. 다시 말해, 법원 재정은 중앙 재정에 큰 부담이 되지 않는 규모이다.[9]

만약 현저한 지역편차나 다른 이유로 최고법원이 전국 법원의 재정을 일괄 편성하고 집행하기 어렵다면 2단계로 나누어 실행할 수도 있다고 주장한다.[10] 먼저, 최고법원의 재정은 최고법원이 예산안을 작성하여 전

---

8 鄒川寧, 「司法獨立與司法制約」, 信春鷹・李林, 『依法治國與司法改革』, pp. 184~189.

9 江蘇省南通市中級人民法院, 「法院經費保障各個初論」, 『回顧與展望』, pp. 572~585.

10 韓波, 『法院體制改革研究』, pp. 276~277; 張堅, 「關於改革與完善人民法院經費保障體制的實證研究」, 公丕祥, 『回顧與展望』, pp. 560~562; 喬生彪, 「法院管理體制之症及改革」, 孫謙・鄭成良 主編, 『司法改革報告: 中國的檢察院・法院改革』(北京: 法律出版社, 2004), pp. 270~271; 郭紀勝, 「關於司法經費保障體制改革的若干問題」, 孫謙・鄭成良, 『司法改革報告』, pp. 341~342.

국인대의 비준을 받아 집행한다. 반면 지방법원의 재정은 고급법원이 일괄적으로 성급(省級) 관할지역(성·직할시·자치구) 전체의 법원 예산을 편성하여 성급 지방인민대표대회(地方人民代表大會/지방인대)의 비준을 받은 후에 중급법원과 기층법원에 분배한다. 이렇게 하면 예산 편성 및 집행과 관련하여 법원이 더는 동급의 지방정부에 종속되지 않는다. 법원의 재정독립이 달성된다는 것이다. 또한 이렇게 할 경우 법원은 안정적으로 재정을 확보함으로써 업무를 제대로 추진할 수 있고, 법관 임금과 활동비도 제대로 지급할 수 있어 법관은 더욱 적극적으로 업무에 임할 수 있게 될 것이다. 뿐만 아니라 이 방향으로 개혁이 이루어진다면 사법부패도 감소할 것이다.

(2) 개혁 평가

이상에서 살펴본 중국학자들과 법조계 인사의 의견을 기초로 지금까지 추진된 법원개혁의 성과를 살펴보자. 앞에서 보았듯이, 이 문제의 핵심은 공산당의 법원 인사권과 재판권의 행사, 지방정부의 법원 재정권의 행사에 의해 초래되는 지방 보호주의의 문제를 해결하는 것이다. 이를 위해서는 인사·재정·재판과 관련된 법원의 다양한 지도체제를 현행 '수평 영도'에서 '수직 영도' 체제로 개혁해야 한다는 의견이 중국 학계와 법조계의 다수 의견이었다. 결론적으로 이런 학계와 법조계의 주장은 지금까지 수용되지 않았고, 앞으로도 단기간 내에 이것이 수용될 가능성은 크지 않다.

제1차 〈법원개혁 요강〉에서는 '3대 문제'가 존재하고 궁극적으로는 법원개혁을 통해 이를 해결해야 한다고 '묵시적으로' 주장하고 있다. 다만 이것을 당장 개혁할 수 없으므로 현 단계에서는 문제 해결을 위해 '탐색한다'고 규정했다. 이는 제2차 〈법원개혁 요강〉으로 이어졌다. 그런데

2009년 제정된 제3차 〈법원개혁 요강〉에서는 이에 대한 언급조차 없다. 이렇게 되면서 법원개혁은 '3대 문제'의 해결과는 어떤 관련도 없게 되었고, 대신 공산당의 통치기반을 강화하고 '사법위민'(司法爲民: 국민을 위한 사법)을 실현하기 위한 목적에서 추진되는 것으로 성격이 바뀌었다. 결국 법원개혁은 사법권의 지방화 문제 해결을 개혁에서 제외했던 것이다.

다만 제3차 〈법원개혁 요강〉은 제1, 2차 〈법원개혁 요강〉이 미래의 과제로 미루었던 재정 문제를 본격적으로 제기한 특징이 있다. 그 내용은 '행정 경비의 보장제도'와 함께 '법원 경비의 보장제도'도 마련한다는 것이다. 또한 이를 통해 법원 재정의 전액을 보장할 수 있도록 중앙과 각급 지방정부가 부담 비율을 조정하는 정책을 추진한다는 것이다. 그런데 여기에는 법원의 재정을 정부가 아니라 법원이 편성하고 집행한다는 규정이 없다는 문제가 있다. 다시 말해, 현재 계획대로라면 법원의 재정은 여전히 정부가 관리하고, 정부로부터의 재정독립은 여전히 달성될 수 없다. 또한 제3차 〈법원개혁 요강〉에 의하면, 중앙과 지방이 법원 재정의 부담을 구체적으로 어떻게 분담할지에 대한 구체적인 규정이 없어서 실제 정책이 어떻게 추진될 수 있을지는 알 수 없다는 문제가 있다.

2) 법원 운영의 행정화

(1) 해결책: 법관독립

법원 운영의 행정화가 초래하는 문제를 해결하는 올바른 방향은 법관의 독립, 즉 법관의 지위를 보장하고 독립적인 재판권을 인정함으로써 진정한 사법독립을 이룩하는 것이다. 그런데 법관의 낮은 소질, 만연한 사법부패, 법원과 법관에 대한 국민의 불신, 법원의 낮은 정치적 지위 등 여러 가지 현실적 이유로 이를 현 단계에서 일거에 달성할 수 없다. 이 때문에 중국 학계와 법조계에서는 이러한 현실을 고려하여 몇 가지의 실행 가능한 개혁 조치를 제시하고 있다.

대부분의 중국학자와 법조계 인사들은 사건 담당자제도(案件承辦人制度), 원장・정장의 사건 심의비준제도(案件審批制度), 상하 법원 간의 사건 지시요청보고제도(請示彙報制度)를 폐지 또는 전면적으로 수정할 것을 주장한다.[11] 우선 법원 지도부의 행정권과 재판권을 분명히 구분하여, 이들이 가급적 행정에만 전념하고 재판에는 관여하지 않도록 해야 한다. 물론 이들도 재판에 참여할 수 있다. 단, 이는 원장과 정장이 다른 법관과 함께 합의법정을 구성하여 사건을 직접 심리할 경우이다. 전처럼 담당 법관의 보고에 기초하여 심리에 참여하지도 않은 사건을 심의 비준하는 것은 폐지해야 한다. 이런 주장은 앞 장에서 살펴보았듯이, 일부 지역에서 실제로 추진되고 있다.

또한 많은 중국학자들은 단독법정(獨任庭)과 합의법정(合議庭)의 권한과 역할을 강화하여 이들이 독립적으로 재판할 수 있도록 해야 한다고 주장한다. 반면 재판위원회(審判委員會)의 사건 토론결정제도(案件討論決定制度)를 놓고는 폐지론과 유지론이 공존한다. 대다수 학자와 법관들은 제3장에서 살펴본 이유를 제시하면서 폐지를 주장한다. 그런데 일부에서는 당장 이를 폐지하면 많은 부작용이 우려되기 때문에, 이 제도를 폐지하는 대신 개혁할 것을 주장한다. 한편 법원과 공산당 지도부는 유지론을 지지하는 경향이 있다. 이들은 현행 제도가 몇 가지 긍정적인 기능을 발휘한다고

11 江蘇省揚州市中級人民法院, 「司法體制改革駛入深水區, 如何通向法治: 以法院內部縱向職權配置為視角」, 公丕祥, 『回顧與展望』, pp. 128~130; 譚世貴, 『司法獨立問題研究』, pp. 110~116; 胡永勝, 「司法權力合法運行的制度保障」, 信春鷹・李林, 『依法治國與司法改革』, pp. 390~398; 吳修新, 「確立法官獨立審判的現代司法原則」, 人民司法編輯部, 『中國司法改革十個熱點問題』, pp. 47~50.

본다. 첫째, 법관의 낮은 자질을 고려할 때 법원 지도부가 중대 사건을 결정하는 것은 공정한 재판을 위해 필요하다. 둘째, 재판위원회는 집단적으로 사건을 판결하기 때문에 1명의 법관(단독법정)이나 3~5명의 법관(합의법정)이 판결할 때보다 외부 압력에 더 잘 견뎌낼 수 있다. 즉, 법원의 독립에 유리하다. 마지막으로 동일한 이유에서 이 제도는 사법부패를 줄일 수 있다.[12]

현재는 이를 종합한 절충론이 대세이다. 이에 따르며, 재판위원회는 장기적으로는 폐지되어야 하지만, 법관 소질의 제고와 법원독립의 강화 등 몇 가지 조건이 갖추어질 때까지는 유지되어야 한다. 단, 재판위원회의 개혁은 필수적이다. 구체적으로 재판위원회의 재판 경험 종합과 연구의 임무는 강화하고 재판의 개입은 축소한다. 전문성이 약한 재판위원회의 구성 문제를 개선하기 위해 경험이 풍부하고 자질이 뛰어난 법관을 충원한다. 그 밖에도 재판위원회의 절차와 운영을 더욱 공개적이고 규범있게 개선한다. 현재 '회의제' 방식으로 운영하는 재판위원회를 법정과 비슷하게 '심리제'(審理制) 방식으로 바꾸어야 한다.[13]

(2) 개혁 평가

앞의 법원개혁 사례에서 살펴보았듯이, 법원 운영의 행정화 문제를 해결하는 것이 현재까지 추진된 법원개혁의 가장 중요한 과제였다. 이를 위해 법원의 재판방식과 재판조직을 개편하는 재판제도의 개혁이 다양한

---

12 Randall Peerenboom, *China's Long March toward Rule of Law* (Cambridge: Cambridge University Press, 2002), pp. 323~324; 劉立憲・張智輝 主編, 『司法改革熱點問題』(北京: 中國人民公安大學出版社, 2000), pp. 210~218; 王利明, 『司法改革研究』(北京: 法律出版社, 2001), pp. 200~208; 胡夏冰・馮仁強 編, 『司法公正與司法改革研究綜述』(北京: 清華大學出版社, 2001), pp. 212~224.

13 何金泰・茹樂峰, 「淺談審判委員會制度」, 人民司法編輯部, 『中國司法改革十個熱點問題』, pp. 342~343; 王利明, 『司法改革研究』, pp. 200~208.

명칭으로 추진되었다. 이 중에서 제5장에서 살펴본 산시성(陝西省)의 옌안시(延安市) 황링현(黃陵縣) 법원개혁, 즉 황링현 모델은 가장 파격적인 사례이다. 이런 개혁은 공통적으로 다음과 같은 몇 가지 내용을 담고 있다.

먼저, 합의법정의 강화가 추진되었다. 합의법정은 1명의 주심법관과 2~3명의 배심법관으로 구성되고, 중대하고 민감한 사건을 제외하고는 대부분의 사건을 독립적으로 재판하도록 보장하는 것이 개혁의 핵심이다. 이를 위해 일반 법관 중에서 능력 있고 경험이 풍부한 법관만을 선별하여 주심법관으로 임명했다. 부수적으로 1명의 판사가 비교적 경미하고 분명한 사건의 재판을 책임지는 단독법정도 강화되었다.

합의법정의 강화는 실제 사례를 통해 확인할 수 있다. 1990년대 중반부터 상하이시(上海市)의 제1(第一)중급법원은 합의법정이 독립적으로 재판권을 행사하는 '합의법정 책임제'를 실시했다. 우선 모두 29개의 상설 합의법정(4명의 법관으로 구성)을 조직했다. 각 합의법정에는 원장이 임명한 재판장이 있는데, 재판장은 민사법정(民事庭), 형사법정(刑事庭), 행정법정(行政庭)의 정장(庭長)·부정장 등 능력 있는 법관이 담당했다. 이렇게 조직된 합의법정은 공개재판의 원칙에 입각하여 법정 공방을 중심으로 사건을 심리했고, 사건 판결은 재판장 개인이 아니라 전체 법관이 다수결의 원칙에 입각하여 결정했다. 법원도 법관 개인이 아니라 합의법정을 단위로 해서 인사평정을 실시했다. 이런 개혁의 결과 재판의 공정성, 공개성, 효율성은 크게 제고되었다고 한다.[14] 유사한 재판방식의 개혁이 같은 시기에 베이징시(北京市), 칭다오시(青島市), 통화시(通化市)에서도 추진되었고, 유사한 긍정적인 결과를 얻었다.[15]

---

14 上海市第一中級人民法院, 「遵循審判規律, 推進法院改革建立, 確保司法公正的運作新機制」, 最高人民法院研究室, 『人民法院五年改革綱要』, pp. 285~293.

15 北京市第一中級人民法院, 「全面落實公開審判制度確保司法公正」, 最高人民法院研究室, 『人民法院五年改革綱要』, pp. 293~303; 青島市中級人民法院, 「遴選優秀法官 強化審判組織

합의법정의 독립재판을 보장하기 위해 법원 원장·정장의 사건 심의 비준제도는 축소 또는 폐지되는 방향으로 나아가고 있다. 동시에 법원의 재판 직능과 행정관리 직능을 구분하여 법원 지도부는 행정관리에만 전념하고 재판에는 개입하지 않도록 하는 정책도 추진되었다. 같은 맥락에서, 재판위원회의 사건 토론결정제도도 개혁되었다. 가급적 사건 개입은 축소하고 재판 경험의 종합과 연구에 더 많은 시간을 쏟도록 하는 것이 개혁의 방향이다. 다만 이것이 얼마나 제대로 실현되고 있는지는 정확히 평가할 수 없다. 사실상 법원의 최고 지도조직으로서 재판위원회가 존속되는 한, 법관의 자질 문제가 해결되지 않는 한, 재판위원회의 재판 개입은 지속될 것이기 때문이다. 실제로 내륙지역의 많은 기층법원에서는 이런 개혁이 최근까지 제대로 추진되지 않았다.[16]

상하 법원 간의 지시요청보고제도도 이와 유사하게 축소 또는 폐지되는 방향으로 나아가고 있다. 그전 단계로 현재까지 추진된 개혁은 하급법원이 상급법원에 지시를 요청하는 범위를 가급적 축소하고 그 방식도 더욱 규범화하는 것이다. 예를 들어, 하급법원은 사건의 객관적인 사실을 상세히 적시하고, 해당 법원과 동급 공산당 정법위원회의 판결 의견을 명시하여, 법원 원장의 서명을 받아 서면으로 상급법원에 지시요청 보고서를 제출하도록 규정한 것이다. 다만, 현재 많은 법률이 추상적이고 애매모호하여 일선 법원이 이에 근거하여 판결할 때 어려움이 있다는 현실적 상황을 고려하여, 지시요청보고제도는 앞으로도 한동안 유지될 것이다.

그런데 제5장에서 보았지만, 최근에 진행된 재판제도의 개혁은 새로운

院長庭長親自辦案」, 最高人民法院研究室, 『人民法院五年改革綱要』, pp. 304~312; 通化市中級人民法院, 「實行專職審判長機制探索 審判方式改革新領域」, 最高人民法院研究室, 『人民法院五年改革綱要』, pp. 312~319.

16 Xin He, “Debt Collection in the Less Developed Regions of China: An Empirical Study from a Basic-Level Court in Shaanxi Province,” *China Quarterly*, No. 206 (June 2011), pp. 253~275.

문제를 낳는 것이 사실이다. 합의법정 강화 과정에서 또 다른 법원 운영의 행정화 문제가 야기되는 것은 대표적인 사례이다. 즉, 합의법정을 책임지고 있는 주심법관(재판장)이 보조법관(배심법관)이 심리하고 준비한 판결 초안을 비준하는 방식으로 재판을 운영하면서 사실상 법원 원장과 정장의 역할을 대신하는 현상이 나타난 것이다. 이 과정에서 보조법관은 재판권을 상실하고 들러리로 전락한다. 법원 원장과 정장의 재판 개입의 축소 정책도 기대했던 성과를 거두지 못하고 있다. 즉, 법원 지도부가 법관 인사평가에 큰 영향을 미치기 때문에 법관들은 여전히 사건 판결 과정에서 이들에게 지시를 요청하고, 원장도 판결에 개입하는 현상이 지속되고 있다는 것이다.[17]

더욱 커다란 문제는 제3차 법원개혁이 시작되면서 개혁 방침으로 공산당 영도의 강화와 함께 군중노선이 강조된다는 사실이다. 그 결과 기존의 재판제도 개혁은 중단되고 대신 '마시우(馬錫五) 재판방식'이 다시 부활하는 흐름이 나타나고 있다. 제5장에서 살펴본 산시성(陝西省)의 바오지시(寶鷄市) 룽현(隴縣) 법원개혁, 즉 '룽현 모델'의 등장과 보급은 이를 잘 보여준다. 만약 룽현 모델이 법원개혁의 중심이 되면, 사법권의 지방화뿐만 아니라 법원 운영의 행정화도 더욱 강화될 가능성이 있다. 실제로 어떤 결과가 나타날지는 제3차 법원개혁이 종료되는 2013년 이후에나 정확하게 평가할 수 있을 것이다.

결국, 법원 운영의 행정화 문제를 해결하기 위해서는 법관의 독립재판권을 보장하는 방향으로 개혁이 추진되어야 한다. 그런데 아직까지 이런 개혁이 본격적으로 추진되지 않는 것이 현실이다. 반대로 이를 부정하는 흐름이 최근에 강화되고 있다. 우선 법률은 법원의 독립재판권 행사를 규

---

17 陳瑞華, 「司法裁判的行政決策模式: 對中國法院'司法行政化'現象的重新考察」, 李林, 『依法治國與深化司法體制改革』, pp. 80~92.

정하지만 법관의 독립재판권 행사를 규정하지는 않는다. 다시 말해 법적으로 보면, 법관은 독립재판의 주체가 아니다. 또한 법원의 독립재판권 행사도 의회의 감독과 공산당의 영도를 전제로 한 제한적이고 조건적이다. 현실적으로도 공산당과 법원의 지도부는 법관의 독립재판권 보장을 수용하지 않고 있다. 따라서 법원 운영의 행정화는 앞으로도 단기간 내에는 해결되지 않을 것이다.

3) 법관의 대중화

(1) 해결책: 법관의 직업화

법관의 대중화, 즉 법관의 낮은 자질 문제의 해결책으로 제시되는 것이 바로 법관 직업화(職業化, professionalization)이다. 법관 직업화란 법관의 자격 조건을 엄격히 제한하여 법관 대오를 정예화 또는 엘리트화하고 법관 직업을 전문화(專門化, specialization)하는 것을 의미한다. 이 주장은 2002년 7월 '전국 법원 대오건설 업무회의'에서 최고법원이 〈법관 직업화 건설 강화의 의견〉(關於加強法官隊伍職業化建設的若干意見)을 하달하면서 공식화되었다. 당시 최고법원 원장이었던 샤오양(肖揚)의 말은 이 방침을 잘 보여준다.

샤오양에 따르면, "법관 직업화의 건설은 법관 대오의 전체적인 소질을 제고하는 중요한 길이며, 이후 상당 기간 법원 법관 대오건설의 주요 방향이 될 것이다." 또한 "법관 직업화의 추진은 공통의 전문적인 법률 지식구조와 독특한 법률 사유 방식을 공유하고, 강한 사회 정의감과 공정심의 정체성(整體)을 갖고 있으며, 독특한 직업전통과 직업기질을 형성하여, 법관이 외부의 간섭에 저항하는 용기와 능력을 확보하는 것이다."[18]

그동안 중국 학계와 법조계는 법관 직업화를 위해 필요한 다양한 개혁 정책을 제시해 왔다.[19] 첫 번째는 법관의 신분 보장이다. 신분이 제대로 보장되지 않은 상황에서 유능한 인재가 법관이 되려고 하지 않을 것이고, 따라서 법관 정예화와 직업 전문화는 달성될 수 없다는 것이다. 이를 위해서는 법관 종신제를 도입해야 한다. 현재는 5년마다 법원 원장(실제로는 공산당 조직부)의 추천을 받아 의회가 법관을 임명하는데, 이렇게 해서는 법관의 신분이 안정적으로 보장되지 않는다. 현재 법관에게는 면책특권(司法豁免權)이 부여되지 않는데, 이것도 법관의 신분 보장을 위해서는 개선되어야 한다.

둘째로는 법관의 생활 보장이다. 유능한 인재를 법관으로 충원하기 위해서는 일정한 정도의 경제적 보장이 필요하다는 것이다. 현재는 법과대학 교수나 변호사의 경제적 대우가 법관보다 월등히 좋다. 특히 경제가 낙후된 내륙지역에서 나타나는 법관의 낮은 자질 문제는 법관의 처우 개선이 선행되지 않으면 해결될 수 없다. 실제로 장시성(江西省) 지안시(吉安市)의 13개 기층법원 법관에 대한 실태 조사에 의하면, 1999~2003년 기간에 102명의 법관이 법원을 떠난 것에 비해 새로 충원된 법관은 49명에 불과했다. 특히 고학력의 유능한 법관이 유출되는 현상은 매우 심각한 것으로 조사되었다. 그 주된 원인의 하나가 바로 법관에 대한 형편없는 경제적 대우이다.[20]

---

18 劉靜, 「法官的保障制度研究」, 孫謙・鄭成良, 『司法改革報告』, p. 354; 汪少華・童道才・溫建華, 「法官職業化的現狀分析及對策」, 柳富華・柏敏 主編, 『法官職業化的運作與展望』(北京: 人民法院出版社, 2005), p. 81.

19 汪少華・童道才・溫建華, 「法官職業化的現狀分析及對策」, 柳富華・柏敏, 『法官職業化的運作與展望』, pp. 80~93; 孫謙・鄭成良, 『司法改革報告』, pp. 353~370; 康均心, 『法院改革研究: 以一個基層法院的探索為視點』(北京: 中國政法大學出版社, 2004), pp. 320~335.

20 彭海傑・周輝, 「挑戰與會應-基層法院人才流失情況的調查與思考」, 『人民司法』 2005年 7期, pp. 35~40.

셋째는 법관의 권위 제고이다. 이를 위해 필요한 조치가 법관의 직급을 현재보다 높이는 것과 법관의 재판독립을 보장하는 것이다. 유능한 인재를 법관으로 충원하기 위해서는 업무(재판)에 대한 자부심과 긍지를 갖게 하여야 한다. 만약 법관의 직급이 지금보다 높아지고 재판 업무가 사회적으로 권위를 갖게 되면, 설사 경제적 보상이 적어도 유능한 인재가 법원으로 몰릴 것이다. 또한 이렇게 해서 법관의 사명감과 윤리의식이 강화되어야 사법부패가 방지될 수 있다.

넷째는 법관 임용제도와 교육훈련제도의 강화이다. 법관 임용제도 개혁의 핵심은 학력과 경력 등 자격조건을 좀 더 엄격히 하는 것이다. 이를 통해 능력과 자질이 부족한 사람이 법원에 진입하는 것을 원천적으로 봉쇄하자는 것이다. 반면 교육훈련제도의 강화는 신임 법관보다는 재직 법관의 자질 향상을 위한 것으로, 정기적인 교육훈련을 통해 법관의 전문성을 높여야 한다는 것이다. 이는 과거에도 실시되었던 것인데, 앞으로 더욱 철저하게 실시해야 한다고 주장한다.

마지막으로 비대해진 법관 대오를 정비하고 법관 정원제(員額制)를 실시해야 한다는 주장도 제기되었다. 적정한 법관 규모에 대해서는 학자마다 의견이 다르다. 예를 들어, 법관의 업무량을 기준으로 하면, 법관 1명당 매년 평균 120건의 소송을 담당한다고 할 경우, 전국적으로 5~6만 명의 법관이면 충분하다는 주장이 있다. 이는 현재 19만 명의 법관을 4분의 1 또는 3분의 1 수준으로 줄이는 것이다. 또한 현재의 법원 지도부 규모만 축소해도, 전체 법관의 20% 정도는 축소할 수 있다는 주장도 있다.[21]

21 陳燦平, 「法官職業化建設中若干操作性難題析解」, 柳富華・柏敏, 『法官職業化的運作與展望』, pp. 331~340; 占雲發・王納新, 「論司法公正與法院制度改革」, 孫謙・鄭成良, 『司法改革報告』, pp. 236~251.

(2) 개혁 평가

지난 법원개혁에서는 우선 법관 임용조건이 전보다 엄격해짐으로써 일정한 발전이 있었다. 2001년 〈법관법〉의 수정으로 법관의 학력 조건에 4년제 대학학력이 추가된 것과 통일 국가사법고시가 자격제도로 도입된 것은 대표적인 사례이다. 상급법원 법관을 '원칙적으로' 우수한 하급법관과 유능한 법률 인재 중에서 선임하는 제도를 점진적으로 도입하는 것도 법관의 자질 향상을 위한 조치이다. 그 밖에도 상하 법원과 다른 지역 법원 간의 법관 직무교류제도, 동일한 법원 내의 법관 순환근무제도 등 새로운 제도의 도입을 통해 법관 사회에 활력과 자극을 불어넣으려는 정책도 추진 중이다.

그런데 법관의 직업화는 결코 쉬운 과제가 아니다. 일부 학자들은 법관제도의 개혁을 중국 법원개혁의 최대 어려움으로 꼽기도 한다. 그 이유는 우수한 법관을 양성하는 데는 많은 시간이 소요되고 이를 위해서는 대학교육에서부터 법관 재교육 및 훈련과 관련된 다양한 제도를 정비해야 하기 때문이다. 그 밖에 법관의 처우를 개선하기 위해서는 추가 비용이 필요한데, 현재 상황에서 정부가 이에 쉽게 동의하지 않을 것이다. 법관의 독립재판권을 보장하기 위해서는 공산당이 법관의 인사권과 재판권을 법원에 이양해야 하는데, 이것도 결코 쉬운 일이 아니다. 다시 말해, 법원보다 힘이 강한 기득권 세력의 반대로 법관제도의 개혁에 필요한 정책을 추진하기가 매우 어렵다는 것이다.

그러나 무엇보다 심각한 문제는 자질이 부족한 기존 법관을 어떻게 처리하느냐 하는 점이다.[22] 현재까지는 이 문제를 해결하기 위해 법관 교

22 Peerenboom, *China's Long March toward Rule of Law*, pp. 320~321; 蔣惠嶺, 「司法改革與司法公正」, 蔡定劍・王晨光 主編, 『中國走向法制30年: 1978~2008』(北京: 中國社會科學文獻出版社, 2008), pp. 141~146.

육훈련의 강화, 비리 법관 퇴출제도의 도입 등 여러 가지 정책을 실시했지만 실제로 이것이 얼마나 효과를 거두었는지는 단정적으로 말할 수 없다. 특히 각종 교육훈련 과정의 이수를 통해 학력증서를 획득함으로써 통계상으로는 법관의 학력이 현저히 높아졌지만, 이것이 실제 법관 능력의 향상으로 이어졌다고는 장담할 수 없다.

그래서 제5장에서 검토했듯이, 1990년대 후반부터 일부 지방에서는 법원의 공정한 재판과 업무의 효율을 제고하기 위해 전체 법관 중에서 우수한 법관을 선발하여 이들에게 재판권을 부여하는 개혁이 추진되었다. 합의법정의 '주심법관 선임제도'가 대표적이다. 그런데 이 과정에서 상당수 법관이 주심법관에 선발되지 못함으로써 재판권을 상실하고, 이에 강하게 반발하는 현상이 나타났다.[23] 특히 현재 기층법원의 지도부를 구성하고 있는 전역군인 출신의 법관들은 직급은 높으나 실제 능력은 부족하기 때문에 탈락자에 포함되는 경우가 많다. 이들이 법관 직업화에 반발하는 것은 당연하다. 이 때문에 주심법관 선임제도는 추진 과정에서 중단되거나 원래 계획보다 약화된 방식으로 추진되는 문제가 발생하고 있다.

결국, 법관의 직업화는 법관의 세대교체를 통해서만 해결될 수 있다. 이에는 최소한 1세대, 즉 30년 정도의 시간이 필요하다. 그때까지 이 문제는 법원을 괴롭히는 가장 심각한 문제로 남을 것이다.

---

23 通化市中級人民法院, 「實行專職審判長機制探索 審判方式改革新領域」, 最高人民法院研究室, 『人民法院五年改革綱要』, pp. 312~319; 任群先, 「法官職業化在青島法院的演進與思考: 1999~2002年青島法院法官合議制改革調査報告」, 柳富華・柏敏, 『法官職業化的運作與展望』, pp. 484~486.

4) 후진타오 시대의 새로운 방침: '국민을 위한 사법' 실현

후진타오 시대에 들어 '이인위본'(以人爲本: 국민을 근본으로 함)의 통치 이념이 법원개혁에도 반영되어, '일심위민'(一心為民: 국민을 위한 한마음)이나 '사법위민'(司法爲民: 국민을 위한 사법) 방침이 도입되었다. 이는 처음에 의도하지 않았던 새로운 방침이 법원개혁의 과정에서 등장했음을 보여준다. 그리고 이런 방침을 실현할 정책이 실제로 추진되고 있다.

먼저, 국민의 편의를 위해 약식재판이 빠르게 도입되었다. 그 비율이 2007년의 경우 형사사건은 38.87%, 민사사건은 71.26%나 되었다. 또한 국민이 쉽게 재판을 받을 수 있도록 법원의 접근성을 높이기 위해 전국적으로 11,220개의 순회법정이 설치되었다. 그 밖에도 소송비용 때문에 국민이 소송할 수 없는 '소송난'(打官司難)을 해결하기 위해 2007년 4월에는 소송비를 60%나 낮추었다. 이와 함께 2006년 12월에는 〈변호사 수임료의 관리 방법〉(律師服務收費管理辦法)을 제정해서 변호사 비용을 엄격히 관리하기 시작했다.[24]

사법위민의 방침은 법원의 판결보다는 당사자 간 조정(調解)을 통해 문제를 해결하도록 유도하는 민사재판 정책의 변경으로 이어졌다. 1982년 제정된 〈민사소송법〉에는 '조정 중시'(着重調解)의 원칙이 있었다. 이에 따라 1980년대에는 민사소송에서 당사자 간 조정을 통해 사건이 종결되는 비율, 즉 '조정률'(調解率)이 70% 이상이었다. 그런데 이것이 국민의 재판권을 침해한다는 주장이 제기됨에 따라 1991년 〈민사소송법〉의 수정을 통해 '조정의 자원(自願)・합법(合法)' 원칙이 '조정 중시' 원칙을 대체했다. 이후 조정률은 계속 하락하여 1998년에는 20%대까지 떨어졌다. 이

24 熊秋紅, 「中國司法改革30年」, 中國社會科學院法學研究所 編, 『中國法治30年: 1978~2008』(北京: 社會科學文獻出版社, 2008), pp. 208~211.

에 따라 민사재판이 증가하고 집행난 문제가 더욱 심각해지면서 국민의 불만이 높아졌다.

이런 과정에서 2004년 공산당 제16기 중앙위원회 제4차 전체회의(16기 4중전회)에서 '사회주의 조화사회'(和諧社會) 건설의 목표가 제기되었고, 최고법원은 이에 따라 동년 11월에 〈법원 민사조정의 업무규정〉(關於人民法院民事調解工作若干問題的規定)을 제정했다. 여기서 '조정할 수 있는 것은 조정하고 판결할 것은 판결해서, 조정과 판결을 결합하여 사건을 종결한다'(能調則調 當判則判 調判結合 案結事了)는 '조정과 판결의 결합'이 민사소송의 새로운 원칙으로 도입되었다. 그 결과 조정률이 다시 상승하여, 2007년 말에는 50% 이상이 되었다.[25]

2. 법원개혁의 문제점

10여 년 동안 3차에 걸쳐 진행된 법원개혁에서는 몇 가지 검토해야 할 문제가 있다. 사법독립이 배제된 법원개혁의 목표 설정의 문제, 국민의 법원 불신, 법원 내부의 분열과 갈등, 지역적으로 불균등한 개혁의 진행이 그것이다.

25 肖揚, 「堅持黨的領導, 沿着法治大道, 努力建設公正高效權威的社會主義司法制度: 紀念黨的十一屆三中全會三十周年」, 最高人民法院, 『人民法院改革开放三十年』, pp. 19~20; 蔣惠嶺, 「司法改革與司法公正」, 蔡定劍・王晨光, 『中國走向法制30年』, pp. 147~148.

1) 법원개혁의 목표: 사법독립의 배제 문제

지금까지 중국 학계와 법조계는 법원독립과 법관독립을 주요 내용으로 하는 사법독립이 개혁의 핵심 목표가 되어야 한다고 주장해 왔다. 사법독립은 세계적인 추세일 뿐만 아니라 중국의 법원제도가 당면한 문제를 해결하기 위해서도 반드시 필요하기 때문이다. 단적으로, 법원의 독립 없이는 사법권의 지방화 문제를 해결할 수 없다. 또한 법원 운영의 행정화 문제도 해결할 수 없다. 특히 법원독립은 법관독립의 전제이다.

이런 중국 학계와 법조계의 주장에도 불구하고 사법독립이 법원개혁의 공식 목표에서 최종적으로 제외되었다. 대신 2001년에 '사법공정'(司法公正)과 '사법효율'(司法效率), 2007년 제17차 당대회에서는 '사법권위'(司法權威)가 개혁의 공식 목표가 되었다. 이런 이유로 2009년 제3차 법원개혁이 시작될 무렵에 중국에서는 사법개혁의 방향을 놓고 '사법 엘리트화' 주장 대 '사법 민주화' 주장 등의 논쟁이 전개되었다.[26] 이런 논쟁과는 상관없이, 법원개혁은 대다수 학자와 법조계 인사의 주장을 무시하고 추진되고 있다.

그렇다면 왜 사법독립이 법원개혁의 공식 목표에서 제외되었을까? 먼저, 공산당의 반대를 들 수 있다. 한마디로 공산당은 정치적 이유, 즉 '정치의 사법화'(judicialization of politics)의 가능성을 우려해서 사법독립을 허용할 수 없다. 만약 사법독립이 이루어져 법원이 '중대한 사건'을 공산당의 개입 없이 사실과 법률에 의거하여 독자적으로 판결할 경우, 이는 공산당 통치에 상당한 악영향을 미칠 수 있다.

26 上海社會科學院當代中國政治研究中心, 『中國政治發展進程2010年』(北京: 時事出版社, 2010), pp. 248~249; 王建勛, 「司法改革究竟應向何處去?」, http://www.law-star.com/cac/235029440.htm (검색일: 2010. 6. 10); 肅顯, 「司法改革的現狀與展望」, 『南方都市報』 2009년 2월 19일, http://www.law-star.com/cac/235029442.htm (검색일: 2010. 6. 10).

만약 당정 간부가 관련된 부패사건의 진실이 법원의 재판을 통해 국민에게 여과 없이 공개되면, 공산당의 도덕성과 권위는 치명타를 입을 수 있다. 또한 대형재해, 식품피해, 환경오염, 임금체불 등과 관련된 행정소송이나 집단소송이 법원에 의해 독립적으로 판결되고 집행된다면, 공산당과 정부는 매우 곤란해질 수 있다. 재판 과정에서 당정 간부의 불법 및 탈법 사실이 낱낱이 공개되면, 이에 따라 공산당에 대한 국민의 불만과 불신이 높아질 것이기 때문이다.

마지막으로 국민이 국가를 상대로 언론·출판·집회·결사의 자유 등 기본권 침해나 인권 침해에 대해 〈헌법〉 조항을 근거로 법원에 소송을 제기하고, 법원이 법률과 양심에 근거하여 판결할 경우, 법원은 공산당과 정부에 맞서 국민의 기본권과 인권을 수호하는 장소로 변화될 수 있다. 이는 실제로 제3세계 국가의 민주화 과정에서 많이 나타났던 현상이다. 중국에서도 2000년대 초에 여러 가지의 징후가 나타났다. 즉, 일부 '권익수호'(維權) 변호사들이 〈헌법〉의 국민 기본권 조항을 근거로 정부 정책의 문제점을 지적하고 시정을 요구하는 행정소송을 제기했던 것이다. 2002~2003년에 있었던 B형 간염 보균자의 집단소송이 대표적인 사례이다.[27] 이런 이유로 공산당은 사법독립을 결코 허용할 수 없다.

이 때문에 1990년대 이후 최고법원 원장은 법원 내부의 인사가 아니라 정부 사법행정 부서나 공산당 정법부문에서 성장한 인물로 임명되는 것이 관행이 되었다. 샤오양(肖揚)과 왕성쥔(王勝俊) 원장이 이에 해당한다. 샤오양 원장은 최고검찰원 부(副)원장(1990~1993년)과 국무원 사법부 부장(1993~1998년)에서 원장에 임명된 인물이다. 왕성쥔 원장은 1993~

27 Thomas E. Kellogg, "The Constitution in the Courtroom: Constitutional Development and Civil Litigation in China," Margaret Y. K. Woo and Mary E. Gallagher (eds.), *Chinese Justice: Civil Dispute Resolution in Contemporary China* (New York: Cambridge University Press, 2011), pp. 340~379.

2008년의 15년 동안 중앙정법위원회에서 부(副)비서장(祕書長)과 비서장으로 근무한 공산당 정법계통의 전문가이다. 이처럼 공산당 노선과 방침을 잘 이해하고 이를 충실히 관철할 수 있는 인물을 법원 최고지도자로 임명한 것은 법원개혁에 대한 공산당의 의도를 보여주는 것이다. 즉, 공산당은 사법독립보다는 사법부패의 해소와 사법공정의 달성을 위해 법원에 대한 통제를 강화하려고 한다는 것이다. 왕성쥔 원장이 주도한 제3차 법원개혁은 이런 공산당 중앙의 의도를 제대로 관철시키고 있다고 말할 수 있다.[28]

그런데 이들 원장의 역할에 대해서는 다른 의견이 존재하는 것도 사실이다. 예를 들어, 대법관 출신의 한 중국인 노학자는 일부 학자들의 비판적인 평가와는 달리, 샤오양 시기의 법원개혁을 높이 평가한다. 즉, 샤오양 원장은 최소한 개인적인 차원에서는 신념을 갖고 사법독립을 위해 법원개혁을 적극적으로 추진했다는 것이다. 이에 비해 왕성쥔 원장의 법원개혁은 이전의 개혁을 모두 부정하는 과거로의 회귀라고 혹평한다.[29]

한편, 일부 외국학자들은 현재의 법원개혁을 위해서는 법원-공산당, 법원-정부 간의 관계를 잘 조절할 수 있는 유능한 '정치인'이 필요하다고 주장한다. 이런 관점에서 보면 왕성쥔 원장은 적임자일 수 있다고 주장한다.[30] 그러나 위에서 살펴보았듯이, 제3차 법원개혁의 내용과 그간의 여러 가지의 언행을 놓고 볼 때, 필자는 왕성쥔 원장에 대한 이런 식의 평가에 동의할 수 없다.

---

28 王利平, 「司法改革無路可退」, http://www.law-star.com/cac/235029438.htm (검색일: 2010. 6. 10).

29 Ong Yew-kim, "Ruling with an Iron Fist," *South China Morning Post*, 10 June, 2011, http://www.scmp.com (검색일: 2011. 6. 10).

30 Randall Peerenboom, "Introduction," Peerenboom (ed.), *Judicial Independence in China: Lessons for Global Rule of Law Promotion* (Cambridge: Cambridge University Press, 2010), p. 19.

또한 정치적인 이유에서 공산당과 최고법원은 제3차 〈법원개혁 요강〉을 작성하는 과정에서 사회 혹은 민간(民間)의 참여를 제한했다. 중국에서는 국가와 공산당으로부터 독립된 인권단체나 시민단체가 거의 없다. 따라서 법원개혁 과정에서 참여할 수 있는 민간은 사실상 법과대학 교수, 변호사, 언론인 등 법률과 관계있는 지식인에 국한된다. 그런데 제3차 〈법원개혁 요강〉의 작성 과정에서는 이런 지식인의 참여가 없었다는 것이다. 이 때문에 저명한 법학자인 왕리핑(王利平) 교수는 제3차 법원개혁이 국가 주도로 공산당의 통제를 강화하는 방향으로 작성되었고, 이 때문에 법원개혁이 후퇴하는 경향이 있다고 비판했다.[31]

사법독립이 법원개혁의 목표에서 배제된 데에는 조직 이기주의에 따른 다른 국가기관의 반대도 일정한 역할을 담당했다. 즉, 정부・의회・검찰은 모두 자기 조직의 기득권 수호 차원에서 법원독립에 반대한다는 것이다. 우선 정부는 법원의 감독과 견제를 수용하지 않으려고 한다. 만약 법원이 정부로부터 완전히 독립한다면 〈행정소송법〉 등 법률에 근거하여 정부행위를 통제하려고 할 텐데, 정부 입장에서는 이것이 결코 좋은 일이 아니다. 특히 법원이 인권 보호를 주장하며 법원의 허락 없이 진행되는 부당한 피의자 구금이나 자의적인 노동교화(勞動教化)를 견제하려고 든다면, 정부 공안(公安) 부서와 민정(民政) 부서에는 매우 곤혹스러운 일이 될 것이다. 의회도 법원에 대해 행사하는 인사권과 감독권을 포기할 생각이 없다. 이는 법원에 대해 법률 감독권을 행사하는 검찰도 마찬가지이다.[32]

31 王利平, 「司法改革: 國家壟斷抑制民間參與?」, http://www.law-star.com/cac/235029441.htm (검색일: 2010. 6. 10).

32 Peerenboom, *China's Long March toward Rule of Law*, p. 300.

2) 국민의 법원 불신(不信)

여기서 중요한 것은 법원이 국민의 지지를 기반으로 공산당과 주요 국가기관 등 권력기관에 대항하고, 이런 과정을 통해 사법독립을 획득해야 하는데, 현재 이는 거의 불가능하다는 사실이다. 법관의 낮은 자질과 사법부패의 만연, 법원의 불공정한 재판과 집행으로 법원 및 법관에 대한 국민의 불신이 매우 강하기 때문이다. 국민의 불만은 여러 곳에서 확인할 수 있다.

우선 공산당, 의회, 정부, 법원에 대한 국민의 신뢰도 조사에서 법원 신뢰도가 낮게 나오는 것이 대표적인 사례이다. 1990년대 이후 법원개혁이 추진되면서 법원에 대한 국민의 '절대적 신뢰'가 증가한 것은 분명한 사실이다. 2004년 7~12월 사이 상하이시(上海市) 시민 3,225명을 대상으로 실시된 설문조사에 의하면, 법원에 대한 신뢰도가 높게 나왔다. 구체적으로, "법원이 타인과의 분규를 공정하게 해결할 것으로 믿는가?"라는 질문에, "믿는다"가 60.8%, "그저 그렇다"가 30.7%, "믿지 않는다"가 6.9%로 대다수 상하이 시민은 법원을 신뢰한다고 대답했다.[33]

그렇지만 공산당, 의회, 정부 등 타 국가기관과 비교했을 때 법원에 대한 국민의 '상대적 신뢰'는 하위권에 머물고 있다. 2008년 4~6월까지 31개 성(省)에서 실시된 국민 여론조사에 의하면, 국민의 신뢰도 순서는 중앙정부(95.8%) 〉 공산당(94.1%) 〉 의회(91.2%) 〉 검찰(84.4%) 〉 법원(81.4%) 〉 경찰(77.8%) 〉 지방정부(76.7%) 순이었다. 즉, 국민의 법원 신뢰도는 경찰과 지방정부보다는 높지만, 공산당, 중앙정부, 의회, 검찰보다는 낮았다.[34]

---

33 嚴勵, 『思考與言說: 法治的理論與實踐』(北京: 法律出版社, 2008), pp. 242~286; 上海市法制宣傳教育聯席會議辦公室, 「上海市民法律素質的現狀及進一步提高的途徑」, 『法治論叢』 第19卷 6期(2004年 11月), pp. 38~41.

34 沈明明 等, 『中國公民意識調查數據報告2008』(北京: 社會科學文獻出版社, 2009), p. 210.

2001년 7월에서 2003년 2월 사이 동아시아 주요 국가 — 한국, 일본, 대만, 홍콩, 몽골, 싱가포르, 말레이시아 — 에서 진행된 국민의 민주의식 조사에서도 유사한 결과가 나왔다. 즉, 중국 국민의 주요 기관 신뢰도는 공산당(93%) 〉 국무원(92%)/전국인대(92%) 〉 인민해방군(90%) 〉 공안(경찰)(60%)/법원(60%) 〉 지방정부(50%) 〉 파출소(43%) 순이다.[35] 여기서도 법원 신뢰도는 지방정부와 파출소보다는 높았지만 다른 기관보다는 현격하게 낮았다. 이는 한국의 경우 법원이 국가기관 중에서 군 다음으로 높은 신뢰를 받는 것과 좋은 대조를 이룬다. 참고로 한국 국민의 신뢰도는 군(59%) 〉 법원(51%) 〉 경찰(50%) 〉 공무원(44%)/지방정부(44%) 〉 중앙정부(27%) 〉 의회(15%)/정당(15%) 순이다.[36]

의회의 법원 감독에 대한 국민의 지지를 통해서도 국민의 법원에 대한 불신을 읽을 수 있다. 의회가 법원의 개별 판결을 직접 조사해서 문제를 해결하는 개별사건감독(個案監督)에 대해서는 지지와 반대의 두 가지 입장이 존재한다. 대다수 학자와 법조계 인사들은 이것이 법원의 재판독립을 침해한다는 이유로 반대한다. 반면 의회와 공산당 관계자들은 지지한다.[37] 이런 찬반론에 대해 국민은 의회의 감독을 지지하는 경향이 강하

---

35 Tianjian Shi, "Democratic Values Supporting an Authoritarian System," Yun-han Chu, Larry Diamond, Andrew J. Nathan, and Doh Chull Shin (eds.), *How East Asians View Democracy* (New York: Columbia University Press, 2008), p. 229.

36 Doh Chull Shin and Chong-Min Park, "The Mass Public and Democratic Politics in South Korea," Chu, Diamond, Nathan, and Shin, *How East Asians View Democracy*, pp. 51~52.

37 Young Nam Cho, *Local People's Congresses in China: Development and Transition* (New York: Cambridge University Press, 2009), pp. 64~82; Randall Peerenboom, "Judicial Independence and Judicial Accountability: An Empirical Study of Individual Case Supervision," *China Journals*, No. 55 (January 2006), pp. 67~92; 蔡定劍 主編, 『監督與司法公正: 研究與案例報告』(北京: 法律出版社, 2006); 餘亮, 「從合議制預設要求看我國合議制的缺陷與改革原則和目標」, 孫謙·鄭成良, 『司法改革報告』, pp. 276~286; 彭海清, 「人大個案監督現象的反思與制度建構」, 李林, 『依法治國與深化司法體制改革』, pp. 364~372; 韓波, 『法院體制改革研究』, pp. 510~513.

다. 이것이 사법부패를 방지하는 데 효과적이라는 판단 때문이다. 광둥성(廣東省)에서 2005년 5월에 실시된 법치 실시에 대한 주민 여론조사의 결과를 보면, 조사 대상자의 58.8%가 의회의 개별사건감독을 지지했다.[38]

이처럼 법원 불신이 심각한 상황에서 국민은 사법독립을 지지하지 않는다. 국민의 입장에서 보면, 사법독립은 곧 법관의 자의적인 판결과 집행의 증가를 의미하고, 이는 사법부패와 재판 불공정의 확대를 가져올 것이기 때문이다. 대신 국민은 사법부패를 방지하기 위해 사법독립이 아니라 공산당의 '사법영도'(司法領導)와 각종 '사법 감독'의 강화를 요구한다. 이처럼 법원은 국민의 지지에 힘입어 각종 권력기관에 대항하여 사법독립을 획득해야 하는데, 현재 상황에서는 이것이 거의 불가능하다.

오히려 현실에서는 공산당과 법원 지도부가 국민의 뜻을 근거로 사법독립을 반대하는 주장을 제기한다. 후진타오(胡錦濤) 시대에 들어와 '이인위본'(以人爲本: 국민을 근본으로 함), '친민'(親民: 국민에게 다가감) 등 국민우선의 방침을 강조하고, 이것이 사법 업무에서는 '사법위민'(司法爲民: 국민을 위한 사법)의 구호로 나타나고 있다. 이에 따라 법원개혁도 국민의 불만 해소가 최우선 방침이 되었다. 이는 곧 사법부패의 해소와 사법공정의 달성, 사법효율의 제고가 법원개혁의 목표가 된다는 것을 의미한다. 반대로 사법독립을 주장하는 것은 국민의 요구에 부응하지 못하는 법원의 조직 이기주의이거나 현실을 모르는 학계의 탁상공론으로 치부된다.

이는 향후 법원개혁에서 법원이 해결해야 할 매우 중요한 과제이다. 다시 말해 법원은 최대한 국민의 신뢰를 회복하고, 이를 근거로 사법독립을 법원개혁의 핵심 목표로 설정하고 추진해야 한다는 것이다. 해결책은 사법부패의 해소와 사법공정의 달성, 그리고 이를 통한 국민의 신뢰 획득

38 鄧世豹 主編, 『中國法治進程調查報告2005: 以廣東省法治環境調查為例』(北京: 法律出版社, 2006), pp. 253~256.

이다. 그런데 사법부패의 해소와 사법공정의 실현을 위해서는 법원 및 법관의 독립, 즉 사법독립이 이루어져야 한다. 동시에 법관의 소질이 제고되어야 한다. 그런데 이를 위에서는 다시 국민의 요구를 근거로 사법독립을 반대하는 공산당과 정부를 먼저 설득해야 하며, 법관 소질의 제고를 위해서는 많은 시간이 필요하다. 결국 법원은 현재 닭이 먼저냐 달걀이 먼저냐 하는 딜레마에 빠져있고, 단기간 내에 여기서 빠져나올 가능성은 높지 않다.

3) 법원 내부 갈등과 지역적 불균등 추진의 문제

법원개혁을 추진하는 과정에서 발생하는 법원 내부의 갈등과 분열은 무시할 수 없는 문제이다. 한마디로, 개혁기의 법원은 동일한 이익을 가지고 같은 방향으로 개혁을 추진하는 단일한 주체가 아니다. 공산당, 정부, 의회, 검찰 등 외부기관과 관련해서는 법원이 이익공동체로 활동하지만, 법원만을 놓고 보면 결코 그렇지 않다는 것이다.

우선 상급법원과 하급법원의 이익이 반드시 일치하는 것은 아니다. 다시 말해, 지방 보호주의로 인해 기층법원이 최고법원, 고급법원, 중급법원 등 상급법원의 요구나 지시를 어기는 경우가 자주 발생한다.[39] 특히 낮은 자질의 법관 문제와 사법부패는 주로 기층법원에서 발생하고, 최고법원이나 고급법원은 이를 해결하기 위해 적극적인 반면, 기층법원은 그렇지 않다. 실제로 1990년대에 톈진시(天津市)에서는 고급법원이 기층법원의 부패 등 일탈행위를 통제하기 위해 톈진시 의회에 기층법원을 감독해 줄 것을 공식적으로 요청하기도 했다.[40] 이 때문에 공산당 중앙과 최고법원이 준

39 Peerenboom, *China's Long March toward Rule of Law*, p. 315.

비하고 추진하는 법원개혁이 기층법원의 이익에 위배될 때 현장에서 법원개혁은 힘 있게 추진되지 않는다.

또한 각급 법원의 내부에서도 균열이 발생하고 있다. 특히 기층법원의 지도부를 구성하고 있는 전역군인 출신의 법관과 대학을 졸업한 중하급 법관 간에는 법원개혁을 둘러싼 갈등과 대립이 존재한다. 이런 갈등을 어떻게 해결하는가 하는 점은 과거에도 그랬고 앞으로도 법원개혁의 향방에 큰 영향을 미칠 수 있다.[41]

예를 들어, 법원 지도부는 일반 법관을 관리하는 차원에서 재판위원회의 존속을 원하지만, 자신의 재판권을 수호하려는 일반 법관은 재판위원회의 폐지를 원한다. 우수한 법관을 선발하여 합의법정의 재판을 맡기는 주심법관 책임제도도 마찬가지이다. 능력 있는 법대 출신의 법관은 이를 찬성하겠지만, 능력 없는 법관은 이를 반대한다. 법관의 순환직무제도에 대해서도 능력 있는 법관은 전문성의 제고를 위해 필요하다고 찬성하지만, 일부는 새로운 분야에서의 적응 능력이 부족하기 때문에 이를 반대한다.[42]

마지막으로 법원개혁은 지역적으로 불균등하게 추진되는 문제가 있다. 개혁・개방 정책이 지역적으로 불균등하게 추진되는 현상은 개혁기의 정치・경제・사회 등 전 분야에서 나타나는 보편적인 것이다. 이는 지방의회 개혁에서도 분명하게 나타난다. 법원개혁도 예외는 아니다.[43] 그런데 경제개혁이나 의회개혁과는 달리 법원개혁은 전국적인 법제통일이 매

---

40 Cho, *Local People's Congresses in China*, pp. 78~81.

41 Hualing Fu, "Putting China's Judiciary into Perspective: Is It Independent, Competent, and Fair?" Erik G. Jensen and Thomas C. Heller (eds.), *Beyond Common Knowledge: Empirical Approaches to the Rule of Law* (Stanford: Stanford University Press, 2003), pp. 206~207.

42 錢文爐・唐文, 「奉法者強則國強: 關於珠海市法官職業化建設的調查」, 柳富華・柏敏, 『法官職業化的運作與展望』, pp. 466~469.

43 蔣惠嶺, 「司法改革與司法公正」, 蔡定劍・王晨光, 『中國走向法制30年』, p. 156.

우 중요하기 때문에, 이런 지역적으로 불균등한 추진이 더욱 문제가 된다. 특히 중국은 연방제가 아니라 단방제(單邦制) 국가이기 때문에 이 문제를 해결해야 한다.

3. 소결

법원개혁은 사법권의 지방화, 법원 운영의 행정화, 법관의 대중화라는 '3대 문제'를 얼마나 효과적으로 해결했는가를 기준으로 평가할 수 있다.

사법권의 지방화는 법원이 공산당과 정부의 간섭으로부터 독립하는 것이 근본적인 해결책이다. 그러나 공산당 일당제하에서 이것이 실현될 가능성이 없어서, 중국 학계와 법조계 인사들은 '수평 영도 위주'의 지도체제를 '수직 영도 위주'로 개혁할 것을 주장한다. 즉 동급의 지방 공산당이 행사하는 인사권과 재판권을 상급법원 혹은 상급법원 내의 공산당 조직이 담당하게 하자는 것이다. 또한 정부의 법원 재정권 행사를 폐지하고 최고법원 혹은 고급법원이 전국 혹은 해당 관할지역 법원의 재정권을 행사할 것을 제시한다. 그런데 이 문제의 해결 방안은 현재까지 제대로 추진되지 않고 있다. 법원 외적인 정치체제 문제와 관련되어 있기 때문이다.

법원 운영의 행정화는 법관독립을 통해서 해결될 수 있다. 그런데 이를 단번에 달성할 수 없으므로 가능한 개혁이 제시되고 있다. 우선, 사건담당자제도, 심의비준제도, 지시요청보고제도는 폐지 내지는 약화시키고, 대신 단독법정과 합의법정의 역할을 강화하자는 주장이다. 재판위원회의 사건 토론결정제도는 폐지론과 유지론이 공존한다. 실제 법원개혁을 보면 재판제도의 개혁이 다양한 명칭하에 추진되어 일정한 성과를 거두었는데 이와 동시에 새로운 문제를 야기했다. 합의법정 강화 과정에서 새로운 행정화 문제가 등장한 것이 대표적이다. 제3차 법원개혁에서 공산당 영도와 군중노선이 강조되면서 기존의 재판제도 개혁이 중단되고, 대신 마시우 재판방식이 부활한 것은 더욱 커다란 문제가 됐다.

법관의 대중화 문제는 법관의 직업화가 해결책이다. 이를 위해 법관의 신분 보장과 생활 보장, 법관의 권위 제고, 법관 정원제의 실시가 정책으로 제시되었다. 실제로 법관의 직업화는 많이 진전되었다. 2001년 〈법관법〉의 수정으로 법관의 학력조건으로 4년제 대학학력이 추가되고, 통일 국가사법고시가 도입된 것은 대표적인 사례이다. 그러나 이 문제는 자질이 부족한 기존 법관이 퇴임하기 전까지 제대로 해결될 수 없는 시간이 필요한 과제이다.

한편 최근의 법원개혁은 추진 과정에서 몇 가지 문제를 낳고 있다. 먼저, 사법독립이 법원개혁의 목표에서 배제되고, 대신 사법공정・효율・권위가 개혁 목표가 되었다. 사법독립은 중국학자들과 법조계 인사들이 지속적으로 주장했던 것인데, 공산당과 정부 등 기득세력이 이를 거부했던 것이다. 또한 법원과 법관에 대한 국민의 불신도 큰 문제이다. 이는 주로 사법부패와 불공정한 재판 및 집행으로 인해 발생한다. 공산당은 국민의 법원 불신을 근거로 법원개혁에서 군중노선을 강조하고 사법독립 대신에 사법공정과 효율을 개혁 목표로 결정했던 것이다.

마지막으로, 법원 내부의 갈등과 분열도 문제이다. 개혁기의 법원은 더 이상 단일한 주체가 아니다. 상급법원과 하급법원은 지역 이기주의와 지방 보호주의로 인해 갈등하는 경우가 많다. 또한 단일한 법원 내부에도 균열이 발생한다. 기층법원의 지도부를 구성하는 전역군인 출신의 법관과 대학을 졸업한 일반 법관 간의 개혁을 둘러싼 갈등과 대립이 이를 잘 보여준다. 그 밖에도 법원개혁은 지역적으로 불균등하게 추진되는 문제가 있다.

제7장

결론:
요약과 전망

1. 연구 요약

2. 개혁 전망

지금까지 중국 법원제도의 문제점, 법원개혁의 내용과 특징, 성과와 한계에 대해 상세하게 살펴보았다. 결론에서는 먼저 연구결과를 간략하게 요약할 것이다. 또한 앞으로 법원개혁이 어떻게 전개될지를 전망할 것이다.

1. 연구 요약

1997년 공산당 제15차 당대회에서 의법치국(依法治國: 법률에 의거한 국가 통치)이 국가 통치방침이자 정치개혁 방침으로 채택된 이후 이를 실현하기 위한 일환으로 법원개혁이 본격적으로 추진되었다. 의법치국은 국가 통치방식의 법제화를 목표로 추진되는 정치개혁이다. 그래서 이를 추진하기 위해서는 법률의 제정(立法)·집행(執法)·준수(守法)와 관련된 체제가 갖추어져야 한다. 즉, 의법치국은 공산당개혁뿐만 아니라 의회·정부·법원 등 국가기구 전체의 개혁이 필요하다는 것이다. 특히 법원은 "사회정의의 최후 방어선"(社會正義的最後一道防綫)이고 "법치 실현의 보루"(法治實現的堡壘)로서 의법치국의 실현을 위해서는 그 역할이 반드시 강화되어야 한다.[1] 이 때문에 1999년 제1차 〈법원개혁 요강〉이 제정되고 집행된 이후 현재까지 모두 3차의 법원개혁 5개년 계획이 추진되고 있다.

먼저, 법원제도는 사법권의 지방화, 법원 운영의 행정화, 법관의 대중화라는 근본문제를 안고 있다. 법원개혁은 이 문제를 해결하지 않으면 안 된다. 이에 대해서는 그동안 중국 학계와 법조계가 지속적으로 문제를 제기했고, 제1차 〈법원개혁 요강〉도 이 문제를 지적했다. 이 중에서 사법권의 지방화는 법원-공산당, 법원-정부 관계 등 주로 법원 외적인 체제 문제에서 발생하는 것이다. 공산당의 법원 인사권 행사와 재판 관여, 정부의 법원 재정권의 행사가 대표적이다. 이 때문에 사법영역에서 지방 보호주의가 발생하고, 이것이 전국적인 법제통일과 사법공정에 큰 해악이 된다. 이 문제를 해결하기 위해서는 사법독립, 즉 법원과 법관의 독립적인 재판권 행사가 보장되어야 한다. 이에 비해 법원 운영의 행정화와 법관의 대중화는 법원 내부의 문제이다. 법원의 업무 특성을 무시하고 재판을 행정인허가 방식으로 처리하는 재판제도, 낮은 자질의 법관을 대규모로 충원하는 법관제도가 주요 문제이다. 이는 각종 재판원칙의 위배와 사법부패를 야기한다. 이를 해결하기 위해서는 무엇보다 법관독립이 필요하다.

지금까지 진행된 3차에 걸친 법원개혁은 주로 법원의 내부문제 해결에 집중되었다. 그래서 먼저, 법원 운영의 행정화 문제를 해결하기 위해 재판제도의 개혁이 중점 사업으로 추진되었다. 합의법정의 권한과 역할의 강화, 각종 심의비준제도의 축소 또는 폐지가 개혁의 기본 방향이었다. 또한 법관의 대중화 문제를 해결하기 위해 법관 정예화와 전문화가 추진되었다. 학력과 경력 등 신임 법관의 자격조건이 상향 조정되고 전국적인 통일 사법고시제가 도입되었다. 또한 현직 법관 중에서 우수한 법관을 선

1 蔣惠嶺, 「司法改革與司法公正」, 蔡定劍・王晨光 主編, 『中國走向法制30年: 1978~2008』(北京: 中國社會科學文獻出版社, 2008), p. 153; 陳衛東, 「司法改革十年檢討」, 張明傑 主編, 『司法改革: 中國司法改革的回顧與前瞻』(北京: 中國科學文獻出版社, 2005), pp. 24~25; 邵文虹・蔣惠嶺, 「中國法院體制改革論綱」, 孫謙・鄭成良 主編, 『司法改革報告: 中國的檢察院法院改革』(北京: 法律出版社, 2004), p. 196.

발하여 재판 업무를 책임지고 수행하도록 하는 주심법관 선임제도도 많은 지역에 도입되었다. 그 밖에도 법원 원장·정장 등 법원 지도부는 가급적 행정 업무에 집중하도록 하는 정책도 추진하고 있다. 반면, 체제문제와 관련된 사법권의 지방화 문제는 지금까지 법원개혁에서 제외되었다.

지난 10여 년 동안 추진된 개혁은 법원제도의 합리화와 제도화, 법관능력의 제고 등 몇 가지 영역에서 성과를 거두었다. 특히 재판제도와 법관제도의 개선은 가장 대표적인 성과이다. 그러나 법원개혁은 몇 가지 문제를 안고 있다. 사법독립의 배제, 상하 법원 간, 법원 내부 법관 간의 갈등과 대립의 발생, 개혁의 불균등한 추진 등이 대표적인 문제이다. 이 중에서 법원개혁에 대한 공산당의 영도와 군중노선의 강조, 이에 따른 기존 성과의 폐기 등 제3차 법원개혁에서 나타나고 있는 과거로의 회귀 현상은 매우 우려할 만한 문제이다.

2. 개혁 전망

법원개혁의 전망은 단기(5년 이내)와 중기(5~10년)로 나누어 살펴볼 수 있다. 우선, 시기와 상관없이 앞으로도 법원개혁의 기본목표는 법원제도의 '3대 문제'의 해결이 될 것이다. 단기적으로 볼 때, 이와 같은 3대 문제 중에서 법원 운영의 행정화와 법관의 대중화 문제의 해결이 법원개혁의 주된 과제가 될 것이다. 다시 말해, 지금까지 해 왔던 것처럼, 개혁은 법원의 내부문제 해결에 집중해서 재판제도의 개혁과 법관제도의 개혁이 중점 과제로 추진될 것이다. 여기에 더해 '사법위민'(司法爲民: 국민을 위한 사법)의 구호 아래 국민의 불만이 집중된 문제 — 예를 들어, 사법부패의 만연과 불공정한 재판의 문제, 과다한 소송비와 변호사 수임료의 문제(즉,

'소송난'), 법원 판결의 미집행 문제(즉, '집행난') — 의 해결을 위해 필요한 정책이 추진될 것이다.

그러나 법원개혁이 지속되면서 현행 방식과 내용의 개혁은 한계에 직면할 것이다. 법원 내부에만 초점을 맞추어 개혁을 추진해서는 법원 운영의 행정화나 법관의 대중화 문제도 제대로 해결할 수 없기 때문이다. 그 결과 중장기적으로 볼 때, 지금까지 법원개혁에서 배제되었던 사법권의 지방화 문제의 해결이 개혁의 주요 과제로 등장할 것이다. 이는 곧 법원독립과 법관독립으로 구성되는 사법독립의 추진을 의미한다. 그리고 이를 위해서는 법원-공산당 관계와 법원-정부 관계를 변화시키는 법원 외부의 개혁, 즉 정치개혁이 필요하다. 이처럼 법원개혁을 통해 사법독립을 달성해야 한다는 것은 거의 모든 중국학자와 법조계 인사의 요구이자 주장이다. 지금까지 공산당과 정부 지도자, 일부 법원 지도자가 국민의 요구와 의지를 근거로 이를 배제했는데, 중장기적으로 볼 때에는 이것이 가능하지 않을 것이다.[2]

그런데 여기서 주의할 것이 있다. 중국 학계와 법조계에서 주장하는 사법독립은 어디까지나 공산당의 '영도'(領導)와 의회의 '감독'(監督)을 전제로 한 '체제 내의 독립'이라는 사실이다. 구체적으로, 이들이 말하는 인사권과 재판권 독립은 '동급'(同級) 공산당 위원회로부터의 독립이지 공산당 '그 자체'로부터의 독립은 결코 아니다. 다시 말해, 동급 정법위원회의 '사법영도'(司法領導)를 폐지하고, 대신 법원계통 내의 공산당 조직을 통해 수직 영도를 실시하라는 것이다(즉, '수평 영도' 체제에서 '수직 영도' 체제로의 개혁). 이런 면에서 이들이 주장하는 사법독립은 '동급' 공산당으로부터

2 蔣惠嶺, 「司法改革與司法公正」, 蔡定劍・王晨光, 『中國走向法制30年』, pp. 157~158; 熊秋紅, 「中國司法改革30年」, 中國社會科學院法學硏究所 編, 『中國法治30年: 1978~2008』(北京: 社會科學文獻出版社, 2008), pp. 216~217.

의 독립일뿐이다.

유사하게, 정부 재정권으로부터의 독립도 '동급' 정부로부터의 독립이라는 성격이 강하다. 만약 중앙정부나 성급(省級) 지방정부가 관할지역(성·직할시·자치구) 전체 법원의 예산을 편성하고 할당한다면, 또한 그것이 만약 법원의 경비 부족 문제를 어느 정도 해결하는 수준에서 편성된다면, 법원은 이를 수용할 수 있을 것이다. 물론 가장 좋은 것은 최고법원이 재정권을 갖고 전국 법원의 예산을 편성하고 집행하는 것이다.

그 밖에도 법원은 의회의 감독 그 자체를 반대하지 않는다. 이는 〈헌법〉에 규정된 의회의 고유한 권한이기 때문이다. 법원이 반대하는 것은 의회가 법원이 심리 및 판결하는 개별 사건을 조사하고 수정하는 개별사건감독(個案監督)이다. 반면, 법원은 검찰(檢察院)의 법률 감독을 반대한다. 관련 법률에 따르면 검찰은 재판 과정에서 자신이 공소하지도 않은 민사사건이나 경제사건에 대해서도 법원을 상대로 법률 감독을 실시할 수 있다. 이는 소송사건의 한 주체가 동시에 감독관의 역할도 담당하는 것이기 때문에 법원의 입장에서는 수용하기 어렵다.

'조건부 독립'이라고는 하지만 사법독립, 즉, 법원독립과 법관독립의 실현을 위해서는 일정한 조건이 필요하다. 아프리카 일부 국가의 법원을 분석한 한 연구에 의하면, 권위주의 체제에서 사법독립을 이룩하기 위해서는 몇 가지 조건이 필요하다. 첫째는 야당, 기업가, 시민사회 등 정치권과 사회에 사법독립을 지지하는 세력이 존재해야 한다. 둘째는 국제적 관심과 지원이다. 만약 사법독립을 훼손할 경우 경제원조의 중단 등 국제사회의 제재가 가해진다면 정권은 사법독립을 쉽게 훼손할 수 없다. 셋째는 중요한 정치집단과 사회여론의 주도층이 법치(法治)를 포함한 법원독립과 관련된 규범을 수용하고 지지하는 것이다. 마지막은 법원독립에 대한 확고한 의지가 있고 이를 관철하기 위해 정당·정부·군부와 투쟁할 수 있는 능력이 있는 법원의 지도부이다.[3] 이와 비슷하게 한 중국학자도 법원독립을 위해서는 법관의 소질 제고, 법원 지도자의 용기와 행동, 법원독립에 대한 사회의 이해와 지지가 필요하다고 주장한다.[4]

그러나 현재의 중국 상황을 보면 이런 조건이 제대로 갖추어져 있지 않다. 사법독립을 지지하는 야당은 말할 것도 없고 독립적인 시민사회도 거의 존재하지 않는다. 편법이나 권력과의 결탁을 통해 성장한 많은 사영 기업가가 사법독립의 지지 세력이 되지는 않을 것이다. 그렇다고 공산당이나 정부가 국제사회의 압력이나 감시를 두려워하는 것도 아니다. 오히려 중국의 경제력이 급속히 증가하면서 국제사회는 중국 정부와 공산당의 눈치를 본다. 중국에서 법치규범이 전 사회로 확대되고 있는 것은 분명하지만, 아직 정치 지도자와 사회의 여론주도층이 이를 전적으로 수용하고 지지한다고 볼 수는 없다. 마지막으로 현재의 법원 지도부의 사법독립에 대한 신념이 어느 정도인지는 모르겠지만, 공산당과 정부에 맞서 과감하게 투쟁할 것 같지는 않다. 설사 이런 법원 지도자가 있을지 몰라도 공산당은 인사권 행사를 통해 이들을 충분히 통제할 수 있다.

결국 중국의 현실을 놓고 볼 때, 사법독립은 당분간 실현되지 않을 것이다. 그래서 일부 중국 내외의 학자들은 사법독립을 위해서는 정치개혁이 선행되어야 한다고 주장한다.[5] 즉, 법원-공산당, 법원-정부의 관계를

---

3 Jennifer Widner and Daniel Scher, "Building Judicial Independence in Semi-Democracies: Uganda and Zimbabwe," Tom Ginsburg and Tamir Moustafa (eds.), *Rule by Law: The Politics of Courts in Authoritarian Regimes* (New York: Cambridge University Press, 2008), pp. 235~260.

4 譚世貴, 『司法獨立問題硏究』(北京: 法律出版社, 2004), pp. 218~224.

5 Randall Peerenboom, *China's Long March toward Rule of Law* (Cambridge: Cambridge University Press, 2002), p. 320; 蔣惠嶺, 「司法改革與司法公正」, 蔡定劍・王晨光, 『中國走向法制30年』, p. 158; 譚世貴, 『司法獨立問題硏究』, pp. 7~8; 江蘇省南京市中級人民法院, 「關於我國司法改革的宏觀思考」, 公丕祥 主編, 『回顧與展望: 人民法院司法改革硏究』(北京: 人民法院出版社, 2009), p. 91; 秦旭東, 「司法改革應從何處入手」, 『財經』 2009년 1월 21일, http://www.law-star.com/cac/235029437.htm (검색일: 2010. 6.

개혁하는 문제는 이미 법원개혁을 벗어나는 것이고, 이는 전체의 정치체제를 바꾸는 정치개혁이라는 것이다. 그래서 이런 정치개혁이 추진되는 과정이나 정치개혁과 함께 법원개혁이 추진됨으로써만 사법독립은 달성될 수 있다고 주장한다. 이는 세계 다른 국가의 사법독립 경험을 통해서도 확인되는 것이다. 다시 말해, 유럽과 같은 선진국에서도 국가제도가 수립되고 국민의 정치통합이 이룩되는 등의 국가건설(state-building)이 완성된 이후에 법원제도가 수립되어 사회정의를 지키는 보루로 발전했다.[6]

그렇다고 중국의 법원개혁이 무의미하거나 비관적인 것만은 아니다. 우선 지난 법원개혁을 통해 법원제도는 분명히 발전했다. 다시 말해, 법원은 전보다 더욱 독립적이고 권위가 있으며, 법관도 좀 더 전문화되고 유능해졌으며, 판결은 더 공정해졌다.[7] 공산당 당원이나 사회 엘리트의 법원에 대한 신뢰도도 전보다 높아졌고, 그 결과로 소송이 비교적 최근까지 계속 증가해 왔다. 이와 같은 지금까지의 상황을 놓고 볼 때, 법원의 제도적 확대는 앞으로도 지속될 것이고, 이런 측면에서 미래의 법원 발전을 "낙관적으로" 볼 수도 있다.[8]

---

10).

6 Hilton L. Root and Karen May, "Judicial Systems and Economic Development," Tom Ginsburg and Tamir Moustafa (eds.), *Rule by Law: The Politics of Courts in Authoritarian Regimes* (New York: Cambridge University Press, 2008), pp. 304~325.

7 Randal Peerenboom, "Judicial Independence in China: Common Myths and Unfounded Assumptions," Peerenboom (ed.), *Judicial Independence in China: Lessons for Global Rule of Law Promotion* (Cambridge: Cambridge University Press, 2010), pp. 69~94; Hualing Fu, "Putting China's Judiciary into Perspective: Is It Independent, Competent, and Fair?" Erik G. Jensen and Thomas C. Heller (eds.), *Beyond Common Knowledge: Empirical Approaches to the Rule of Law* (Stanford: Stanford University Press, 2003), pp. 193~219; Bin Lian, *The Changing Chinese Legal System, 1978-Present: Centralization of Power and Rationalization of the Legal System* (London: Routledge, 2008), pp. 171~172.

8 Pierre Landry, "The Institutional Diffusion of Courts in China: Evidence from Survey Data," Ginsburg and Moustafa, *Rule by Law*, pp. 207~234.

한편 싱가포르와 홍콩의 경험에서 알 수 있듯이, 정치 민주화가 이룩되지 않은 권위주의 정치체제에서도 사법제도는 형식적 법치(rule of law)를 어느 정도 달성할 수 있다. 이런 법치의 발전은 다시 경제발전과 사회안정에 충분히 기여할 수 있다. 실제로 중국은 싱가포르의 '비자유주의적 법치'(non-liberal rule of law)의 경험을 지금까지 학습해 왔고, 어쩌면 이를 자국에 실현하려고 의도하는지도 모른다.[9] 1997년 제15차 당대회에서 의법치국 방침을 결정하고, 이를 공산당과 국가기관에 적용하는 정치개혁을 추진하고 있는 지금까지의 상황을 놓고 볼 때, 중국의 이런 의도를 읽을 수 있다.

그러나 중국처럼 인구가 많고 지역적 편차가 심하며 공산당의 일당통치가 지속되는 조건에서 싱가포르와 같은 법원제도가 실현될 수 있을지는 장담할 수 없다. 다만 최소한 현재처럼 법원개혁을 지속한다면 '비슷한 성과'는 얻을 수 있을지도 모른다. 그리고 이는 중장기적으로 전개될 더 깊은 층위의 법원개혁을 위한 기초를 쌓는 역할을 할 수 있을 것이다.

문제는 법원-공산당, 법원-정부의 관계를 변화시키는 체제개혁을 포함하는 '제2의 법원개혁'이 정말로 추진될 수 있는가 하는 점이다. 만약 이것이 추진되지 않는다면 법원개혁은 앞으로도 여전히 제한된 성과에 만족해야 할 것이다. 미래에 법원개혁이 어떤 방향으로 전개될지는 2012년 제18차 당대회에서 새로운 통치집단으로 등장할 '제5세대' 지도자의 선택에 달려 있다.

---

9 Gordon Silverson, "Singapore: The Exception That Proves Rules Matter," Ginsburg and Moustafa, *Rule by Law*, pp. 73~101.

부록

제1, 2, 3차 〈법원개혁 요강〉 전문(全文)

1. 〈인민법원 5개년 개혁 요강(1999~2003년)〉

2. 〈인민법원 제2차 5개년 개혁 요강(2004~2008년)〉

3. 〈인민법원 제3차 5개년 개혁 요강(2009~2013년)〉

1. 〈인민법원 5개년 개혁 요강(1999~2003년)〉

1999년 10월 20일[1]

중국공산당 제15차 전국대표대회는 의법치국(依法治國)의 기본 방침(方略)을 확정하고, 사법개혁 추진의 임무를 명확히 제시했다. 제9기 전국인민대표대회 제2차 회의 또한 의법치국의 기본 방침을 헌법에 삽입했다. 인민법원의 개혁은 우리나라 사법개혁의 중요한 구성 부분이므로 반드시 적극적이면서도 타당하게 추진해야 하며, 인민법원이 의법치국과 사회주의 법치국가 건설의 역사적인 과정에서 마땅히 담당해야 할 중요한 역할을 발휘하도록 해야 한다.

1 〈人民法院五年改革纲要〉.

Ⅰ. 기회를 확실히 잡아 인민법원의 개혁을 추진한다

1. 인민법원의 개혁은 거스를 수 없는 필연적인 추세이다. 사회주의 시장경제체제의 점진적인 형성에 따라, 우리나라 경제체제의 개혁, 민주 및 법제의 건설, 사회주의 정신문명의 건설도 주목할 만한 성취를 거두었다. 이와 동시에 사회관계가 변화하고 이익구조도 조정되었으며 사회의 모순들이 얽혀있기 때문에, 인민법원의 재판 업무가 전대미문의 복잡한 국면을 맞게 되고, 인민법원의 관리체제와 재판 업무를 위한 기제들도 다음과 같은 중대한 과제에 직면하게 되었다.

- 사법 활동 중의 지방보호주의(地方保護主義)가 발생하고 만연되어 우리나라 사회주의 법제의 통일과 권위를 심각하게 훼손한다.
- 현행 법관(法官) 관리체제하에서는 법관 전체의 소양이 재판 업무의 전문화 요구에 부응하기에 어려울 정도에 이르렀고, 배금주의, 향락주의, 특권관념 등 타락한 사상의 침식이 억제하기 어려울 정도가 되었으며, 소수 사법 관계자의 부패 현상과 재판의 불공정성에 대한 인민 군중의 불만이 강렬하여, 당과 국가의 위신에 직접적인 손상을 입히기에 이르렀다.
- 재판 업무의 행정관리 모델은 재판 업무의 특성과 규율에 적응하지 못하고, 인민법원의 기능과 역할이 충분히 발휘되는 데에 심각한 영향을 준다.
- 인민법원, 특히 기층인민법원의 경비 부족의 문제, 낙후된 장비 및 물질적 보장 부족의 문제로 인해 재판 업무의 발전이 심각하게 제약된다.

이와 같은 과제에 직면하여, 인민법원이 개혁을 단행하지 않으면 활로를 찾을 수 없게 되었다. 오직 개혁을 통해 점진적으로 법에 의거해 독립적이고 공정하게 재판할 수 있는 기제를 수립해야만 비로소 사회주의 시장경제의 발전과 민주법제 건설의 수요를 만족시킬 수 있을 것이다.

2. 인민법원의 개혁이 좋은 기회를 맞이했다.

- 개혁·개방과 사회주의 현대화 건설의 발전은 인민법원의 개혁을 위해 긍정적인 정치적 조건을 제공했다. 제9기 전국인민대표대회 제2차 회의에서 헌법 수정안이 통과되어 제15차 당대회에서 제기한 의법치국의 기본 방침이 국가의 근본법에 삽입되었다; 이 회의에서 공포된 〈최고인민법원 업무보고의 결의〉에서는 인민법원이 의법치국 및 사회주의 법치국가의 건설에서 중요한 역할을 발휘해야 한다는 요구를 제기하여, 인민법원의 개혁을 위한 헌법과 법률의 기초를 다졌다.
- 사회주의 시장경제체제가 점진적으로 수립되면서, 인민법원은 객관적인 관점에서 당사자의 합법적인 권익을 평등하게 보호하고, 당사자 간의 분쟁을 공정하고 시의 적절하게 처리하며, 시장 주체의 합법적인 권익을 침해하는 각종 위법 행위 및 범죄 행위를 타파하고, 사회주의 초급단계의 경제와 사회의 발전에 부합하지 않는 사법 관념, 관리 모델, 운영 방식을 개혁할 것을 요구받는다.
- 개혁·발전·안정이라는 3자 간의 관계에 대한 전 사회의 인식이 점차 심화되고, 인민 군중의 법률의식이 강화되었다. 사법개혁에 대해 이론계가 대량의 유익한 탐색을 실행하여, 법원개혁은 이미 점차적으로 전 사회의 공통된 인식이 되었고, 인민법원 개혁을 위한 긍정적인 사회적 조건이 마련되었다.
- 인민법원은 이미 진행한 개혁을 통해 향후 개혁의 심화에 필요한 경험을 축적했다. 최근 몇 년 동안 전국에 있는 법원은 엄격한 법집행(執法)의 견지와 사법공정의 보장을 위해 일련의 개혁 조치들

을 실시했다. 각급 인민법원은 공개재판제도를 전면적으로 실시하고 재판방식의 개혁을 단행했다; 합의법정(合議庭)과 단독법정(獨任庭)의 재판 책임을 강화하고, 재판위원회(審判委員會)의 활동을 규범화했다; 또한 사건 수리와 재판의 분리(立審分立), 재판과 집행의 분리(審執分立), 재판과 감독의 분리(審監分立) 제도를 점진적으로 실시했다. 〈법관법〉(法官法) 규정에 근거하여 법관의 고시·임면·교류 등의 방면에서 성공적인 실천과 탐색을 진행했다. 이런 개혁 조치와 함께 이미 획득한 단계적인 성과는 향후 인민법원의 개혁 추진에 유리한 조건을 마련했다.

종합적인 형세를 보면, 인민법원 개혁은 흔히 얻기 힘든 역사적 호기를 맞았다. 우리는 반드시 시대의 고도(高度)에 서서 현실에 입각하고 장기적인 발전을 고려하여 사상을 더욱 해방시키고 기회를 놓치지 않으며, 진취성과 개척정신과 자신감을 가지고 인민법원의 개혁을 더욱 심화시켜 나가야 한다.

3. 인민법원의 개혁은 덩샤오핑(鄧小平) 이론을 지도로, 제15차 당대회에서 제기된 의법치국과 사회주의 법치국가 건설의 기본 방침과 사법개혁의 추진 요구를 근거로 사상해방 및 실사구시의 사상 노선을 견지해야 한다.

4. 인민법원의 개혁은 반드시 아래의 원칙을 일관되게 견지해야 한다:

- 당의 영도(領導)
- 인민민주독재의 국체(國體)와 인민대표대회제도의 정체(政體)
- 법에 의거한 독립재판

- 국가법제의 통일
- 중국 조건(國情)에서 출발하되 법원과 법관 관리 방면에서 외국의 유익한 경험을 참고

5. 인민법원 개혁의 총체적 목표는 다음과 같다: 사회주의 시장경제의 발전과 사회주의 법치국가 건설의 수요라는 핵심 목표에 철저히 집중하고, 헌법과 법률 규정의 기본원칙에 근거하여, 인민법원의 조직체계를 완비(健全)한다; 독립적이고 공정하며 공개적이고 고효율의 청렴하며 운영이 양호한 재판 업무기제를 더욱 개선(完善)한다; 과학적인 법관관리제도하에서 높은 소양을 지닌 법관 대오를 양성한다; 인민법원이 재판 기능을 충분히 이행할 수 있도록 보장하는 경비관리체제를 마련한다; 중국 특색을 가진 사회주의 사법제도를 진정으로 수립한다.

6. 인민법원 개혁의 총체적 목표를 실현하기 위해 1999년부터 2003년까지의 기간에 인민법원 개혁의 기본적인 임무와 반드시 실현해야 하는 구체적인 목표는 다음과 같다: 공개재판 원칙의 이행을 주요 내용으로 삼고 재판방식의 개혁을 더욱 심화시켜야 한다; 합의법정과 법관 책임을 중점으로 하여 재판 업무의 특징 및 법규에 부합하는 재판 관리기제를 수립해야 한다; 재판 업무의 강화를 중심으로 삼아 법원 내에 설치된 기구들을 개혁하고 재판원(審判員: 법관)과 사법행정 관련 공무원의 역량이 합리적으로 배치되도록 한다; 당 간부관리(黨管幹部) 원칙을 견지하고 법원 인사관리제도의 개혁을 한층 더 심화시켜, 정치성이 강하고 업무가 정밀하며 기풍이 바른 법관 대오를 건설한다; 법원의 업무 처리 현대화 건설을 강화하고 재판 업무의 효율성 및 관리 수준을 제고한다; 각 감독기제를 완비하고 사법 인원의 공정 및 청렴을 보장한다; 법원의 조직체계, 법

원 간부관리체제, 법원 경비관리체제 등에 대한 개혁을 적극적으로 탐색하고, 인민법원 개혁의 총체적인 목표 실현을 위한 기초를 다진다.

II. 인민법원 5개년 개혁의 기본 내용

(1) 재판방식의 개혁을 더욱 심화한다

7. 1999년 말까지, 전국의 각급 인민법원은 명확한 책임, 합리적인 분업, 효율적인 운영의 원칙에 근거하여, 사건 수리와 재판의 분리, 재판과 집행의 분리, 재판과 감독의 분리를 전면적으로 실시한다. 인민법정(人民法庭: 기층인민법원의 파출기구 — 역자)의 사건 수리와 재판의 분리는 실제 상황과 결합하여 진행한다.

8. 과학적인 사건의 심리(審理)를 위한 공정한 관리제도를 수립하여, 전문기구가 각종 사건의 심리 과정에서 사건의 수리(立案)·송달·개정(開庭)·판결 등 서로 다른 단계에 대해 추적 관리하여 사건 심리 업무의 공정성과 효율성을 보장한다.

9. 2000년 말까지 최고인민법원은 재심(再審) 사건과 관련된 소송 접수의 표준을 제정한다.

10. 대질입증(質證)제도와 입증(認證)제도를 더욱 개선한다.

- 대질제도를 규범화한다. 대질이란 법관이 정확하게 논증하는 전제이며, 어떤 증거도 법정의 대질을 거치지 않고는 최종 판결 확정의 근거가 될 수 없다.

• 공개 입증의 조건과 방법을 탐색하고 입증제도를 개선한다.

• 경험의 총정리(總結)를 기초로 2000년 말까지 대질에 적용할 규칙을 제정한다.

11. 유효한 조치를 채택하여 대질인, 특히 주요 대질인의 법정 출두 문제를 해결한다. 이와 동시에 재판의 경험을 총정리하여 증인이 출정하고 증언을 해야 하는 의무, 신변의 안전, 물질적 보장, 법률적 책임 등의 문제에 대한 연구를 진행하고, 적당한 시기에 전국인민대표대회 상무위원회에 증인법(證人法) 제정의 의안(議案)을 제출한다.

12. 최고인민법원이 1999년 3월 8일에 반포한 〈공개재판제도의 엄격한 집행에 대한 규정〉을 엄격히 집행하고 공개재판제도를 전면적으로 실행한다. 인민법원이 개정(開庭)하여 재판하는 사건은 마땅히 점진적으로 당정(當庭: 개정 중인 법정을 의미 — 역자) 판결률(宣判率)을 제고한다.

13. 재판 문서의 개혁을 가속화하고 재판 문서의 질도 향상시킨다. 개혁의 중점은 대질 중 이견이 있는 증거의 분석 및 입증을 강화하고, 판결의 합리성을 높이는 것이다; 재판 문서를 통해 재판 과정을 기록할 뿐만 아니라 재판 이유도 공개하여, 재판 문서가 사회와 대중에게 사법공정의 이미지를 보여줄 수 있는 매체가 되고 법제 교육의 생생한 교재가 되도록 한다.

14. 2000년부터 최고인민법원 재판위원회의 토론 및 결정을 거친, 법률문제에 사용하기 적합한 전형적인 사건을 공포하여, 하급법원이 유사한 사건을 재판할 때 참고할 수 있도록 한다.

15. 재판 과정에 대한 〈형사소송법〉 규정을 엄격하게 집행하고 형사재판방식의 개혁을 지속적으로 심화한다.

- 피고인의 변호 받을 권리를 법에 의해 보장한다. 보통절차에 의거하여 심리하는 사건에서 경제적 곤란이나 혹은 기타 원인으로 인해 변호인을 선임하기 어려운 피고인이 있다면, 인민법원은 최고인민법원과 (국무원 — 역자) 사법부(司法部)의 〈형사 법률구조(法律援助) 업무에 대한 연합통지〉에 의거하여 법률구조의 의무를 맡을 변호사를 지정하고 변호를 제공하는 업무를 적극적으로 실천하여 재판의 질을 보장한다.
- 제2심 사건 중 법에 의거하여 개정 없이 심리할 수 있는 사건을 제외하고는 마땅히 개정 심리하고 공개 판결한다; 사형 제2심에서 상소인이 제1심에서 인정된 사실이나 증거에 대해 이의를 제기하거나 새로운 사실 및 증거를 제출하는 경우, 혹은 사회에 미치는 영향이 상당히 큰 경우는 마땅히 법에 의거하여 개정 심리한다.
- 시험 실시(試點)의 경험을 총정리한 내용을 기초로 형사 재심(再審) 사건은 개정 심리한다는 규정을 제정한다.
- 재판장(審判長)은 법정 심문을 지휘하고 통제하는 능력을 제고하는 데 노력하며, 소송당사자 쌍방이 법정에서 제소와 해명의 역할을 발휘하게 하는 데 중점을 두어, 증인이 법정에 출석하여 증언하는 것을 통해 증거를 제시하고, 대질하고 공소하고 변호하는 등의 활동을 할 수 있게 하여 사건의 진실을 철저히 조사한다.
- 피해자의 합법적인 권리를 충분히 보호한다는 전제하에 자소(自訴) 사건의 수리를 엄격히 조사한다; 자소사건 당사자의 증거제시 책임을 강조하는 동시에, 당사자의 증거제시 및 필요한 조사를 통한 증거취득 업무를 잘 지도한다.

16. 민사 및 경제재판방식의 개혁을 위해서는 증거제시제도를 더욱 개선하고, 권리를 계속 주장하는 당사자가 증거를 제시할 책임을 진다는 원칙 외에도 증거제시 시한을 결정하는 제도나 중대하거나 복잡하거나 어려운 사건에 대해 사전에 증거를 교환하는 제도를 수립하고, 인민법원이 증거를 수집하는 제도를 개선하여, 당사자의 증거제시 및 대질 활동을 더욱 규범화한다.

17. 행정재판방식을 개선한다. 피소된 구체적 행정 행위의 합법성에 대한 심리 및 조사를 긴밀히 진행하고, 구체적 행정 행위만 조사하면 되는데도 원고(주로 정부 부서와 공무원 ― 역자)의 행위까지 같이 조사하거나, 심지어는 원고의 행위만을 조사하는 방식을 철저히 변경한다.

(2) 재판 업무 규율에 부합하는 재판조직 형식을 수립한다

18. 합의법정과 법관의 책임을 강화하고 재판장과 단독법관(獨任審判員)의 선임(選任)제도를 추진하여, 재판장과 단독법관이 법정 심리 과정에서 지휘 및 협조하는 역할을 충분히 발휘하게 한다. 2000년 말까지 법관이 재판장과 단독법관의 직책을 담당할 수 있는 조건과 책임에 대해 명백히 규정하고, 재판장 및 단독법관의 심사, 고과(考核), 선임제도를 수립한다. 재판장과 단독법관은 재판 직책에 의거하여 재판 문서를 서명 및 발급한다.

19. 법률 규정의 범위 내에서 약식절차(簡易程序)를 많이 사용하여 사건을 심리한다. 조건이 갖추어지면 입법기관(전국인민대표대회와 지방인민대표대회를 의미 ― 역자)에 〈형사소송법〉 및 형사소송법에 대한 개정 건의를 제출하고, 인민법원이 약식절차로 사건을 심리할 수 있는 범위를 확대한다.

20. 재판장 선임제도의 전면적인 실시를 기초로, 합의법정이 법에 의거하여 제청하고 원장(院長)이 재판위원회의 토론에 회부하여 결정할 중대하거나 어려운 사건을 제외하고는 다른 사건은 일률적으로 합의법정에서 심리 및 판결해야 하며, 원장이나 정장(庭長) 개인이 합의법정의 결정을 바꿀 수 없도록 한다.

21. 원장·부원장, 정장·부정장이 참가하는 합의법정이 재판부를 담당하여 사건을 심리하는 방식을 실행한다. 각급 인민법원은 각자의 현실상황과 결합하여, 원장·부원장, 정장·부원장이 재판장을 맡아 사건을 심리하도록 요구한다.

22. 재판위원회 업무의 직책을 규범화한다. 재판위원회는 법원 내부의 최고 재판조직으로서 합의법정의 직책을 강화하고 사건 심리의 질을 부단히 제고하는 것을 기초로 합의법정에서 제청하고 원장이 회부한 소수의 중대하거나 어렵거나 복잡한 사건에 대해 법률을 적용하는 문제만을 점진적으로 토론하고 재판의 경험을 정리한다. 이를 통해 재판 업무에서 생기는 근본적이고 전체적인 문제에 대해 연구하거나 권위적인 지도를 담당하는 역할을 하는 데 기능을 충분히 발휘하도록 한다.

23. 인민배심원제도를 개선한다. 인민배심원을 담당하는 조건, 선정절차, 재판에 참가할 수 있는 사건의 범위, 권리와 의무, 경비의 보장 등의 문제에 대해 기존의 경험을 정리하고 충분히 논증하여 우리나라 인민배심원제도의 개선을 위한 건의를 전국인대 상무위원회에 제출하고, 인민배심원제도가 진정으로 실시되고 강화될 수 있도록 한다. [1999년 5월 8일, 최고인민법원이 샤오양(肖揚) 원장의 서명을 거쳐, 전국인대 상무위원회에 「'인

민배심원제도의 개선 결정(초안)'의 제출 및 심의에 대한 의안」을 제출했다.]

(3) 법원 내부의 기구를 과학적으로 설치한다

24. 재판 부서의 직책 범위 및 역할 분담에 대해 더욱 명확히 규정하고, 각자의 기능이 중복되고 분업 구도가 명확하지 않은 현 상황을 개선한다. 2000년 말까지 최고인민법원이 재판정 및 재판실의 직책 범위에 대해 명확한 규정을 마련한다.

25. 재판 부서를 내실화하고 각급 인민법원의 사법행정관리 부서를 정리, 합병, 통일하여 설립한다; 각급 인민법원의 재판 부서와 사법행정관리 부서의 인원 비례를 규정한다; 사법행정관리 부서의 잉여 인원에 대해서는 분류 업무를 진행한다.

26. 중공 중앙이 발부한 [1999년] 11호 문건에 실린 「인민법원의 '집행난'(執行難) 문제 해결에 대한 중공 최고인민법원 당조(黨組)의 보고」의 정신을 충실히 실행하여 인민법원의 집행기구 및 집행 업무체제를 개혁한다.

- 1999년 말까지 각 성・자치구・직할시의 고급인민법원은 관할지역 인민법원의 집행 업무에 대한 통일 관리 및 협조체제를 실행한다. 고급인민법원 집행기구는 책임을 지고 관할지역 외의 고급인민법원 집행기구와 함께 집행기구 간의 쟁의 사건에 대해 협조하여 처리한다.
- 집행 대오(執行隊伍)의 건설을 강화한다. 집행 대오의 정리 업무를 계속 실시하여 집행 업무에 적응하지 못하는 인원을 최대한 빨리 집행 업무의 직위에서 전출시킨다; 전체 법원 간부(幹警) 중에서

현행 편제 인원의 15% 비율로 자격에 부합하는 집행 인력의 배치를 보장한다. 집행 대오에 대한 과학적인 관리를 강화하고 집행 기강을 엄숙히 하며 업무 훈련을 철저히 실시하고 법 집행의 수준을 높인다. 전국적으로 정치성이 견고하고 청렴결백하고 공정하며 기강이 엄격하고 업무에 정통하며 기풍이 견실하고 잘 훈련된 집행 대오를 최대한 빨리 건설한다.

- 시험 실시를 거쳐 조건이 성숙하면 전국적으로 각급 인민법원의 집행기구를 통일적으로 영도, 감독 및 배치하여 높은 효율로 운영하는 집행 업무체제를 수립한다.
- 집행 업무의 경험을 정리한 내용을 토대로 강제집행법(强制執行法)을 기초(起草)하여 최대한 빨리 전국인대 상무위원회의 심의에 회부한다.

27. 당사자가 소송을 진행하는 데 편리하고 인민법원이 사건을 재판하는 데 편리해야 한다는 원칙에 근거하여 규범화 및 규모화의 요구에 따라 인민법정을 합리적으로 설치한다. 각 지역에서는 마땅히 실지 조사를 기초로 지역의 실제 상황에 근거하여 실사구시의 정신으로 인민법정 건설의 발전 목표 및 방안을 제정한다.

- 인민법정은 최소한 3명의 법관과 1명의 서기를 배치한다; 조건이 갖추어진 지역에서는 법원 경찰을 배치할 수 있다. 경제가 발달하고 도로 교통 상황이 비교적 좋은 지역에서는 계획성 있게 일부 법정을 합병하여 일정한 규모를 갖춘 인민법정을 건립하거나 재조직한다.
- 1999년 말까지 현존하는 각종 '전문법정'(專門法庭)과 조건에 부합하지 않거나 법에 의거하여 독립적이고 공정하게 재판권을 행사하기에 불리한 인민법정은 정리, 조정, 합병한다.

• 2000년 말까지, 도시 관할구 내의 인민법정을 폐지한다.

28. 사법경찰을 통일적으로 영도하는 관리체제를 규범화한다. 〈인민법원 사법경찰 임시조례〉에 규정된 '이중영도(雙重領導), 편대관리(编队管理)' 규정을 성실하게 실행하고 통일적인 관리 및 동원을 강화한다; 사법경찰의 임용제도의 개혁을 탐색하고 일부 사법경찰의 초빙임용제를 시행하여 사법경찰의 진출 경로를 합리화한다.

29. 인민법원의 사법감정(司法鑒定) 및 정보 업무의 체제를 개혁하고 합리화한다. 인력·자금·기술을 집중하여 고급인민법원을 중심으로 사법감정 기구를 건립하고, 최고인민법원이 인민법원의 사법감정 센터를 설립하여 점진적으로 통일된 사법감정체계를 수립한다; 또한 통신 및 통계 등 정보관련 기구를 통일적으로 설치한다.

(4) 법원 인사관리제도의 개혁을 심화한다

30. 〈정법(政法) 간부 대오건설 강화에 대한 중공 중앙의 규정〉을 엄격히 집행하여, 상급인민법원 당조(黨組: 법원 내의 공산당 지도조직으로 원장·부원장 등 소수 지도자로 구성 — 역자)는 적극적이고 주동적으로 지방 당위원회와 협조하여 하급법원 지도부(領導班子) 구성원에 대한 협조 관리의 역량을 강화하고, 각급 인민법원 당조의 간부관리 기능을 충분히 발휘하도록 한다.

31. 1998년 이래 일부 지역에서 상급인민법원 당조가 중심이 되고 지방 당위원회가 협조하여 지방법원 지도부 구성원을 관리하던 방식을 정리하여, 시험 실시 지역에서 얻은 성과는 인정하고 문제는 성실하게 연구

하여 해결 방안을 제시한다.

32. 법관의 충원 경로를 개혁한다. 하급인민법원의 우수한 법관, 변호사, 고급 법률 인재 중에서 상급인민법원의 법관을 선임하는 제도를 점진적으로 수립한다. 공개적으로 시험에 합격한 법률대학의 졸업생과 기타 인원은 우선 중급인민법원과 기층인민법원에 충원한다. 고급인민법원과 최고인민법원의 재판정(審判庭)은 5년 이후 하급인민법원과 사회의 고급 법률 인재 중에서 선정하여 법관을 임용한다. 법관의 공급 및 임용 제도가 진정한 선순환을 이룰 수 있도록 하고 법관 대오의 높은 소양에 대한 요구를 실현하고 보장한다.

33. 재판장 선임 업무의 확대에 따라 〈인민법원 조직법〉의 개정과 함께 고급인민법원은 법관 배치, 법관 보조, 보조 재판원의 업무취소제도를 시험 실시하고 경험을 탐색한다.

34. 각급 인민법원의 법관편제(法官編制: 법관의 규모, 직급, 직책에 대한 규정을 의미 — 역자) 확정 업무에 대해 연구하고, 재판의 질 및 효율 보장을 전제로 계획성 있고 절차에 맞게 법관편제를 확정한다.

- 서로 다른 지역 및 급별(級別)의 일부 법원을 선택하여 법관편제 업무의 시험 실시를 진행한다.
- 최고인민법원은 시험 실시 지역 법원의 경험을 정리하고 깊이 조사 연구한 기초 위에서 2001년에 중앙의 조직·인사 부서와 상의하여 법관편제의 구체적인 방안을 제출한다.

35. 법관교류와 순환근무제도를 한층 더 강화하고 개선한다.

- 법관교류는 원칙상 법원체계 내 다른 지역 또는 상·하급 법원 간에 시행한다. 순환근무는 법관 전문화에 영향을 주지 않는 것을 전제로, 재판 업무에 영향을 주지 않는 것을 원칙으로 한다.
- 법원 소송 간부에 대해 임직회피와 교류제도를 실시한다. 각지 법원의 원장은 장기적으로 생활하는 지역 외의 다른 지역에서 근무하게 하는 방안을 실행한다; 부원장은 업무분담 순환제를 실시한다; 유사한 재판정의 정장(庭長) 직위는 정기순환제를 실시한다. 법관교류와 순환근무제도의 실시를 통해 법관의 긍정적인 상호 역할 및 관련 인원의 합리적인 배치를 달성한다.

36. 법관의 훈련 업무를 강화한다. 최고인민법원과 각 고급인민법원은 2001년까지 중급 이상의 인민법원의 정·부 원장, 정·부 정장, 기층인민법원의 정·부 원장, 정·부 정장에 대해 각각 한 번씩 번갈아 연수를 진행한다. 2년 이내에 각 고급인민법원은 평생법률대학 분교(法律業大分校)의 기능을 변화시키고 이를 기초로 법관대학 혹은 기타 법관 훈련기관을 설립한다. 2001년 이후에 법관은 반드시 3년마다 국가법관학교 혹은 기타 훈련기관에서 직무에서 벗어나 시간을 집중하여 훈련을 받는다; 신임법관은 반드시 직무에서 벗어나 훈련을 받고 전문적인 법률 지식과 재판업무의 기능을 학습한다.

37. 서기(書記)의 직무서열을 수립한다. 시험 실시한 경험을 정리한 내용을 기초로 최고인민법원은 관련 부서와 회동하여 2000년에 '인민법원 서기 관리 방법'을 제정하고 2001년 후에 전면적으로 제도를 수립한다.

(5) 법원 업무 처리의 현대화 건설을 강화하여, 사법 효율 및 법원 관리 수준을 더욱 제고한다

38. 각급 인민법원은 업무 처리 현대화와 기타 물질 장비 건설, 법원 관리 수준의 제고를 법 집행 조건의 개선, 재판의 질 및 효율의 향상, 사법공정 실현의 주요 내용으로 삼고 성실하게 매진한다.

- 재판방식 개혁의 수요에 부응하여 재판법정(審判法庭)의 건설에 한층 더 매진한다. 법정이 부족하고 설비가 제대로 갖추어지지 않은 문제를 최대한 빨리 해결하고, 법정은 안전 검사, 법정에서의 문자 입력, 녹음, 녹화, 영사기(OHP 혹은 프로젝터), 폐쇄회로화면(CCTV) 감시체계 등 상응하는 기술설비를 갖춘다.
- 2001년 말까지 법정 심문, 소송 문건의 제작, 법원 인사의 관리, 서류 관리, 통계 수치의 정보처리 등의 방면에 컴퓨터 등 현대화된 기술적 수단의 응용을 기본적으로 실현한다. 온라인 정보망 및 컴퓨터 통신의 건설을 가속화하고 인터넷 응용 소프트웨어를 통일한다. 3년 이내에 최고인민법원과 고급 및 중급 인민법원 간의 컴퓨터망을 구축하고, 5년 이내에 전국적으로 법원의 인터넷망 시스템을 수립하여, 사건 관리, 정보, 통계 수치의 수집과 전송 등을 네트워크 시스템에 업로드하여 인민법원의 각 관리 업무의 기술 함량을 제고한다.

39. 2000년 말까지 최고인민법원은 각 종류 사건의 사법 통계 지표 체계에 대한 개혁 작업을 완성한다. 인민법원의 재판 업무 관리 수요에 부합하고 반응 속도가 빠르고 거시적으로 분석하는 능력을 가진 현대 사법 시스템을 만들기 위한 업무 및 관리 체계의 수립을 더욱 모색한다.

(6) 제도 건설을 강화하고 감독기제를 완비하여 사법공정과 청렴을 보장한다

40. 유효한 내부의 제약기제를 수립한다.

- 재판감독제도를 엄격히 하고, 하급법원에 대한 상급법원의 재판감독의 권위성, 정확성, 유효성을 더욱 강화한다.
- 〈인민법원 재판원의 위법 재판 시 책임추궁 방법(시행)〉과 〈인민법원 재판기율 처분 방법(시행)〉을 전면적이고 철저하게 집행하고 재판 업무의 기율 감독을 성실하게 실시하며, 재판 직책을 이용하여 법률과 기율을 위반하는 행위를 엄중히 조사하여 처분한다.
- 지도감독원(督導員) 제도를 더욱 개선한다. 1999년 말까지, 각 고급인민법원은 지도감독원제도를 마련하고, 법원 업무 중의 업무 처리에 대한 감독・검사・조사・지도의 직책을 담당하는 역할을 충분히 발휘하도록 한다. 〈인민법원 조직법〉을 개정함으로써 인민법원 지도감독원의 업무를 법제화하고, 제도적으로 재판 기율을 실천하며, 법관 직무의 도덕관념을 더욱 강조한다.
- 재판감독 업무기제를 개선 및 강화하고, 2000년에 재판감독 업무의 강화에 대한 규정을 제정한다.

41. 1999년 말까지 소송 과정에서 인민법원 재판원과 소송당사자, 변호인, 변호사 간의 관계에 대한 규정을 제정한다.

42. 인민법원이 사회 감독을 수용하는 규범성 의견을 제정하여, 인민법원의 감독 수용을 제도화, 절차화 및 법률화한다.

- 〈인민법원의 인민대표대회 및 그 상무위원회 감독 수용 의견〉을 전면적이고 철저하게 집행한다.
- 인민법원이 인민검찰원의 법률 감독, 특히 민사・경제・행정 항소

(抗訴) 사건에 대한 감독 수용을 규범화한다.

- 관련 부서와 회동하여 인민법원 재판 업무에 대한 언론 감독의 규정을 제정한다.

(7) 인민법원의 심층 개혁을 적극 탐색한다

43. 국가의 법제 통일을 수호하고 사법공정을 실현해야 한다는 기본적인 요구에서 출발하여, 인민법원의 조직체계 개혁을 적극 탐색한다. 2001년 전국인대 상무위원회에 〈인민법원 조직법〉 개정안을 제출하여 우리나라 정체(政體)에 부합하고 법원이 법에 의거하여 독립적이고 공정하게 재판권을 행사할 수 있도록 보장하는 인민법원의 조직체계를 점진적으로 건설한다.

- 해사(海事)고급법원의 설립에 대한 연구를 진행한다.
- 철도・농지개간・임업・유전・항구 등의 (전문 ― 역자) 법원 설치, 법률 지위 및 관리체제, 관리 범위에 대해 연구한다. 철도・농지개간・임업・유전・항구 등의 (전문 ― 역자) 법원이 행정관리 부서 혹은 기업의 지도(領導) 관리를 받는 현상을 점진적으로 시정한다.

44. 법률의 권위 수호와 사법 통일의 요구에 근거하여, 인민법원의 간부관리 제도의 개혁을 적극적으로 탐색하고 당의 영도 및 인민대표대회의 감독을 더욱 잘 실현한다.

45. 수입・지출 분리(收支兩條線) 정책의 규정을 철저하게 실천하는 것을 기초로 법원 경비 보장제도의 수립을 탐색하고 재판 기능의 이행에 필요한 경비를 보장한다.

Ⅲ. 영도를 강화하여 개혁 목표를 점진적으로 실현한다

46. 각급 인민법원은 반드시 조직영도를 강화하고, 본 요강이 제기한 각 개혁 임무를 흔들림 없이 실천해야 한다. 본 요강이 확정한 개혁 조치와 목표에 따라 각 지역의 실제 상황과 결합하여 각 부서와 각 지역의 구체적인 실시 방안을 개별적으로 제정해야 한다. 2001년에 인민법원 개혁의 중간 평가를 실시한다; 2003년에는 본 요강의 실시 상황에 대해 총정리(總結)한다.

47. 각급 인민법원은 각 지역의 상황과 결합하여 개혁의 구체적인 실시 방안을 정할 때 각계 군중과 관련 분야의 의견을 폭넓게 경청하고 군중에서 나와 군중으로 가는 (군중노선을 ― 역자) 견지하고, 누구나 자유로이 의견을 피력하고 그중에서 좋은 것을 골라 수용한다.

48. 현재 상황에 입각하되 장기적으로 숙고하여 단기개혁의 중점을 확정한다. 본 요강에서 확정한 입법 및 법률 개정 없이도 진행이 가능한 개혁 조치, 특히 재판방식, 법원의 내부기구, 재판조직, 서기의 직무서열 등의 개혁은 단기개혁 목표에 포함시켜 최대한 빨리 시작하고 철저하게 이행한다.

49. 인민법원 개혁은 사법관념, 업무방법, 관리기제부터 사법제도까지 포괄하는 전면적인 개혁이며, 재판 업무 전체에 관계되는 중요한 사업이다. 각급 인민법원은 본 요강에서 확정한 개혁 조치를 적극적으로 실시하는 동시에, 중대하고 심층적인 일부 개혁 문제에 대해서는 적극적으로 이론 연구 및 선전 업무를 전개하여 인민법원 개혁의 총체적인 목표의 실

현을 위해 충분한 이론 및 여론상의 준비를 진행하고 견실한 기초를 다진다.

50. 개혁 중 최고인민법원은 국가 경제체제 및 정치체제 개혁의 진전과 인민법원이 개혁 중에 직면하는 새로운 상황과 문제에 근거하여, 개혁 목표와 내용을 적절히 수정, 보충 및 개선하여 상황 발전과 변화의 수요에 대응해야 한다.

〈인민법원 5개년 개혁 요강〉은 전국적으로 각급 인민법원을 조직하고 동원하여 사법개혁을 추진하는 행동 원칙으로서, 인민법원 개혁의 방향을 명확히 밝히는 중요한 의의를 가진다. 본 요강에서 확정한 각 개혁 목표를 실현하고, 인민법원이 면모를 일신하여, 의법치국 방침의 실시를 힘있게 추진해야 한다. 각급 인민법원은 장쩌민(江澤民) 동지를 핵심으로 하는 당 중앙의 영도하에, 덩샤오핑 이론의 위대한 기치를 높이 들고 정신을 더욱 고취하고, 성실하게 일하고, 개척하며 나아가고, 대담하게 혁신하고, 용감하게 실천하여, 본 요강이 제기한 각종 개혁 임무를 전면적으로 실현하여, 사회주의 법치국가를 건설하기 위해 노력 분투하자!

2. 〈인민법원 제2차 5개년 개혁 요강(2004~2008년)〉

2005년 10월 26일[2]

1999년 최고인민법원은 사법개혁 추진에 대한 제15차 공산당 전국대표대회의 요구에 근거하여 〈인민법원 5개년 개혁 요강〉을 제정 반포하고, 1999년에서 2003년까지 전국 법원의 사법개혁에 대해 통일적인 계획을 실시했다. 5년여 동안 전국의 각급 인민법원은 공정과 효율을 주제로 삼고 개혁을 동력으로 삼아 성실하고 철저하게 〈인민법원 5개년 개혁 요강〉을 실천하고 각 개혁 임무를 기본적으로 완수했으며, 우리나라의 조건(國情)에 맞는 재판방식을 초보적이나마 수립하고, 사법공정을 위한 일정한 제도적인 보장을 제공했다; 우리나라의 재판기구를 기본적인 수준에서 합리적으로 정돈했고, 형사·민사·행정의 3대 재판체계를 개선(完善)했으며 법원의 조직제도를 더욱 합리화했다; 합의법정(合議庭)과 단독법정(獨任庭)의 재판권을 확대하고, 심리와 판결의 유기적 통합 실현을 위한 기초를 다졌다; 법원의 집행 업무를 위한 새로운 기제를 실시하고, 집행난(執行難) 문제를 어느 정도 완화했을 뿐만 아니라, 체제개혁의 심화를 위해 유익한 탐색을 진행했다; 법관(法官) 직업화 건설의 목표를 확립하고 사법 인력 자원을 합리적으로 배치하여, 인민법원의 전체적인 사법 능력을 현저히 향상시켰다; 사법 장비의 현대화 건설을 가속화하고 전국 대부분 법원의 기본 건설과 물질 보장에서 비교적 상당한 개선이 있었다.

2002년 제16차 당대회는 적극적이면서도 타당하게 사법체제의 개혁을

2 〈人民法院第二個五年改革綱要(2004~2008)〉.

추진해야 한다는 요구를 제시했다. 특히 2004년 말에 당 중앙은 향후 일정 시기의 사법체제 및 업무기제의 개혁을 위해 전면적인 배치(全面部署)를 실시했다. 현재 상대적으로 낙후된 사법체제와 업무기제는 사법공평과 사법정의에 대한 인민의 날로 커져가는 요구에 이미 부응할 수 없게 되었고, 인민법원의 사법개혁은 더는 얻기 힘든 역사적 호기를 맞게 되었지만, 그와 동시에 다방면의 심각한 과제에 직면해 있다. 이러한 과제는 사법체제개혁에 대해 더욱 높은 요구를 제기했다. 당 중앙이 계획한 사법체제 및 업무기제 개혁의 임무를 철저히 실행하고 인민법원의 각종 개혁을 더욱 심화하며, 인민법원의 조직제도와 운영기제를 개선하고, 사법 능력을 강화하고 사법 수준을 제고하며 전 사회에서 공평과 정의의 실현을 보장하기 위해, 이제 〈인민법원 제2차 5개년 개혁 요강(2004~2008)〉을 제정한다.

2004년부터 2008년까지 인민법원 사법개혁의 기본 임무와 목표는 다음과 같다; 소송절차와 제도를 개혁 및 개선(完善)하고, 사법공정(司法公正)을 실현하고 사법효율(司法效率)을 제고하며 사법권위를 수호한다; 집행기제와 업무기제를 개혁 및 개선하고, 집행기구와 집행절차를 완비(健全)하여 집행환경을 개선하여 '집행난'을 더욱 성공적으로 해결한다; 재판조직과 재판기구를 개혁 및 개선하여 심리와 판결의 유기적 통일을 실현한다; 사법재판 관리와 사법정무(政務) 관리 제도를 개혁 및 개선하여 인민법원이 재판 직책을 이행하는 데 충분한 지원과 서비스를 제공한다; 사법 인사관리제도를 개혁 및 개선하고 법관의 직업 보장을 강화하여 법관 직업화 건설의 진전을 추진한다; 인민법원의 내부 감독과 외부 감독 제도를 개혁 강화하여, 재판권, 집행권, 관리권 운용에 대한 감독기제를 보완하고 사법청렴을 유지한다; 인민법원의 체제와 업무기제의 개혁을 끊임없이 추진하여 사회주의 법치국가 건설의 요구에 부합하는 현대적인 사법제도를 수립한다.

인민법원의 사법개혁을 추진하기 위해서는 반드시 아래의 기본원칙을 견지해야 한다: 당의 영도를 견지하고, 당의 노선·방침·정책을 전면적으로 관철하며, 당의 집정(執政)지위를 굳게 다지고 당의 집정능력을 제고하는 고도(高度)에서 법원 사법개혁의 정치적 방향을 움켜쥔다; 인민대표대회제도를 견지하고 자발적으로 인민대표대회 및 그 상무위원회의 감독을 받으며, 우리나라 사법제도의 사회주의 민주로서의 특징을 유지한다; 계속적으로 헌법과 법률을 근거로 법제 통일을 수호하며, 인민법원의 법에 의거한 재판권의 독립적 행사를 보장하고 사법권위를 수호한다; 사법공정의 견지 및 '국민을 위한 한마음'(一心爲民)을 지도방침으로 사법공정을 실현하고 군중의 소송을 편리하게 하며 인권을 존중하고 보장한다; 과학적 발전관(科學發展觀)을 견지하고 사법상의 객관적인 규율을 준수하며 공개성, 독립성, 중립성, 절차성, 종국성(終局性) 등 재판 업무의 본질적 특징을 구현한다; 중국 조건(國情)에서의 출발을 견지하고 외국 사법개혁의 유익한 성과를 참고한다.

2004년부터 2008년까지 인민법원 사법개혁의 주요 내용은 다음과 같다:

I. 소송절차와 제도를 개혁 및 개선한다

1. 사형사건의 재판절차를 개혁 및 개선한다. 인민법원은 제1심 절차

의 심리에 따라 사형사건에 선고를 내릴 수 있고, 피고인이 죄를 인정하거나 원고와 피고 쌍방이 증거에 대해 다툼이 없는 경우 외에는, 증인과 감정인(鑑定人)은 마땅히 법정에 출석해야 한다. 2006년 이후 인민법원은 제2심 절차로 심리된 사형사건은 모두 마땅히 개정(開庭) 심리를 거쳐야 하고, 관련 증인과 감정인은 마땅히 법정에 출석해야 한다.

2. 사형사건 재심리(復核) 절차를 개혁 및 개선한다. 관련 법률 규정 및 사법체제개혁에 대한 중앙의 계획을 철저히 실행하고, 최고인민법원이 통일적으로 사형에 대한 심사 비준권을 행사하고, 사형 재심에 대한 사법해석을 제정한다.

3. 형사소송 증거제도를 개혁하고 증거 원칙을 제정하며, 고문에 의한 강제 자백 등 불법적인 방법으로 얻어진 구술 증거를 법에 의거하여 기각하고, 증인 및 감정인의 법정 출두를 강화하고, 인권과 무죄추정 원칙의 보장을 더욱 실천하며, 적당한 시기에 형사소송의 증거에 대한 입법건의를 제출한다.

4. 민사사건 관할제도를 개혁한다. 단순히 소송의 표준 금액으로 급별(級別) 관할 기준을 확정하던 관행을 변경한다. 여러 지역에 걸친 민사사건의 관할 방식을 개혁하여 소송의 표준 금액과 당사자의 소속 지역을 상호 결합한 제1심 사건 관할제도를 마련하고, 승급 관할(提級管轄), 지정 관할 등 규정의 활용을 강화한다. 고급인민법원은 심리하지 않으면 보편적인 법률 적용의 의의를 갖지 못하는 제1심 사건에 대한 심리를 점진적으로 담당한다.

5. 행정사건 관할제도를 개혁 및 개선하고, 제도상으로 행정재판에 관여하는 각종 요소를 배제한다. 행정소송절차를 개혁 및 개선하여 〈행정소송법〉의 개정에 필요한 경험을 축적하여 적절한 시기에 입법 건의를 제출한다.

6. 민사소송절차의 간소한 형식을 지속적으로 탐색하여 민사소송의 약식절차(簡易程序)를 기초로 즉결심판절차와 제도를 수립하여, 소액 채무사건 심리의 조직구조, 운용절차, 재판방식, 재판문서 양식 등을 규범화한다.

7. 소송조정(訴訟調解) 제도를 강화 및 개선하고 인민조정 제도의 지도업무를 중시하며, 법에 의거해 중재 활동을 지지하고 감독한다. 기타 부서 및 조직과 공동으로 새로운 분쟁 해결 방법을 탐색하며, 완전하고 다원화된 분규 해결기제의 수립을 촉진한다.

8. 법정 출두 전의 절차를 개혁 및 개선한다. 법정 출두 전 절차와 법정 심리절차의 서로 다른 기능을 명확히 분별하고, 사안의 판결, 법정 출두 전 조정, 심리 전 회의, 증거 교환, 증거의 기술적 심사 등의 활동 절차를 규범화하며, 법정 출두 전 사무를 처리하는 직능 기구와 인원의 분업을 명확히 한다.

9. 민사 및 행정 사건 재판의 감독제도를 개혁하고, 소송당사자의 합법적인 권익을 보호하며, 사법 기판력(既判力: 판결의 확정효력 — 역자)을 수호한다. 재심(再審) 요청 소송제도의 수립을 탐색하고, 재심을 신청할 수 있는 조건과 기한, 사건의 관할, 재심절차 등의 사항을 명확히 밝혀

제도상에서 당사자가 소송 권리를 평등하게 충분히 행사할 수 있도록 보장한다.

10. 법에 의거한 공개재판의 원칙을 더욱 철저히 실행하고 사법 공개의 새로운 조치들을 채택하며, 사건의 처리 과정 중 관련 단계의 공개 범위 및 공개 방식을 확정하고, 사회가 법원의 기능과 활동을 전면적으로 이해할 수 있도록 각종 통로를 제공하고, 인민법원의 재판 업무, 집행 업무 및 기타 업무의 투명도를 제고한다.

II. 재판 지도제도와 법률의 통일 적용기제를 개혁 및 개선한다

11. 죄형상응(罪刑相應)의 원칙을 관철하여 고의로 살인을 하거나 절도 행위를 하거나 고의로 타인에게 상해를 입히거나 마약을 취급하는 등의 범죄 행위에 대해 사형을 적용하는 지도 의견을 확정하고 사형의 정확한 적용을 보장한다. 기타 범죄의 형량에 대한 지도 의견을 연구 제정하고 상대적으로 독립된 양형(量刑)절차를 완비 및 개선한다.

12. 하급인민법원이 법률 적용이 어려운 문제에 대해 상급인민법원의 지시를 요청하는 방식을 개혁한다. 보편적인 법률 적용과 관련된 사건에 대해 하급인민법원은 소송당사자의 신청에 의해서, 혹은 자신의 직권에 의해 직접 상급인민법원에 서면으로 심리에 대한 지시를 요청할 수 있다. 상급인민법원은 심사를 거쳐 조건에 부합된다고 여겨질 경우에 직접 심리할 수 있다.

13. 판례지도(案例指導)제도를 수립 및 개선하여, 지도성 판례(指導性案例)가 법률 적용의 표준을 통일하고 하급법원의 재판 업무를 지도하며 법학 이론을 풍부히 발전시키는 측면의 역할을 중시한다. 최고 인민법원은 판례지도제도에 대한 규범성 문건을 제정하고, 지도성 판례의 보편적 표준, 보편적 절차, 발부 방식, 지도 규칙 등을 제정한다.

14. 최고인민법원이 사법해석(司法解釋)을 제정하는 절차를 개혁 및 개선하여 사법해석의 질을 더욱 높인다. 최고인민법원은 사법해석의 항목 설정(立項), 기초(起草), 심사, 조정, 공포, 보고(備案) 등의 업무에 대해 통일적인 조직과 통일적인 조정을 실행하고, 정해진 시기에 사법해석에 대해 정리, 개정, 폐지, 편찬을 진행한다. 또한 전국인민대표대회 상무위원회에 대한 최고인민법원의 사법해석 보고제도(備案制度)를 규범화한다.

15. 법원 간, 법원 내부 재판기구 간, 재판조직 간에 법률 관점 및 인식의 조정기제를 수립하여 사법 척도(尺度)를 통일한다. 인민법원이 통일적이고 평등하고 공정하게 법률을 적용할 수 있도록 보장하는 기타 유효한 방식을 더욱 완비한다.

Ⅲ. 집행체제와 업무기제를 개혁 및 개선한다

16. 인민법원의 집행체제를 더욱 개혁 및 개선한다. 최고인민법원의 집행기구는 전국 법원의 집행 업무를 감독하고 지도한다. 성·자치구·직할시의 고급인민법원 집행기구는 각 지역의 집행 업무를 통일적으로 관리하고 조정한다.

17. 집행권 운용기제의 개혁을 심화한다. 각급 인민법원의 집행기구는 민사 및 행정 사건의 판결과 판정, 기타 법이 정한 집행 근거의 집행 사항, 형사사건의 판결과 판정 중 재산과 관련된 부분의 집행 사항(재산형 포함)에 대해 책임진다. 집행 과정 중에 심리절차를 통해 해결해야 하는 실제적 쟁의 사항에 대해서는 마땅히 집행기구 이외의 재판조직이 심리해야 하며, 필요할 때는 전문적인 재판기구를 설립할 수 있다. 집행기구가 중요 절차 사항에 의거해 결정한 것에 대해, 집행사건의 당사자나 사건과 무관한 사람이 부의(復議)를 신청하는 등의 구제 경로를 마련해야 한다.

18. 집행절차를 개혁 및 개선하여 사법해석의 집행 업무를 강화한다. 강제집행의 법률 제정 진전을 적극 추진하고 각종 집행주체의 행위를 규범화한다.

19. 전국 법원의 사건 집행 정보관리 시스템을 수립한다. 사회 신용체제 건설에 참여하고 집행을 독촉하는 체제를 수립하며, 피집행인이 능동적으로 의무를 이행하도록 유도한다. 집행 정보의 공개를 통해 집행 업무의 관리와 감독을 강화하고 집행의 공정성을 보장한다.

20. 집행 관할제도를 개혁 및 개선함으로써 집행의 효율을 높이고 집행의 비용을 절감하며, 각종 간섭을 배제하고 승소한 소송당사자 간의 합법적인 권익이 제때에 실현될 수 있도록 보장한다.

21. 집행 업무의 새로운 방식을 탐색한다. 관련 부서와 협력하여 집행의 근거 자료가 확정한 의무를 이행하지 않는 피집행인에 대해서는 재산

신고, 강제 감사, 출국 제한, 명단 공개 등의 조치를 단행한다.

22. 인민법원 판결과 형사사건 판정의 집행 거부를 심리하는 절차와 제도를 개혁 및 개선하여, 효력이 발생한 재판의 결정을 이행하지 않거나 집행을 방해하는 행위에 대한 사법제재의 역량을 강화한다.

Ⅳ. 재판조직과 재판기구를 개혁 및 개선한다

23. 인민법원의 재판위원회(審判委員會) 제도를 개혁한다. 최고인민법원 재판위원회는 형사전문위원회와 민사・행정 전문위원회를 설치한다; 고급인민법원, 중급인민법원은 수요에 따라 재판위원회 안에 형사전문위원회와 민사・행정 전문위원회를 설치할 수 있다. 재판위원회의 구성 방식을 개혁하고 재판위원회의 활동은 회의제(會議制)에서 심리제(審理制)로 전환한다; 재판위원회의 표결기제를 개혁한다; 또한 재판위원회의 업무 처리 기구를 완비한다.

24. 재판위원회 위원은 스스로 혹은 다른 법관과 함께 합의법정을 구성하여 중대하거나 어렵거나 복잡하거나 혹은 보편적 법률을 적용해야 할 사건을 심리한다.

25. 원장・부원장, 정장・부정장의 재판 직책을 더욱 강화하고 이들의 재판 관리와 정무(政務) 관리에 대한 직책을 명확히 밝혀, 새로운 형태의 관리모델 수립을 탐색하고 사법정무 관리의 집중화와 전문화를 실현한다.

26. 법관이 법에 의거하여 독립적으로 사건을 재판하는 책임제도를 수립하여, 합의법정과 단독법정의 재판 직책을 강화한다. 원장・부원장, 정장・부정장은 마땅히 합의법정의 사건 심리에 참가한다. 또한 합의법정 및 단독법정의 책임제를 점진적으로 실현한다.

27. 전국인민대표대회 상무위원회의 〈인민배심원제도의 개선에 대한 결정〉을 전면적으로 관철 실행하여 인민배심원제도 관리제도를 완비하고, 인민배심원의 공정한 재판권 행사의 보장에 대한 사법해석을 제정하여 인민배심원제도의 기능을 충분히 발휘하게 한다.

28. 인민법정(人民法庭: 기층인민법원의 파출기구 — 역자)의 업무기제를 개혁 및 개선하여, 사건 수리, 소송 조정의 진행, 약식절차의 적용, 간단한 사건의 집행 등을 인민법정이 직접 담당하도록 한다. 이를 통해 인민법정과 사회의 연관성을 밀접히 하고, 인민법원의 관리와 물질적인 보장을 강화하여 인민법정의 사법 수준을 제고한다.

V. 사법재판 관리와 사법정무 관리제도를 개혁 및 개선한다

29. 완비된 재판 관리의 조직제도를 수립하여 재판 관리의 직책을 명확히 한다. 사건 심리와 재판권 행사에 직접 관련되는 사항의 관리 방법을 마련하고 이를 세분화하며, 관리 방식을 개선하고 재판, 재판 관리, 사법정무 관리, 사법 인사관리 간의 조정기제를 수립하여 재판 업무의 질과 효율을 높인다.

30. 과학적으로 재판 과정의 관리제도를 완비 및 개선하고, 점진적으로 동급법원이 통일적인 재판 과정의 관리모델을 실행하도록 한다. 사건의 유형과 재판의 난이도 등의 요소를 고려하여 상황에 따라 사건을 나누는 제도를 수립 및 개선한다.

31. 전국인민대표대회 상무위원회의 〈사법감정 관리 문제의 결정〉을 충실히 이행하고 인민법원의 사법기술 관리 업무를 개혁 및 개선한다. 최고인민법원, 고급인민법원, 중급인민법원은 법률 규정과 실제 수요에 근거하여 법의학 등의 사법기술 인력을 배치하여 사법 보조의 기능을 발휘하게 할 수 있다.

32. 사법 통계제도를 개혁하고, 각급 인민법원 재판 업무의 상황을 객관적이면서도 진실하게 반영할 수 있고 사법 관리 수요에도 부응할 수 있는 사법 통계지표 체계를 수립한다. 통계 수치의 공개 범위를 확대하고 통계 정보의 분석 및 이용을 강화한다.

33. 법정 심리 활동의 기록 방식을 개혁하고, 법정 기록 방면에서 정보기술의 응용을 강화하여, 소송 활동과 관리 업무 과정에서 법정 심리의 기록이 충분히 그 역할을 발휘하게 한다. 조건이 갖춰진 법원에서는 녹음, 녹화 혹은 기타 기술수단을 이용하여 법정 활동을 기록할 수 있다.

Ⅵ. 사법 인사관리제도를 개혁 및 개선한다

34. 인민법원의 업무 인력에 대한 분류 관리를 추진하고, 법관, 법관 보조, 서기, 집행원, 사법경찰, 사법집행 인력, 사법기술 인력 등을 분류 관리하는 방법을 제정하여, 법관 대오의 직업화 건설과 기타 각 종류 인력의 전문화 건설을 강화한다. 재판 업무의 규율과 법관의 직업 특성에 부합하는 법관 직무 계통을 수립한다. 시험 실시(試點)한 경험을 정리한 내용을 기초로 법관 보조제도를 점진적으로 수립한다.

35. 〈법관법〉 규정을 철저히 실행하고, 관련 부서와 협력하여 법관의 직업 특성에 맞는 임직제도의 수립을 추진한다. 법관의 소양 보장을 전제로 직업 수준이 비교적 높고 경력이 많은 법관의 퇴직 연령을 적절하게 연장한다.

36. 인민법원의 관할 등급, 관할지역, 사건 수량, 보장 조건 등의 요소에 따라 각급 인민법원의 법관 정원을 그에 비례해서 결정하는 방안을 연구하여 제정하고 점진적으로 실행한다.

37. 법관 선발절차를 개혁하고, 법관의 직업 특성에 맞는 선임제도를 수립한다. 일정한 지역 범위 내에서 법관을 통일적으로 채용하고 통일적으로 인민법원에 배분하여 근무하게 하는 제도를 탐색한다. 상급인민법원 법관이 주로 하급인민법원의 우수한 법관 중에서 선임되거나 혹은 기타 우수한 법률 인재 중에서 선임되도록 하는 제도를 점진적으로 추진한다.

38. 서로 다른 지역의 법원 간, 상·하급 법원 간 법관의 교류근무

제도를 강화하고, 인민법원 내부의 유사한 업무 부서 간의 법관교류제도와 순환근무제도를 추진한다.

39. 법관 임용전(前) 훈련제도를 수립하고, 재직법관의 훈련제도를 개혁한다. 신임법관은 임용 전에 국가법관학교나 그것의 위탁을 받은 훈련기관이 실시하는 직업훈련의 과정에 참가한다. 법관훈련의 내용·방식·관리제도를 개혁하고, 법관의 직업 특성에 부합하는 훈련 과정과 훈련 교재를 연구 개발하며, 법관 훈련기관의 강사 배치 방식을 개혁한다.

40. 〈법관법〉 규정을 충실히 이행하여 법관의 직업 특성에 부합하는 임용·승진·부조·의료보장·급여·복리·보조수당제도의 수립 및 개선을 추진한다. 법관 정원의 확정을 전제로 법관 대우를 점진적으로 향상시킨다.

Ⅶ. 인민법원의 내부 감독과 외부 감독의 제도를 개혁 및 개선한다

41. 재판의 질과 효율에 대해 과학적이고 통일적인 평가체제를 수립한다. 법관이 법에 의거하여 독립적으로 사건을 판결할 수 있도록 보장한다는 전제하에 과학적인 평가기준을 수립하고 평가기제를 개선한다.

42. 법관 심사제도와 인민법원의 기타 업무 인력에 대한 심사제도를 개혁하여, 법관 심사위원회가 그 본연의 역할을 발휘하도록 한다. 법관의 직업 특성 및 서로 다른 재판 업무 직위의 구체적인 요구 조건에 근

거하여, 법관 업적평가의 기준과 절차를 통일하고, 법관 심사의 결과를 합리적으로 이용한다. 인민법원의 기타 업무에 대한 평가기제도 함께 마련한다.

43. 법관의 직업 특성에 부합하는 징계제도를 수립하고 법관의 징계절차에 대한 규칙을 제정하며, 법관 징계의 조건, 사건의 심리절차, 구제 경로 등을 규범화하여 고발 혹은 조사받는 법관의 정당한 권리를 보장한다.

44. 인민법원이 자발적으로 권력기관의 감독을 받는 방식 및 절차를 개선하고, 인대 대표[人大代表: 인민대표대회(人民代表大會) 대표의 약칭 — 역자]와 정협 위원[政協委員: 인민정치협상회의(人民政治協商會議) 위원의 약칭 — 역자]의 지적 및 건의를 받아들이는 제도를 완비한다. 또한 인대 대표와 정협 위원이 법원의 재판을 방청하고 인민법원과 연락하는 제도를 개선한다.

45. 인민검찰원(人民檢察院) 검찰장, 또는 검찰장이 권한을 위임한 부(副)검찰장이 동급인민법원의 재판위원회에 배석(列席)하는 제도를 충실히 이행한다.

46. 인민법원과 언론매체 간의 관계를 규범화하여 사회가 전면적으로 법원의 업무를 이해할 수 있게 할 뿐만 아니라, 인민법원이 법에 의거하여 독립적으로 재판할 수 있도록 유효하게 보호해 주는 새로운 기제를 수립한다. 인민법원은 언론 대변인제도를 수립 및 개선하여, 적절한 시기에 사회와 언론매체에 인민법원의 재판 업무와 기타 각종 업무상황을 통보하고 자발적으로 인민 군중의 감독을 받는다.

Ⅷ. 인민법원 체제의 개혁을 계속 탐색한다

47. 인민법원의 설치와 인적·물적 자원 관리에 대한 제도 개혁을 지속적으로 탐색하여, 인민법원이 법에 의거하여 공정하고 독립적으로 재판권을 행사할 수 있도록 조직적 및 물질적으로 보장한다.

48. 인민법원의 경비 보장체제를 개혁 및 개선하여, 인민법원의 업무상 경비를 국가 재정에서 일괄 보장하고, 중앙 재정과 성급 지방정부의 재정이 나누어 편성되는 체제의 수립을 모색한다. 기층인민법원의 경비에 대한 기본적인 보장기준을 연구 제정한다.

49. 관련 부서의 조정을 통해 철도·임업·석유·농지개간·광산 등의 부서 및 기업이 법원의 재산을 관리하는 현행 제도를 개혁한다.

50. 미성년자 형사사건과 미성년자 권익보호와 관련된 민사 및 행정사건을 심리하는 조직기구를 개선하고, 조건이 갖추어진 대도시는 소년법원을 시범적으로 설치함으로써 미성년자 관련 사법 업무의 특수 수요에 부응하도록 하고, 중국 특색의 청소년 관련 사법제도의 수립 및 개선을 추진한다.

인민법원의 사법개혁은 사상을 끊임없이 해방하고 관념을 새로이 하며, 이론 혁신 및 제도 혁신을 추진하는 과정이다. 이를 위해서는 각급 인민법원이 본 요강의 요구에 따라 사법상의 객관적인 법률을 심층적으로 연구하고 파악해야 하며, 현대 사법이념을 깊이 이해하고 확고하게 형성하여, 혁신적인 사고로써 사법개혁을 추진해야 한다; 조직영도의 업무를 더욱 강화하고 조정기제를 개선하며, 관련된 제도를 개선하고 치밀하게 조직하여 적절하게 계획해야 한다; 적절한 시기에 경험을 정리하여 이론지도를 강화하고 구체적인 개혁 방안에 대한 논증을 강화하여, '공정·효율'이라는 주제의 실천을 개혁성과 검증의 기본 표준으로 삼고 개혁의 순조롭고 건강한 발전을 보장한다; 법에 의거한 개혁을 견지하기 위해서는 개혁을 통해 우리나라 법률제도의 지속적인 발전과 개선을 촉진하고, 자의적이거나 위법적인 개혁을 철저히 방지해야 한다. 본 요강을 정확하고 통일성 있고 질서 정연하게 실시하기 위해서는 최고인민법원이 각종 개혁 조치에 대한 구체적인 실시 방안을 제정해야 하며, 위에서 아래로의 통일적인 실시를 단행해야 한다. 각급 인민법원은 앞으로도 덩샤오핑 이론과 '삼개대표'(三個代表) 사상을 지도로 과학적 발전관을 수립하고 실행하며, 사법체제개혁에 대한 중앙의 정신을 충실히 실천하고, 본 요강에서 확립한 개혁의 지도사상, 기본원칙, 기본목표, 주요 임무, 기본 요구를 올바로 이해하고 철저히 매진하여 반드시 실효를 거두도록 노력하며, 끊임없이 인민법원의 사법개혁 업무 및 기타 각종 업무를 안정적으로 진전시켜, 우리나라 사회주의 현대화 사법제도의 건설과 사회주의 조화사회(和諧社會)의 수립을 위해 노력 분투해야 한다.

3. 〈인민법원 제3차 5개년 개혁 요강(2009~2013년)〉

2009년 3월 17일[3]

공산당 17차 당대회의 정신을 관철하고, 중앙의 사법제도와 업무기제 개혁 심화의 총체적인 요구를 실현하며, 사법 업무에 대한 인민 대중의 새로운 요구와 기대를 만족시키고, 인민법원의 과학적인 발전을 실현하기 위해 〈인민법원 제3차 5개년 개혁 요강(2009~2013)〉을 제정한다.

I. 인민법원 사법개혁 심화의 지도사상 · 목표 · 원칙

(1) 인민법원 사법체제와 업무기제 개혁의 심화를 위한 지도사상

인민법원 사법체제(司法體制)와 업무기제(工作機制)의 개혁을 심화하는 지도사상은 다음과 같다: 중국 특색의 사회주의의 위대한 깃발을 높이 들고, 덩샤오핑(鄧小平) 이론과 삼개대표(三個代表)의 중요한 사상을 지도사상으로 하여, 과학적 발전관(科學發展觀)을 심도 있게 철저히 이행한다; 사회주의 법치이념을 견고히 수립하고, 엄격한 잣대로 법원을 관리하고 대중의 신뢰를 받는 법원을 세우며, 발전된 과학기술을 가진 법원으로 만드는 업무방침을 관철한다; 인민 대중의 사법요구의 만족을 출발로, 인민 이익의 수호를 기본으로, 사회조화의 촉진을 주선(主線)으로, 권력 제약과 감독 강화를 중점으로 한다; 또한 인민 대중이 불만족스러워하는 실제 문제에서 착수하여, 사법공정(公正), 사법효율(效率), 사법능력 및 사법권위에 영향을 미치고 제약하는 중요한 부분을 확실히 파악하고, 인민 대중이 가

3 〈人民法院第三個五年改革綱要(2009~2013)〉.

장 관심을 가지고 가장 개선되도록 기대하는 사법문제와 인민법원의 과학적인 발전을 제약하는 체제성, 기제성, 보장성의 장애를 더욱 해결한다; 중국 특색의 사회주의 사법제도의 우월성을 충분히 발휘하고, 사회주의 시장경제체제의 순조로운 운행과 중국 특색의 사회주의 사업을 위하여, 견고하고 믿을 만한 사법보장과 조화롭고 안정적인 사회환경을 제공한다.

(2) 인민법원 사법체제와 업무기제 개혁 심화의 목표

인민법원 사법체제와 업무기제 개혁 심화의 목표는 다음과 같다: 인민법원의 직권배치(職權配置)를 더욱 개선하고, 관대하면서도 엄정하고 유익한 형사정책을 실시하며, 대오건설(队伍建设)을 강화하고, 경비 보장체제를 개혁한다; 인민을 위한 사법 업무기제를 완비하고, 나날이 증가하는 인민 대중의 사법요구에 비해 인민법원의 사법능력이 상대적으로 부족함으로 인해 나타나는 모순을 힘써 해결하며, 중국 특색의 사회주의 재판제도의 자체적인 개선(自我完善)과 발전을 추진하고, 공정하고 효율적이며 권위가 있는 사회주의 사법제도를 건설한다.

(3) 인민법원 사법체제와 업무기제 개혁 심화의 원칙

인민법원 사법체제와 업무기제 개혁 심화의 원칙은 다음과 같다: 첫째, 당의 영도를 시종 견지한다. 사법체제와 업무기제 개혁은 중국 정치체제개혁의 중요한 부분으로 매우 강한 정치성, 정책성 및 법률성을 띠며, 반드시 당의 통일적인 지도하에 과학적이고 민주적이며 법에 의거하여 정책을 결정하고, 적극적이며 타당하게 순서에 따라 점진적으로 위에서 아래로 총체적인 계획하에 단계에 따라 추진되어야 한다; 반드시 사법개혁의 지향점(導向)을 견실하게 장악하여 인민법원 사법개혁의 정확한 정치 방향을 보장한다.

둘째, 중국 특색의 사회주의 방향을 시종 견지한다. 사법체제와 업무기제 개혁은 반드시 인민민주독재의 국체(國體: 국가성격 — 역자)와 인민대표대회제도의 정체(政體: 정치제도 — 역자)에 부합해야 하며, 반드시 마르크스주의 법제사상과 사회주의 법치이념을 지도사상으로 삼고, 중국 특색의 사회주의 정치발전과 법치건설의 길로 나아가며, 당의 사업 지상(至上), 인민의 이익 지상, 헌법 및 법률의 지상이라는 요구(소위 '3개 지상' — 역자)를 실현하여, 경제와 사회가 좋고 빠르게 발전하는 데 유리하고, 국가 안보와 사회 안정을 유지하는 데 유리하며, 사회주의 사법제도의 자체적인 개선과 발전에 유리하고, 인민법원의 업무에 대한 당의 영도를 강화하고 개선하는 데 유리한 상황을 확실히 보장해야 한다.

셋째, 우리나라 국가 상황(國情)에서의 출발을 시종 견지한다. 사법체제와 업무기제 개혁은 우리나라가 여전히 그리고 장기적으로 사회주의 초급단계에 처해 있다는 기본적인 국가 상황과 발전 단계적 특징에 대한 이해에서 시작되어야 하고, 인류 법치문명의 효과적인 성과를 열심히 연구하고 흡수하되 외국의 사법제도와 사법체제를 그대로 모방하여 옮겨오지 않도록 해야 한다; 또한 시대에 발맞춰 나아가되 현 단계를 뛰어넘어 실제로 과도하게 높은 요구를 제기해서는 안 된다.

넷째, 군중노선(群衆路綫)을 시종 견지한다. 사법체제와 업무기제 개혁은 인민 대중의 의견을 반드시 충분히 청취해야 하고, 인민 대중의 요구를 충분히 실현하며, 인민 대중이 불만을 갖고 있는 문제를 해결하는 데에 착안하고, 자발적으로 인민 대중의 감독과 검증을 받으며, 진정으로 개혁이 인민을 위하고 인민에 의지하고 인민을 이롭게 해야 한다.

다섯째, 종합적인 고려와 조정(統籌協調)을 시종 견지한다. 사법체제와 업무기제의 개혁은 반드시 인민법원이 법률이 부여한 직책과 사명을 수행하는 능력을 제고하는 데에 근거해서, 중앙과 지방 및 현재와 미래의 관계를 조화롭게 조정하고, 상·하급 법원 간, 인민법원과 기타 정법부문 간의 관계를 조화롭게 조정하며, 각 개혁 조치가 우리나라의 경제 및 사회 발전과 민주정치의 건설, 국민(公民)의 법률소양 제고 등의 요구에 적합하도록 보장하고, 인민법원과 법원 간부(幹警)의 직업 특징에 적합하며, 인민법원의 사업을 과학적으로 발전시키도록 추진되어야 한다.

여섯째, 법에 의거한(依法) 개혁 추진을 시종 견지한다. 사법체제와 업무기제 개혁의 각 조치는 헌법과 법률에 의거해야 하고, 자발적으로 인대(人大: 의회 — 역자)의 감독을 받으며, 인민법원의 헌법 지위와 사법 권위를 보호하고, 현행 법률과 서로 충돌하는 것은 관련 법률 및 법규를 수정한 후에 실시하며, 인민법원의 각 개혁 조치가 헌법 정신과 법률 규정에 완전히 부합하도록 보장해야 한다.

일곱째, 사법 업무의 객관적인 규율 준수를 시종 견지한다. 사법체제와 업무기제의 개혁은 반드시 재판과 집행 업무 각각의 특유한 규율을 결합하며, 사법규율이 특정한 국가 상황, 특정한 환경하에서 어떻게 구체적으로 응용되고 실현되는지 탐색하는 데에 관심을 기울여야 한다. 또한 과학적 발전관을 통해 사법개혁의 전체 상황을 통솔하고, 사법규율에 부합하는 과학적인 판결제도와 효과적인 집행 업무의 기제를 건립하며, 사법 관리체제를 개선하고, 인민법원의 사법능력을 제고하도록 노력하고, 인민법원의 각 개혁 조치가 우리나라의 경제 및 사회 발전과 사회주의 민주정치의 건설 요구에 부응할 수 있도록 확실히 보장해야 한다.

Ⅱ. 2009~2013년 인민법원 사법개혁의 주요 임무

(1) 인민법원의 직권배치를 최적화한다

1. 인민법원의 사법직권 운영기제를 개혁 및 개선(完善)한다. 재판 및 집행 업무를 위주로 재판 업무 부서 간, 종합관리 부서 간, 재판 업무 부서와 종합관리 부서 간, 상・하급 법원 간의 직권배치를 최적화하고 더욱 합리적인 직권구조와 조직체계를 만든다.

2. 형사재판제도를 개혁 및 개선한다. 자유재량권(自由裁量權)을 규범화하고 양형(量刑)을 법원의 심리절차에 포함하여 '인민법원의 양형절차 지도의견'을 연구 제정한다. 형사소송의 제1심 절차와 제2심 절차를 개선하고, 검찰기관과 변호사가 형사재판의 과정에서 수행하는 (각자의 — 역자) 직능 역할에 대한 규정을 철저히 이행하여 재판의 질(質量)과 효율(效率)을 확실하게 제고한다. 감형 및 가석방 심리절차의 공개제도를 제정하고, 중대한 형사 범죄자의 감형 및 가석방 적용의 조건을 엄격히 다루며 동시에 감독을 강화한다. 관련 부서와 협력하여 중요하고 어려우며 복잡한 사건의 심리 기한의 입법(立法)을 개선한다; 병보석 치료, 한시적인 감옥 외 집행, 복역지 변경의 적용 조건과 판정절차를 개선한다; 형사재판에 민사재판을 부가(附帶)하는 제도를 개선하고, 재산형 및 형사재판에 부가된 민사소송재판의 집행 업무기제를 규범화하며, 소송 조정을 강화하고 재판의 집행을 촉진한다; 형사 증거제도를 개선하고, 형사 증거의 심사규칙을 제정하며, 증거 채택의 기준을 통일한다; 증인 및 감정인의 법정출석제도와 보호제도를 수립하며, 수사관의 출석 증언의 범위와 절차를 명확히 한다.

3. 민사 및 행정재판제도를 개혁 및 개선한다. 민사소송의 증거 규칙을 더욱 개선한다. 군사법원의 군내 민사사건 수리의 구체적인 조건을 명확히 한다. 지적재산권에 부합하는 특성을 가진 재판체제와 업무기제를 수립 및 개선하여, 직할시 및 지적재산권 사건이 비교적 많은 중대형 도시에 통일적으로 지적재산권의 사건을 수리하는 종합적인 법원의 설립을 탐색한다. 〈행정소송법〉의 수정을 추진하고, 행정소송의 재판체제와 관할제도의 개혁 및 개선을 촉진한다. 민사 및 행정 소송의 절차를 간소화하고 약식절차(簡易程序)를 적용하는 사건 범위를 명확히 하며, 약식절차의 심리 규칙을 제정한다. 새로운 유형, 해결이 어려운 문제, 그리고 집단적이거나 민감한 민사사건 재판의 정보 소통 조정기제를 수립하여 재판의 기준이 통일되도록 보장한다.

4. 재심(再審)제도를 개혁 및 개선한다. 형사재판의 감독 절차를 개선하고 재판의 감독 절차에 의거하여 제출한 형사 항소사건의 재판절차를 규범화하며, 형사 탄원(申訴) 사건의 수리(立案) 및 재심의 직능 분업과 업무 과정을 개선한다. 민사 재심절차를 개선하여 법에 의거하여 당사자의 재심권 신청을 보호하며, 법에 의거한 착오 수정과 기판력(既判力) 보호 간의 관계를 정확히 처리하여, 인민 대중의 탄원난(申訴難)과 재심난(再審難) 문제를 확실히 해결한다.

5. 재판조직을 개혁 및 개선한다. 재판위원회(審判委員會)의 사건 토론의 범위와 절차를 개선하고, 재판위원회의 직책 및 관리 업무를 규범화한다. 인민검찰원 검찰장, 검찰장의 위탁을 받은 부검찰장이 동급인민법원의 재판위원회에 배석(列席)하는 규정을 이행한다. 합의법정(合議庭)제도를 개선하고, 합의법정 및 주심법관(主審法官)의 직책을 강화한다. 인민배심원

제도를 개선하여 인민배심원의 선임 범위 및 재판 활동의 참여 범위를 확대하고, 인민배심원의 사건 심리 활동을 규범화하여, 관련 관리제도를 완비하고 보장 조치를 이행한다.

6. 민사 및 행정 사건의 집행체제를 개혁 및 개선한다. 집행절차 및 집행 행위를 엄격히 규범화하고 집행 업무의 효율을 제고한다. 인민법원의 통일적인 집행 업무체제를 규범화한다. 고급인민법원이 해당 관할구역 내의 집행 업무를 통일적으로 관리하고 조정하는 업무기제를 개선한다. 집행이의(執行異議) 및 이의 소송제도를 개선한다. 재판과 집행의 분립 원칙을 이행하고, 집행 판결권 및 집행 실행권의 분권 제약의 집행체제를 수립하며, 당사자가 제기한 집행이의 소송은 유효한 판결을 내린 원래의 법정에서 심리한다. 소송 중 재산 통제 조치의 업무 분업을 규범화하고, (재산의 — 역자) 평가・경매・매각의 절차를 개선하며, 집행절차 중의 재산에 대한 조사・통제・처분・분배의 제도를 개선하여 집행 회피의 행위를 제재한다. 관련 부서와 협력하여 집행권위(執行威懾)의 완전한 체제를 수립하고, 관련 부서와 단위(單位)의 협조하에 집행하는 법률 의무를 법에 의거하여 명확히 한다; 당위원회 정법위원회(政法委員會)가 조정하고 인민법원이 주관하고 관련 부서가 연계하며 사회 각계가 참여하는 집행 업무의 장기적으로 효율적인 기제의 수립을 추진한다.

7. 상・하 인민법원 간의 관계를 개혁 및 개선한다. 상급인민법원의 하급인민법원에 대한 감독지도의 업무기제를 강화 및 개선하고, 상급인민법원이 하급인민법원에 대해 사법 업무, 사법 인사 및 사법행정을 관리하는 범위와 절차를 명확히 하며, 과학적인 심급관계(審級關係)를 구축한다. 파기환송(發回重審)제도를 규범화하고 파기환송의 조건을 명확히 하며, 파

기환송 사건의 소통 조정기제를 수립한다. 하급인민법원의 상급인민법원에 대한 지시요청보고제도(請示報告制度)를 규범화한다. 재판 선고, 송달 및 집행 업무의 위탁기제를 개선한다.

8. 재판 관리제도를 개혁 및 개선한다. 권리와 책임을 명확히 하고 상호 협력하며 높은 효율로 운행되는 재판 관리의 업무기제를 완비한다. 재판 업무의 규율에 부합하는 (재판 — 역자) 사건의 질(質量)에 대한 평가 및 검사 기준과 전국적으로 동급의 법원에 적용되는 통일적인 재판 과정의 관리 방법을 연구 제정한다. 재판관리 부서의 직능과 업무의 절차를 규범화한다.

9. 인민법원의 외부제약 및 감독기제를 개혁 및 개선한다. 인민법원이 법원 지도부(領導班子)와 그 구성원, 당조직, 당원 간부에 대한 당위원회의 감독을 자발적으로 수용하는 업무기제를 개선한다. 법에 의거하여 인민대표대회에 업무를 보고하고 감독을 받는 업무기제를 개선한다. 인민법원이 검찰기관의 법률감독을 받는 내용, 방식, 절차를 규범화한다. 인민법원이 여론 감독을 받는 업무기제를 규범화한다.

10. 사법 직업 보장제도의 수립을 강화한다. 인민법원이 법에 의거하여 독립적이고 공정하게 재판권을 행사할 수 있는 보장기제의 건설을 강화한다. 인민법원이 법에 의거하여 독립적으로 사건을 처리하는 데에 불법적으로 관여하는 행위에 대한 책임추궁제도를 연구 제정한다. 법정절차를 위반하여 간섭하는 사건의 등록 및 보고제도를 연구 제정한다. 부당하게 인민법원의 재판 및 집행에 관여하는 행위에 대한 (공산당 — 역자) 기율 검사와 (정부 — 역자) 감찰의 강도를 강화한다. 인민법원의 공무집행을

방해하거나 인민법원이 내린 유효한 판결의 집행을 거부하는 등의 위법한 범죄행위를 징벌하는 법률 규정을 연구 제정한다. 최고인민법원의 사법해석 업무와 관련 부문에 대한 협력제도, 인대(人大: 의회 — 역자) 보고제도를 개선하고, 사법해석의 통일성과 권위를 확실히 보장한다.

(2) 관대하면서도 엄중한 형사정책을 철저하게 이행(落實)한다

11. 법에 의거하여 엄격히 처벌하는 재판제도와 업무기제를 수립 및 개선한다. 새로운 상황하에 법에 근거하여 엄중한 범죄를 타파하고자 하는 요구에 부응하여, 적시에 중대한 범죄를 엄중히 처벌하는 사법정책을 제정하고, 관련 범죄의 형량 책정 기준을 개선한다. 사형 재심리(復核) 절차를 개선하고 사형사건의 재심리 수준과 효율을 제고한다. 관련 부서와 협력하여 범죄인의 범죄 등록제도를 수립하고, 중대 범죄를 엄중히 처벌하는 소송제도를 개선한다. 엄격한 사형집행 유예 및 무기형 집행제도를 수립하고, 사형의 집행유예나 무기징역이 유기징역으로 감형된 후의 범죄는 마땅히 실제 집행의 형기를 따라야 함을 명확히 한다.

12. 법에 의거하여 관대하게 처벌하는 재판제도와 업무기제를 수립 및 개선한다. 미성년자 사건의 재판제도와 기관의 설립을 개선하고, 미성년자의 생리 특성과 심리 특징에 적합한 사건의 심리방식 및 형벌 집행방식의 개혁을 추진한다. 피고인의 조건부 범죄 시인에 따른 조건부 처벌감축제도의 수립을 모색한다. 관련 부서와 협력하여 미성년자의 경범죄 기록 소멸제도를 수립하고, 그 조건, 기한, 절차 및 법률 결과를 명확히 한다; 노인 범죄를 적절하게 관대히 처리하는 사법기제의 수립을 연구하고, 그 조건, 범위, 절차를 명확히 한다; 형사 자소(自訴)사건 및 경범죄 사건의 형사 화해(和解)제도를 연구 수립하고, 그 범위와 효력을 명확히

한다; 법이 정한 형벌(法定刑) 이하의 형벌 처벌에 대한 비준(核準)제도를 개선한다; 경미한 형사사건의 빠른 심리제도의 수립을 연구하고 약식절차의 적용 범위를 확대한다. 집행유예제도의 적용 범위를 법에 의거하여 확대하고, 감금형의 적용을 적절히 축소하며, 비감금형 사건의 적용 범위를 명확히 한다.

13. 관대함과 엄격한 처벌을 함께 사용하는 형사정책의 사법 조정제도와 보장제도를 수립하고 철저히 관철한다. 관련 부서와 협력하여 형사재판, 행정 법집행 및 기율집행의 유효한 연결기제를 수립한다. 관대함과 엄격함이 공존하고 사회촉진 및 조화로운 사회의 안정이 구현되는 사건처리 수준의 평가제도와 상벌기제를 수립하고, 사건 처리의 심사평가 지표체계를 개선하며, 인민법원의 오판 사건 인정기준과 위법 재판의 책임추궁제도를 개선한다.

(3) 인민법원의 대오건설을 강화한다

14. 법관(法官)의 채용과 육성체제를 개선한다. 관련 부서와 협력하여 법관채용 방법을 개선한다. 최고인민법원, 고급인민법원 및 중급인민법원이 선발하거나 고시를 통해 충원하는 법관은 원칙적으로 관련 기층 업무의 경험이 있는 법관 혹은 기타 우수한 법조계 인재 중에서 채용한다. 법관 선임을 위한 종합적인 자질의 심사기준을 수립한다. 특정(定向) 선발, 위탁 교육, 정기 업무, 특정 유동 등 법관임용 방법의 개혁을 통해서, 중서부 소수민족 지역과 발전이 더딘 지역의 기층 인민법관 부족 및 법관의 단절 등의 문제를 확실히 해결한다. 군사법원 법관이 지방 인민법원 법관으로 전임하는 제도를 수립 및 개선한다.

15. 법관의 교육기제를 개선한다. 법관의 사상・정치 교육을 강화하여 사회주의 법치이념 교육의 장기적으로 효율적인 기제를 형성한다. 법관의 직업 특성에 부합하는 직업 훈련제도를 수립한다. 법관 전원의 정기 집중 훈련제도를 추진한다. 신임법관의 임용 전 훈련제도와 승진 승급제도를 개선하여, 인민법원이 당과 국가의 업무 전반에 기여하고 인민의 이익을 보호하는 사법능력을 확실히 강화한다. 소수민족 법관에 대한 훈련 역량, 특히 소수민족 법관의 이중언어(雙語) 훈련을 강화하고, 일부 소수민족 지역의 재판 업무에 필요한 이중언어를 사용할 수 있는 법관을 조속히 양성한다.

16. 법관의 행위규범을 개선한다. '5개엄금'(五個嚴禁) 규정(2009년 1월 최고 인민법원이 공포한 법관의 5개 금지 규정을 말함. 첫째, 사건 당사자 및 관련인의 향음과 선물 수수를 엄금함. 둘째, 규정을 위반하여 변호사와 부당하게 교류하는 행위를 엄금함. 셋째, 다른 법관의 사건에 개입하거나 문의하는 행위를 엄금함. 셋째, 위탁 평가나 경매 등의 활동 중에 사리사욕을 채우기 위해 부정을 행하는 것을 엄금함. 다섯째, 재판 업무의 비밀누설을 엄금함 — 역자)을 엄격히 집행하고 감독 책임을 이행하며 사법청렴을 보장한다. 재판인원(審判人員) 및 집행 인원의 위법(違法)재판, 위법집행의 책임추궁제도, 지도간부의 실직(失職) 책임추궁제도를 수립 및 개선한다. 재판 업무 감찰제도를 연구 제정하여 감찰 감독의 업무를 강화하고, 법관의 사법행위 규범의 위반에 대한 징계 조치를 강화한다.

17. 인민법원의 반(反)부패 청렴의 장기적인 업무 효율 기제를 개선한다. 법관의 직업 특성에 부합하는 명확한 직권, 정확한 심사, 엄격한 추궁의 책임체계를 구축하여, 원천적으로 사법부패를 방지하는 기제 개혁을

추진한다. 당풍청렴(黨風廉政) 건설의 책임제와 책임추궁제도를 개선 및 이행하여 인민법원의 부패처벌과 부패방지 체계의 수립을 강화하고, 사회주의 재판제도에 상응하는 인민법원의 기율감독 및 감찰업무체제의 기제를 수립한다. 순시제도(巡視制度)를 개선하고, 각 업무 법정 및 부서에 청렴정치 감찰원을 파견하는 제도를 연구 제정한다. 법관의 청렴정치 인사기록(檔案)제도를 구축하여 사법청렴을 보장하는 청렴장려의 기제를 연구 제정한다. 신고 네트워크(擧報網絡)를 개선하고 내부와 외부의 감독기제간의 정보소통과 상호연결의 업무를 강화하여, 인민법원의 당풍(黨風) 청렴정치의 건설을 전면적으로 추진한다.

18. 인민법원의 인사관리제도와 기구의 설립을 개선한다. 인민법원의 과학적인 선발임용 기제와 효과적인 간부 감독관리 기제를 구축하여 인사관리의 투명성과 공개성을 강화한다. 법관 및 보조인원의 분류관리 제도를 개선한다. 인민법원의 사법경찰 체제를 개혁하고 사법경찰의 법적 지위, 역할, 직책 및 직권을 명확히 하며, 사법경찰의 직능 설치를 최적화하고 인원 관리체제 및 업무기제를 규범화하여, 재판 업무의 특성에 적합한 경찰업무의 보장체계를 구축하고 개선한다. 사법기술(司法技術) 보조기구의 설치를 개선한다.

19. 인민법원의 편제와 직무서열 제도를 개선한다. 관련 부서와 협력하여 인민법원의 업무 특성과 지역특성에 상응하는 정법(政法) 전문항목의 편성기준을 제정하고, 더욱 적절한 편성제도를 연구 구축하며, 법관(法官) 정원제도를 점진적으로 실행한다; 법관의 직업 특성에 상응하는 직위의 규모 비율과 직무서열의 의견을 연구 제정하고, 기층인민법원의 법관 직급을 적절히 제고한다.

20. 법관의 급여 복지와 근무보장 제도를 개혁 및 개선한다. 법관의 장려기제를 개선한다. 관련 부서와 협력하여 법관의 직업 특성에 상응하고 법관의 등급에 적합한 급여 정책을 제정하고, 기층법관의 조직 대오에 도움이 되는 임금제도를 연구 제정하며, 법관의 정기급여 인상제도를 개선한다; 법관의 직위수당, 사건처리 수당, 초과근무 보조금을 종합적으로 고려하여 해결한다; 법관의 직위수당과 재판수당이 법관의 임금 수입에서 차지하는 비중을 제고한다; 공무로 인해 희생되거나 장애를 입은 법관에 대한 원호 기준을 적절히 제고하고, 중병을 앓고 있는 법관의 생활보조 방법을 제정한다; 실제적으로 존재하는 이직(離職)이나 조기퇴직 등의 현상에 대해 일선에서 사건을 처리하는 법관의 퇴직제도를 법관의 직업 특성에 부합하도록 수정 및 개선한다; 법관의 인신 안전보장, 근무보장 등 직업보장 제도를 개선한다.

21. 인민법원의 대오관리 제도를 개혁 및 개선한다. 관련 부서와 협력하여 인민법원 주요 책임자의 부서 간, 지역 간 순환근무제도를 개선한다. 인민법원 지도부(領導班子) 및 중간급 지도부의 정기 순환근무제도를 수립한다. 원장(院長)과 정장(庭長)의 '1직책 2책임' 제도(一崗雙責制度)를 수립 및 개선하여, 원장과 정장이 재판과 조직의 행정을 병행하게 한다. 법관의 유동 및 교류제도를 수립한다. 사건 판결의 질(質量) 및 효율(效率)에 대한 고과(考核)를 주요 내용으로 하는 재판 질·효율의 감독통제 체계(體系), 법관·법관보조·서기·기타 행정인원의 업적 효율과 분류 관리를 주요 내용으로 하는 직위 목표의 고과체계, 종합 서비스 부문의 보장 능력과 수준(水平)을 주요 내용으로 하는 사법정무(司法政務)의 보장체계를 수립 및 개선한다.

(4) 인민법원의 경비 보장을 강화한다

22. 인민법원의 경비 보장체제(體制)를 개혁 및 개선한다. 관련 부서와 협력하여 현행 행정 경비의 보장체제를 개혁하여, '책임명확, 부담분류, 수입・지출 분리, 전액보장'의 경비 보장체제를 수립한다; 인민법원의 경비는 인원경비, 공용경비, 업무 장비경비 및 인프라 건설경비 등 네 종류로 크게 분류한다. 각기 다른 지역 및 인민법원의 업무 특성에 의거하여 각급 재정 부담의 층차와 비율을 확정하고, 인민법원 경비는 재정에서 전액 부담하며, '수입・지출 분리방식'(收支兩條綫)의 규정을 이행하고 '수입・지출 결합 방식'(收支挂鈎)을 근절한다; 중앙이 확립한 항목별, 지역별, 부서별 경비의 분류 및 보장 정책에 의거하여, 관련 부서와 협력하여 인민법원의 실제 상황에 적합한 경비 분류, 보장, 실시 방법을 제정한다; 인민법원의 경비관리 제도를 개혁 및 개선하여 관리 능력과 수준을 제고한다.

23. 인민법원 공용경비의 정상적인 증가기제를 수립한다. 관련 부서와 협력하여 기층인민법원의 공용경비 보장 기준을 개선하고 이행한다; 기층인민법원 공용경비의 정상적인 증가기제를 수립하고, 고급인민법원은 동급(정부의 — 역자) 재정 부서와 협력하여 지역의 경제 및 사회 발전, 재력 증가의 수준 및 인민법원 재판 업무의 실제 수요에 의거하여 기층인민법원의 공용경비 기준을 적절히 조정한다; 인민법원의 업무장비 기준을 연구 제정하고, 업무장비 분배의 전체 계획과 연도별 계획을 확정하여 장비경비(裝備經費)를 충실히 이행한다. 인민법원의 인프라 건설을 강화하고 인민법원의 각종 인프라 건설의 기준을 연구 제정하고 개선하며, 각종 인프라 건설의 투자를 중앙・성급・동급의 재정 부담 비율에 따라 확정한다. 관련 부서와 협력하여 기초건설에 들어간 채무를 순차적으로 해결한다.

24. 인민법원의 정보화 건설을 강화한다. 정보화는 인민법원의 행정관리, 법관양성, 사건정보관리, 집행관리, 민원관리 등 분야의 응용을 촉진한다. 전국적으로 각급 인민법원을 아우르는 재판 업무 정보 네트워크의 건설을 조속히 완성한다. 법정 재판 활동 기록방식의 개혁과 관련된 시행의견을 연구 제정한다. 전국적으로 법원이 통일적으로 적용하는 사건 관리 과정 소프트웨어와 사법정무 관리 소프트웨어를 연구 개발한다. 정보안전의 기초 인프라를 조속히 수립한다. 인민법원과 기타 국가기관 간의 전자정무 협력 집무의 응용을 추진한다. 전국적으로 법원 사건 정보의 데이터베이스를 구축하고 사건 정보의 조사 시스템 수립에 박차를 가한다.

(5) 국민을 위한 사법(司法爲民)의 업무기제를 완비(健全)한다

25. 재판과 집행의 공개제도를 강화하고 개선한다. 지속적으로 재판 및 집행 공개제도의 개혁을 추진하여, 재판 문서의 이치를 설명하는 능력(說理性)을 강화하고 사법의 투명성을 제고하며, 사법 민주화의 과정을 대대적으로 추진한다. 법정 방청제도를 개선하고, 법정 심문의 생방송과 중계방송을 규범화한다. 공개 증언청취 제도를 개선한다. 재판 문서의 인터넷 공포와 집행사건 정보의 인터넷 조사질문(查詢) 제도를 연구 제정한다.

26. 다원화된 분쟁해결의 기제를 수립하고 완비한다. '당위원회(黨委) 영도, 정부 지지, 각방(各方) 참여, 사법 추동(推動)'의 다원화된 분쟁해결 기제의 요구에 의거하여, 관련 부서와 협력하여 대대적으로 대체성 분쟁해결의 기제를 발전시키고, 조정 주체의 범위를 확대하며 조정기제를 개선하여, 국민이 선택할 수 있는 분쟁해결의 방식을 더욱 다양하게 제공한다. 소송 전(前) 조정과 소송 조정을 효과적으로 연계하고, 다원화된 분쟁해결방식 간의 협력기제를 개선하여, 소송과 비(非)소송이 상호 연계된

분쟁조정의 기제를 완비한다.

27. 민의 소통의 표현기제를 수립하고 완비한다. 과학적이고 원활히 소통되며 효과적이고 투명하며 간편한 민의 소통의 표현을 위한 장기적으로 효율적인 기제를 완비하여, 국민의 알권리, 참여권, 표현권 및 감독권을 확실히 보장한다. 인민법원과 인대 대표, 정협 위원, 민주당파(民主黨派)와 무당파인사(無黨派人士), 광대한 인민 군중, 변호사, 전문가, 학자 등의 소통 연락의 기제를 개선한다. 인민법원 영도간부의 정기적인 기층 민의 청취의 기제를 연구 제정하여, 제때에 국민의 사법요구를 이해하도록 한다. 인민법원은 민의전달제도와 민의조사제도를 연구 수립하여, 국민이 네트워크의 채널을 통해 인민법원에 의견 혹은 건의를 제기하기가 편리하도록 한다. 사건 피드백과 청원에 대한 답변(回訪)제도를 수립 및 개선하여, 적시에 국민이 제기한 재판 및 집행 업무에 대한 의견 혹은 건의를 이해한다. 국민 의견에 대한 분석 처리 및 피드백제도를 개선한다. 사회여론의 수집 업무기제를 개선하여, 사법 업무와 관련된 민생의 쟁점 문제를 적절히 해결한다.

28. 민원접수의 업무기제를 개선한다. 민원제기와 종합처리의 업무기제를 수립한다. 민원제기의 법제화와 규범화를 추진한다. '소송'(訴訟)과 '청원'(信訪)의 분리제도를 수립한다. 소송과 청원의 업무책임제를 개선하여 책임 추적조사 제도를 실행한다. 소송관련 청원의 완결(終結)기제를 연구 제정하여, 소송관련 청원 절차를 규범화한다. 소송관련 청원 정보의 피드백 기제를 개선한다. 인민법원 원장이나 정장의 청원접대(接訪) 및 현장방문(走訪下放)의 제도를 규범화한다.

29. 국민을 위한 사법(司法爲民)의 장기적으로 효율적인 기제를 수립하고 완비한다. 소송 서비스 기관을 개선하고 소송지도, 소송 전(前) 조정, 위험고지, 소송구제, 사건조사, 소송 자료 전달, 민원상담, 문서 조사 열람 등 업무를 강화하여 인민 군중의 소송에 편의를 제공한다. 장거리 사건수리, 인터넷 사건수리 조사, 순회재판(巡迴審判), 신속재판법정(速裁法庭), 장거리 심리(遠程審理) 등 국민에게 이롭고 편리한 조치를 탐색하고 추진한다. 기층의 사법 서비스 네트워크를 수립 및 개선하여, 기층인민법원과 인민법정은 농촌 및 사회의 일부 덕망 있고 열정적으로 봉사하며 능력 있는 인민 군중을 사법조정원(司法調解員)으로 위촉하거나 인민조정원(人民調解員)으로 초빙하여, 사법행정 부서와 업종 조직 등과 협조하여 사회 모순과 분쟁을 해결하도록 추진한다.

30. 사법구제(司法救助)제도를 개혁 및 개선한다. 형사 피해자의 구제제도를 수립하여 범죄 피해로 인해 생활고를 겪는 국민에게 국가의 구제를 실시하고, 인민법원의 구제세칙(救助細則)을 연구 제정한다. 관련 부서와 협력하여 국가배상제도를 개선하고 배상 절차를 규범화하며, 배상 집행을 강화하고 배상 실효성을 강화한다; 구제집행절차를 개선하고 구제기금을 설립 집행한다.

III. 인민법원 사법체제 및 업무기제 개혁 심화의 업무 요구

(1) 지도(領導)를 강화하고 책임을 명확히 한다

인민법원 사법체제와 업무기제 개혁의 심화는 과학적 발전관의 학습과 실천을 심화하는 중요한 조치이며, 현재와 앞으로의 일정한 기간 동안 전국에 있는 각급 인민법원의 중요한 정치적 임무이다. 각급 인민법원은 반드시 해당 업무를 중요 의사일정에 포함하여 조직의 지도력을 강화하고, 주요 지도자가 직접 선두 지휘하며 지도자가 분류하여 철저히 이행한다. 또한 연락원제도와 항목책임제를 조속히 수립하여, 모든 단계에서 책임 부서, 책임자, 시간별 진도 상황, 업무 요구를 명확히 하고 역량을 집중해 난관을 극복한다. 최고인민법원 사법개혁업무 영소소조(司法改革工作領導小組-법원 내에 조직된 법원개혁의 최고 지도조직 — 역자)는 각 개혁 임무의 통일적인 배치와 조직적인 실행을 책임지고 적시에 상황을 파악하고 적절히 조정 지도하며, 감독과 평가의 총괄 업무에 대한 독촉을 강화한다. 최고인민법원의 관련 부서는 각 항의 개혁 임무를 이행하는 직접 책임자이며, 각 개혁 임무의 선도 부서(牽頭部門)는 각 업무의 철저한 실행을 구체적으로 책임지고 협력 부서와 함께 개혁 의견의 이행을 위한 실시방안을 조속히 제정하고 이행한다. 각 협력 부서는 전담자를 파견하여 협력을 책임지고 적시에 선도 부서가 할당한 개혁 업무 사항을 완성한다. 각 선도 부서는 적시에 최고인민법원 사법개혁업무 영도소조 판공실(辦公室)에 이행 상황과 연구 조정을 필요로 하는 중대한 문제를 보고한다. 지방의 각급 인민법원은 관련 부서와 전담자를 조속히 확정하고, 각 개혁 임무의 이행과 조직적 시행 업무를 조속히 실행하여 반드시 업무의 새로운 성과를 보장해야 한다. 몇 개의 부서를 아우르는 개혁 업무에 대하여 인민법원의 각 관련 부서는 마땅히 적극적으로 참여하고 협력하여 각 개혁 임무의 순조로운 완성을 보장해야 한다.

(2) 세심히 배치하고 넓게 의견을 수렴한다

인민법원 사법체제와 업무기제 개혁의 심화는 여러 방면과 관련되고 강한 연계성이 있어 반드시 각계의 의견을 수렴하고 세심히 설계하며 주도면밀하게 배치하고 총괄적으로 조정하여 각 개혁 조치가 제대로 이행되도록 해야 한다. 각급 인민법원이 구체적인 실시 방안을 연구 제정 할 때에는 조기에 계획하여 착수하고, 확실하게 상호 연계와 조정 업무를 실행하며, 당위원회・인대・정부・정협・정법의 각 단위와 사회 각계의 전폭적인 지원을 획득해야 한다. 인민법원의 사법개혁 업무가 기타 부서의 업무와 연관될 때에는 다양한 의견을 청취하고 충분히 소통하여 협의한다. 중요한 이견이 있을 때에는 동급 당위원회와 인대에 보고하여 지시를 받아(請示彙報) 함께 직면한 문제를 연구 해결한다. 각급 인민법원은 자발적으로 당위원회의 지도, 인민의 감독과 국민의 비판을 수용하고, 사회 각계의 의견과 건의를 능동적으로 구하여, 상황을 분명히 파악하고 문제를 확실히 이해하며 문제의 구체적인 상황에 맞추어 해결책을 마련하여, 사법개혁의 업무가 광범위한 사회와 국민의 토대에서 흔들림 없이 추진되어, 각 부분에서 실질적인 진전을 거두도록 해야 한다.

(3) 조치를 강화하고 실효를 추구한다

인민법원 사법체제와 업무기제 개혁의 심화는 요구가 높고 임무가 막중하고 책임이 크며 난제가 많기 때문에 반드시 감독과 지도의 업무를 대폭 강화해야 한다. 지방의 각급 인민법원은 중앙의 총체적인 배치와 최고인민법원의 통일적인 요구에 의거하고, 현지의 실제 상황에 근거하여, 종합적으로 고려하고(統籌兼顧) 지역의 실제 상황에 맞게(因地制宜) 분류 실행하고 철저하게 이행하여 실제적인 효과를 확실히 거두어야 한다. 최고인민법원과 고급인민법원은 하급인민법원의 사법개혁 업무의 진행에 대한 감독과 지도를 책임지고, 상황 통보・지시요청 보고(請示報告)・감찰독촉의 제도를 완비하고, 감찰 평가・경험 총괄・독촉 조정・정보 피드백 등의 업무를 완수하며, 통일적으로 지도하고 중점적으로 감찰 조사하여, 전국의 법원 사법개혁 업무가 시종 질서정연하게 진행되도록 보장해야 한다. 상급인민법원은 하급인민법원의 사법개혁 업무를 전폭 지원하고 적시에 각 업무의 전개 상황을 이해하며, 전체 개혁 방향을 파악하여 새로운 문제를 발견할 때에는 효과적으로 해결한다. 기층인민법원과 중급인민법원이 본 요강을 이행하기 위해 제정한 구체적인 업무 방안은 마땅히 고급인민법원에 보고하여 비준을 받은 후에 실시될 수 있다. 지방의 각급 인민법원은 사법개혁 업무 방안의 실행 중에 발견한 새로운 상황과 문제를 마땅히 적시에 최고인민법원에 보고해야 한다. 고급인민법원은 최고인민법원의 배치와 현지 실제 상황을 결합하여 일부 개혁 업무의 시험 실시(試點)를 선정할 수 있으며, 실천을 통해 상대적으로 (조건이 — 역자) 성숙되고 또한 실제 효과가 있음이 증명된 이후에 전면적으로 확대 실시할 수 있다. 개혁의 시험 실시 방안은 최고인민법원의 비준 동의를 거친 이후에야 시행이 가능하며, 중대한 개혁의 시험 실시 방안은 최고인민법원을 경유하여 중앙(공산당 중앙을 지칭 — 역자)의 비준 동의를 얻은 이후에야 실행할 수 있다. 각급 인민법원은 사법개혁 업무의 조사 연구와 이론 혁신을 보다 강화하고, 과학적인 이론과 과학적인 방법으로 사법개혁의 실천을 지도한다는 (원칙을 — 역자) 견지하며, 인민법원의 사법개혁 업무가 좋은 법률 효과, 정치 효과 및 사회 효과를 획득하도록 확실히 보장하고, 경제의 양호하면서도 빠른 발전의 촉진, 사회 공평 정의의 보장, 사회 조화와 안정의 유지를 위해서 새롭게 공헌해야 한다.

주요 참고문헌

1. 국문

강신중. 2002. 「중국의 사법제도」. 『민사법연구』 제10집 제1호.

신우철. 2006. 「근대 사법제도 성립사 비교연구: 중국에 있어서 '법원조직' 법제의 초기 형성」. 『법사학연구』 제34호.

정철. 2009. 『중국의 사법제도』. 서울: 경인문화사.

조영남. 2000. 『중국 정치개혁과 전국인대: 개혁기 구조와 역할의 변화』. 서울: 나남.

_____. 2006. 『중국 의회정치의 발전: 지방인민대표대회의 등장・역할・선거』. 파주: 나남.

_____. 2006. 『후진타오 시대의 중국정치』. 파주: 나남.

_____. 2009. 『21세기 중국이 가는 길』. 파주: 나남.

_____. 2012. 『중국의 법률보급 운동』. 서울: 서울대학교출판문화원.

_____. 2012. 『중국의 법치와 정치개혁』. 파주: 창비.

_____. 2012. 『용과 춤을 추자: 한국의 눈으로 중국 읽기』. 서울: 민음사.

판충신(范忠信)・정딩(鄭定)・잔쉐농(詹學農) 저. 이인철 역. 1996. 『중국법률문화탐구: 정리법(情理法)과 중국인』(情理法與中國人中國傳統法律文化探微』. 서울: 일조각.

한다위안(韓大元) 외. 1995. 『현대중국법입문』. 서울: 박영사.

2. 영문

"Legal Reform: Recent Developments at China's Legal Forefront." *China Law and Government Review*. 2004. No. 2.

http://www.chinareview.info/issue2/pages/lgal.htm. 검색일: 2011. 2. 12.

Balme, Stephanie. 2010. "Local Courts in Western China: The Quest for Independence and Dignity." Randall Peerenboom (ed.). *Judicial Independence in China: Lessons for Global Rule of Law Promotion*. Cambridge: Cambridge University Press.

Cho, Young Nam. 2009. *Local People's Congresses in China: Development and Transition*. New York: Cambridge University Press.

Chow, Daniel C. K. 2009. *The Legal System of the People's Republic of China* (2nd Edition). St. Paul: West.

Chu, Mike P. H. 2000. "Criminal Procedure Reform in the People's Republic of China: The Dilemma of Crime Control and Regime Legitimacy." *UCLA Pacific Basin Law Journal* 18: 2.

Clarke, Donald C. 1996. "The Execution of Civil Judgement in China." Stanley B. Lubman (ed.). *China's Legal Reforms*. Oxford: Oxford University Press.

_____. 2003. "Empirical Research into the Chinese Judicial System." Erik G. Jensen and Thomas C. Heller (eds.). *Beyond Common Knowledge: Empirical Approaches to the Rule of Law*. Stanford: Stanford University Press.

Epstein, Edward J. 1994. "Law and Legitimation in Post-Mao China." Pitman B. Potter (ed.). *Domestic Law Reforms in Post-Mao China*. Armonk: M. E. Sharpe.

Fu, Hualing. 2003. "Putting China's Judiciary into Perspective: Is It Independent, Competent, and Fair?" Erik G. Jensen and Thomas C. Heller (eds.). *Beyond Common Knowledge: Empirical Approaches to the Rule of Law*. Stanford: Stanford University Press.

Gallagher, Mary E. 2006. "Mobilizing the Law in China: 'Informed Disenchantment' and the Development of Legal Consciousness." *Law and Society Review* 40: 4.

Gallagher, Mary E. and Yuhua Wang. 2011. "Users and Non-Users: Legal Experience and Its Effect on Legal Consciousness." Margaret Y. K. Woo and Mary E. Gallagher (eds.). *Chinese Justice: Civil Dispute Resolution in Contemporary China*. New York: Cambridge University

Press.

Gechlik, Mei Ying. 2005. "Judicial Reform in China: Lessons from Shanghai." *Columbia Journal of Asian Law* 19: 1.

Ginsburg, Tom. 2008. "Administrative Law and the Juidicial Control of Agents in Authoritarian Regimes." Tom Ginsburg and Tamir Moustafa (eds.). *Rule by Law: The Politics of Courts in Authoritarian Regimes*. New York: Cambridge University Press.

Ginsburg, Tom and Tamir Moustafa (eds.). 2008. *Rule by Law: The Politics of Courts in Authoritarian Regimes*. New York: Cambridge University Press.

Gong, Ting. 2004. "Dependent Judiciary and Unaccountable Judges: Judicial Corruption in Contemporary China." *China Review* 4: 2.

Halliday, Terence C, Lucien Karpik and Malcolm M. Feeley (eds.). 2007. *Fighting for Political Freedom: Comparative Studies of the Legal Complex and Political Liberalism*. Oxford: Hart Publishing.

He, Xin. 2010. "The Judiciary Pushes Back: Law, Power, and Politics in Chinese Courts." Randall Peerenboom (ed.). *Judicial Independence in China: Lessons for Global Rule of Law Promotion*. Cambridge: Cambridge University Press.

_____. 2011. "Debt Collection in the Less Developed Regions of China: An Empirical Study from a Basic-Level Court in Shaanxi Province." *China Quarterly* 206.

Henderson, Keith. 2007. "The Rule of Law and Judicial Corruption in China: Half-way over the Great Wall." Transparency International (ed.). *Global Corruption Report 2007: Corruption in Judicial System*. Cambridge: Cambridge University Press.

Kellogg, Thomas E. 2011. "The Constitution in the Courtroom: Constitutional Development and Civil Litigation in China." Margaret Y. K. Woo and Mary E. Gallagher (eds.). *Chinese Justice: Civil Dispute Resolution in Contemporary China*. New York: Cambridge University Press.

Landry, Pierre. 2008. "The Institutional Diffusion of Courts in China:

Evidence from Survey Data." Tom Ginsburg and Tamir Moustafa (eds.). *Rule by Law: The Politics of Courts in Authoritarian Regimes*. New York: Cambridge University Press.

Lian, Bin. 2008. *The Changing Chinese Legal System. 1978-Present: Centralization of Power and Rationalization of the Legal System*. New York: Routledge.

Liebman, Benjamin L. 2007. "China's Courts: Restricted Reform." *China Quarterly* 191.

Li, Ling. 2010. "Corruption in China's Courts." Randall Peerenboom (ed.). *Judicial Independence in China: Lessons for Global Rule of Law Promotion*. Cambridge: Cambridge University Press.

Lubman, Stanley B. 1999. *Bird in a Cage: Legal Reform in China after Mao*. Stanford: Stanford University Press.

Magaloni, Beatrice. 2008. "Enforcing the Autocratic Political Order and the Role of Courts: The Case of Mexico." Tom Ginsburg and Tamir Moustafa (eds.). *Rule by Law: The Politics of Courts in Authoritarian Regimes*. New York: Cambridge University Press.

Michelson, Ethan and Benjamin L. Read. 2011. "Public Attitudes toward Official Justice in Beijing and Rural China." Margaret Y. K. Woo and Mary E. Gallagher (eds.). *Chinese Justice: Civil Dispute Resolution in Contemporary China*. New York: Cambridge University Press.

Moustafa, Tamir. 2007. *The Struggle for Constitutional Power: Law, Politics, and Economic Development in Egypt*. New York: Cambridge University Press.

_____. 2008. "Law and Resistance in Authoritarian States: The Judicialization of Politics in Egypt." Tom Ginsburg and Tamir Moustafa (eds.). *Rule by Law: The Politics of Courts in Authoritarian Regimes*. New York: Cambridge University Press.

Moustafa, Tamir and Tom Ginsburg. 2008. "Introduction: The Functions of Courts in Authoritarian Politics." Tom Ginsburg and Tamir Moustafa (eds.). *Rule by Law: The Politics of Courts in Authoritarian Regimes*. New York: Cambridge University Press.

Ong, Yew-kim. 2011. "Ruling with an Iron Fist." *South China Morning Post*. 10 June. 2011. http://www.scmp.com. 검색일: 2011. 6. 10.

Peerenboom, Randall (ed.). 2001. "Seek Truth From Facts: An Empirical Study of Enforcement of Arbitrial Awards in the PRC." *American Journal of Comparative Law* 49: 2.

_____. 2002. *China's Long March toward Rule of Law*. Cambridge: Cambridge University Press.

_____. 2006. "Judicial Independence and Judicial Accountability: An Empirical Study of Individual Case Supervision." *China Journals* 55.

_____. 2008. *Dispute Resolution in China*. Oxford: Foundation for Law. Justice. and Society.

_____. 2010. "Judicial Independence in China: Common Myths and Unfounded Assumptions." Randall Peerenboom. *Judicial Independence in China: Lessons for Global Rule of Law Promotion*. Cambridge: Cambridge University Press.

_____. 2010. *Judicial Independence in China: Lessons for Global Rule of Law Promotion*. Cambridge: Cambridge University Press.

Pei, Minxin, Zhang Guoyan, Pei Fei and Chen Lixin. 2010. "A Survey of Commercial Litigation in Shanghai Courts." Randall Peerenboom (ed.). *Judicial Independence in China: Lessons for Global Rule of Law Promotion*. Cambridge: Cambridge University Press.

Root, Hilton L. and Karen May. 2008. "Judicial Systems and Economic Development." Tom Ginsburg and Tamir Moustafa (eds.). *Rule by Law: The Politics of Courts in Authoritarian Regimes*. New York: Cambridge University Press.

Russell, Peter H. and David. O'Brien (eds.). 2011. *Judicial Independence in the Age of Democracy: Critical Perspectives from around the World*. Charlottesville and London: University Press of Virginia.

Shambayati, Hootan. 2008. "Courts in Semi-Democratic/Authoritarian Regimes: The Judicialization of Turkish (and Iranian) Politics." Tom Ginsburg and Tamir Moustafa (eds.). *Rule by Law: The Politics of Courts in Authoritarian Regimes*. New York: Cambridge University

Press.

Shapiro, Martin. 1981. *Courts: A Comparative and Political Analysis.* Chicago: The University of Chicago Press.

Shapiron, Martin and Alec Stone Sweet. 2002. *On Law, Politics and Judicialization.* Oxford: Oxford University Press.

Shi, Tianjian. 2008. "Democratic Values Supporting an Authoritarian System." Yun-han Chu. Larry Diamond. Andrew J. Nathan. and Doh Chull Shin (eds.). *How East Asians View Democracy.* New York: Columbia University Press.

Silverson, Gordon. 2008. "Singapore: The Exception That Proves Rules Matter." Tom Ginsburg and Tamir Moustafa (eds.). *Rule by Law: The Politics of Courts in Authoritarian Regimes.* New York: Cambridge University Press.

Solomon, Peter H. Jr. 2008. "Judicial Power in Authoritarian States: The Russian Experience." Tom Ginsburg and Tamir Moustafa (eds.). *Rule by Law: The Politics of Courts in Authoritarian Regimes.* New York: Cambridge University Press.

Shin, Doh Chull and Chong-Min Park. 2008. "The Mass Public and Democratic Politics in South Korea." Yun-han Chu. Larry Diamond. Andrew J. Nathan. and Doh Chull Shin (eds.). *How East Asians View Democracy.* New York: Columbia University Press. 2008.

Stern, Rachel E. 2011. "From Dispute to Decision: Suing Polluters in China." *China Quarterly* 206.

Widner, Jennifer with Daniel Scher. 2008. "Building Judicial Independence in Semi-Democracies: Uganda and Zimbabwe." Tom Ginsburg and Tamir Moustafa (eds.). *Rule by Law: The Politics of Courts in Authoritarian Regimes.* New York: Cambridge University Press.

Woo, Margaret Y. K. and Mary E. Gallagher (eds.). 2011. *Chinese Justice: Civil Dispute Resolution in Contemporary China.* New York: Cambridge University Press.

Xin, Chunying. 2003. *Chinese Courts History and Transition.* Beijing: Law Press.

Zhang, Qianfan. 2006. "The People's Court in Transition: The Prospects for Chinese Judicial Reform." Suisheng Zhao (ed.). *Debating Political Reform in China: Rule of Law vs. Democratization*. Armonk: M. E. Sharpe.

Zou, Keyuan. 2000. "Judicial Reform Versus Judicial Corruption: Recent Development in China." *Criminal Law Forum* 11.

3. 중문

康均心. 2004.『法院改革研究: 以一個基層法院的探索為視點』. 北京: 中國政法大學出版社.

公丕祥 主編. 2009.『回顧與展望: 人民法院司法改革研究』. 北京: 人民法院出版社.

______. 2009.「當代中國司法改革的時代進程」.『法治資訊』 2期.

______. 2010.「當代中國的自主型司法改革道路」.『法律科學』 3期.

喬新生. 2009.「中國司法改革的基本假定: 不能營造中國司法的烏托邦」.『法治論壇』 2期.

譚世貴. 2000.『中國司法改革研究』. 北京: 法律出版社.

______. 2004.『司法獨立問題研究』. 北京: 法律出版社.

唐大瑜. 2011.「民事執行難的成因及對策分析」.『法制與社會』 19期.

唐應茂. 2009.『法院執行爲什麽難』. 北京: 北京大學出版社.

鄧世豹 主編. 2006.『中國法治進程調查報告2005: 以廣東省法治環境調查為例』. 北京: 法律出版社.

劉立憲・張智輝 主編. 2000.『司法改革熱點問題』. 北京: 中國人民公安大學出版社.

柳富華・柏敏 主編. 2005.『法官職業化的運作與展望』. 北京: 人民法院出版社.

劉治斌. 2010.「基層法院改革對司法體制變革的可能貢獻: 以兩個基層法院的司法改革為例」.『法律方法與法律思維』 6期.

劉海年・李林・張廣興 主編. 1999.『依法治國與廉政建設』. 北京: 中國法制出版社.

李林 主編. 2008.『依法治國與深化司法體制改革』. 北京: 中國科學文獻出版社.

李林・王家福 主編. 2007.『依法治國十年回顧與展望』. 北京: 中國法制出版社.

林東雲. 2007.「論我國法官改革外部的障礙」.『閩江學院學報』 28卷 4期.

上海社會科學院當代中國政治研究中心. 2007.『中國政治發展進程2007年』. 北京: 時事出版社.

_____. 2009.『中國政治發展進程2009年』. 北京: 時事出版社.
_____. 2010.『中國政治發展進程2010年』. 北京: 時事出版社.
徐振博. 2010.『三個至上: 尋找中國特色的司法體制改革之路』. 北京: 法律出版社.
孫謙・鄭成良 主編. 2004.『司法改革報告: 中國的檢察院・法院改革』. 北京: 法律出版社.
信春鷹・李林 主編. 1999.『依法治國與司法改革』. 北京: 中國法制出版社.
楊一凡・陳寒楓 主編. 1997.『中華人民共和國法制史』. 哈爾濱: 黑龍江人民出版社.
楊子雲. 2007.「法官制度改革的黃陵類型」.『中國改革』 11期.
_____. 2007.「我就是想在法制史上留下名字」.『中國改革』 11期.
_____. 2009.「司法改革需要遵循司法規律: 學者評點人民法院〈三五改革綱要〉」.『中國改革』 5期.
嚴勵. 2008.『思考與言說: 法治的理論與實踐』. 北京: 法律出版社.
王建勛. 2010.「司法改革究竟應向何處去?」. http://www.law-star.com. 검색일: 2010. 6. 10.
王利明. 2001.『司法改革研究』. 北京: 法律出版社.
王利平. 2010.「司法改革: 國家壟斷抑制民間參與?」. http://www.law-star.com. 검색일: 2010. 6. 10.
_____. 2010.「司法改革無路可退」. http://www.law-star.com. 검색일: 2010. 6. 10.
王淵. 2009.「新一輪司法改革的組織和實踐」.『人民司法』 17期.
汪永祥. 1996.『中國現代憲政運動史』. 北京: 人民出版社.
衛彥明. 2009.「人民法院司法改革的新突破」.『人民司法』 9期.
殷嘯虎. 1998.『近代中國憲政史』. 上海: 上海人民出版社.
人民司法編輯部 編. 2003.『中國司法改革十個熱點問題』. 北京: 人民法院出版社.
張明傑 主編. 2005.『司法改革: 中國司法改革的回顧與前瞻』. 北京: 中國科學文獻出版社.
章武生・左衛民 主編. 1994.『中國司法制度導論』. 北京: 法律出版社.
張文顯. 2009.「人民法院司法改革的基本理論與實踐進程」.『法治與社會發展』 3期.
張柏峰 主編. 2000.『中國的司法制度』. 北京: 法律出版社.
張普藩 主編. 2000.『中國百年法制大事縱覽』. 北京: 法律出版社.
蔣惠嶺. 2009.「論人民法院司法改革的背景與新發展」.『中國行政管理』 6期.
程燎原. 1999.『從法制到法治』. 北京: 法律出版社.

朱景文 主編. 2007.『中國法律發展報告: 數據庫和指標體系』. 北京: 中國人民大學出版社.
______. 2009.「中國法治道路的探索: 以糾紛解決正規化和非正規化為視角」. 潘維 主編.『中國模式: 解讀人民共和國的60年』. 北京: 中央編譯出版社.
周道鸞. 2009.『司法改革三十年 1978-2008: 我所經歷的人民法院改革』. 北京: 人民法院出版社.
中共中央. 2007.「關於進一步加強人民法院・人民檢察院工作的決定」. 中共中央文獻研究室 編.『十六大以來重要文獻選編』(下). 北京: 中央文獻出版社.
中共中央文獻研究室 編. 1982.『三中全會以來重要文獻選編』(上). 北京: 人民出版社.
中國社會科學院法學研究所 編. 2008.『中國法治30年: 1978-2008』. 北京: 社會科學文獻出版社.
秦志凱. 2007.「試論我國法官制度的現狀及改革」.『陝西行政學院學報』 21卷 1期.
蔡定劍 主編. 2006.『監督與司法公正: 研究與案例報告』. 北京: 法律出版社.
______. 2010.『法制現代化與憲政』. 北京: 知識產權出版社.
蔡定劍・王晨光 主編. 2008.『中國走向法制30年: 1978-2008』. 北京: 中國社會科學文獻出版社.
最高法院. 2011.「積極穩妥推進人民法院改革工作」.〈江西政法網〉 2011년 8월 16일. http://jdzol.net/html/info/602/news_29988.htm. 검색일: 2011. 9. 6.
最高人民法院 编. 2008.『人民法院改革开放三十年: 1978-2008』. 北京: 人民法院出版社.
最高人民法院司法體制和工作機制改革領導小組辦公室. 2007.「人民法院司法改革全面推進」.『中國審判新聞月刊』 3期.
最高人民法院研究室 編. 2000.『人民法院五年改革綱要』. 北京: 人民法院出版社.
沈明明 等著. 2009.『中國公民意識調查數據報告2008』. 北京: 社會科學文獻出版社.
卓帆. 1992.『中華蘇維埃法制史』. 南昌: 江西高校出版社.
彭海傑・周輝. 2005.「挑戰與會應: 基層法院人才流失情況的調查與思考」.『人民司法』 7期.
夏錦文. 2010.「當代中國的司法改革成就問題與出路: 以人民法院為中心的分析」.『中國法學』 1期.
夏勇 主編. 1999.『走向權利的時代: 中國公民權利發展研究』(修訂版). 北京: 中國政法大學出版社.

韓延龍 主編. 1998.『中國人民共和國法制通史』(上・下). 北京: 中共中央黨校出版社.

韓波. 2003.『法院體制改革研究』. 北京: 人民法院出版社.

胡濱. 2009.「論改革和完善我國的法官制度」.『行政與法』 11期.

胡志超. 2010.「1999年以來解決執行難得新實踐」.『法律適用』 6期.

胡夏冰・馮仁強 編. 2001.『司法公正與司法改革研究綜述』. 北京: 清華大學出版社.

黃澎. 2011.「淺析民事執行難問題及解決對策」.『法制與社會』 11期.

찾아보기

ㄱ

ㄴ

ㄷ

ㄹ

ㅁ

ㅂ

ㅅ

ㅇ

ㅈ